创新型素质教育精品教材
“互联网+”教育改革新理念教材

大学生创新思维与创业方法

DAXUESHENG CHUANGXIN SIWEI YU CHUANGYE FANGFA

主　编◎银　海　曹　华

副主编◎王妍洁　周　晓

江苏大学出版社
JIANGSU UNIVERSITY PRESS

镇　江

图书在版编目（CIP）数据

大学生创新思维与创业方法 / 银海，曹华主编 . 镇江：江苏大学出版社，2024. 8. --ISBN 978-7-5684-2276-5

Ⅰ. G647.38

中国国家版本馆 CIP 数据核字第 20248KC588 号

大学生创新思维与创业方法

主　　编 / 银　海　曹　华
责任编辑 / 李菊萍
出版发行 / 江苏大学出版社
地　　址 / 江苏省镇江市京口区学府路 301 号（邮编：212013）
电　　话 / 0511-84446464（传真）
网　　址 / http://press.ujs.edu.cn
排　　版 / 北京华秦文化传媒有限公司
印　　刷 / 廊坊市颖新包装装潢有限公司
开　　本 / 889 mm × 1 194 mm　1/16
印　　张 / 12.5
字　　数 / 420 千字
版　　次 / 2024 年 8 月第 1 版
印　　次 / 2024 年 8 月第 1 次印刷
书　　号 / ISBN 978-7-5684-2276-5
定　　价 / 49.80 元

前言
PREFACE

习近平总书记指出:“创新是一个民族进步的灵魂,是一个国家兴旺发达的不竭动力,也是中华民族最深沉的民族禀赋。在激烈的国际竞争中,惟创新者进,惟创新者强,惟创新者胜。”在大众创业、万众创新的大背景下,创新创业已经成为社会公众的共识,而青年大学生是社会创新创业的未来主力军。

本书是融合知识性、理论性、实践性于一体的创新型图书,结构严谨,观点明确,内容翔实,论证充分,以讲授创新创业知识为基础,以提升当代大学生的创新创业能力为目标,以培养大学生创新创业精神为核心。

本书系统、简明、实用,可操作性强,在指导学生进行创新创业基本知识、基本理论学习的同时,注重培养学生的创新创业思维,引导学生用创新创业思维逐步提升对创业过程的认识和理解,避免盲目性,降低创新创业风险。在案例选择上,本书注重选取大学生身边具有代表性、启发性及实用性的案例,通过启发与反思等设计环节,引导大学生敢于运用所学知识积极主动创业,并能勇敢面对生活中的不确定性,不断突破自我、成就梦想。

本书从创业及创业活动的当代特征入手,围绕创业者和创业团队建设、创业机会识别、创业资源选择、创业计划书撰写、创业企业的成长与管理等内容详细展开,对于“创新创业”教育课程而言,是一本实用教材;对于具有创新创业想法的年轻人而言,是一本高效的创新创业培训辅导书;对于尚未工作的大学生和已经工作的毕业生的创业行为具有现实的指导意义。

本书由共青科技职业学院银海、曹华担任主编,共青科技职业学院王妍洁、南昌市科技成果转移转化中心周晓担任副主编。

由于水平所限,书中难免存在不足之处,恳请读者批评指正,以便进一步修订完善。

编者

前言

目 录

CONTENTS

创新赢得未来

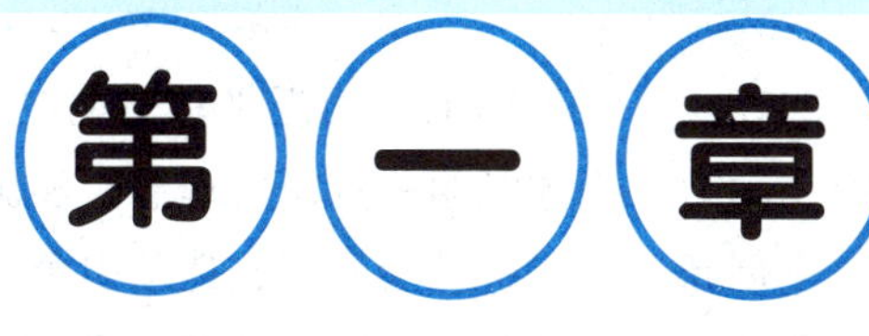

第一章

课程思政

通过“万众创新”“激发创新意识”“冲破思维禁锢”相关知识教学，引导学生将创新创业与个人发展相结合，鼓励学生加入创新团队，激发学生的创新热情；引导学生理解创新对于个人发展和社会进步的重要性，培养学生的创新意识和创业精神；鼓励学生突破传统思维模式和惯性思维，帮助学生树立全局观念，形成稳定的创新思维模式，提高创新思维能力。

学习重点和难点

重点: 创新的概念；创新意识的内涵、作用和类型。

难点: 传统创新方法及TRIZ理论。

第一节 万众创新

1.了解创新的概念。

2.理解创新与创业的关系。

2018 年 12 月 18 日，习近平总书记在庆祝改革开放 40 周年大会上的讲话中指出：我们要坚持创新是第一动力、人才是第一资源的理念，实施创新驱动发展战略，完善国家创新体系，加快关键核心技术自主创新，为经济社会发展打造新引擎。

科技自立自强是国家强盛之基、安全之要。坚持创新是引领发展的第一动力，深入实施科教兴国战略、人才强国战略、创新驱动发展战略，我国才能实现高水平科技自立自强，为强国建设、民族复兴提供不竭动力。

创新是民族之魂，是时代主题；创业是发展之基，是富民之本。我国是一个发展中大国，正在大力推进经济发展方式转变和经济结构调整，必须把创新驱动发展战略实施好。

一、创新概述

（一）创新的概念

创新是以新思维、新发明和新描述为特征的概念化过程。创新是人类特有的认识能力和实践能力，是人类主观能动性的高级表现形式，是推动民族进步和社会发展的不竭动力。一个民族要想走在时代前列，就不能没有科技创新，也不能停止理论创新。创新在经济、科技及社会科学等领域都有着非常重要的意义。

20 世纪 80 年代以来我国开展了技术创新方面的研究，傅家骥先生对技术创新的定义是：企业家抓住市场的潜在盈利机会，以获取商业利益为目标，重新组织生产条件和要素，建立起效能更强、效率更高和费用更低的生产经营方法，从而推出新的产品、新的生产（工艺）方法、开辟新的市场，获得新的原材料或半成品供给来源或建立企业新的组织，它包括科技、组织、商业和金融等一系列活动的综合过程。此定义是从企业的角度给出的。彭玉冰、白国红也从企业的角度为技术创新下了定义：“企业技术创新是企业家对生产要素、生产条件、生产组织进行重新组合，以建立效能更好、效率更高的新生产体系，获得更大利润的过程。”

（二）创新的基本要素

创新要具备一定的条件，创新与人们的思维、联想和情绪密切相关。创新意味着对以前的否定，对未知的好奇，对落后的淘汰；创新必须要发挥人的聪明智慧；创新必须要在一定的情绪中完成，创新者要对研究对象有浓厚的兴趣，甚至达到痴迷的程度，并且勇于探索。

创新应该具备的基本要素有以下几点。

1.好奇与兴趣

所有个人行为的动力，都要通过他的头脑转变为主观愿望，才能使其付诸行动。引导和培养好奇心是激发个体创新意识的起点。

兴趣是最好的老师，是创新的内在因素。事实上，人们只有感兴趣才会自觉地、主动地、竭尽全力地去观察、思考、探究，才能最大限度地发挥主观能动性，从而产生新的联想，或进行知识的移植，

做出新的比较，综合出新的成果。也就是说，强烈的兴趣是“敢于冒险、敢于闯天下、敢于参与竞争”的支撑，是创新思维的营养。

2.批判与否定

批判和否定是创新的条件。不破不立，但是破字当头并不等于立在其中。人们要针对在怀疑、批判和否定的过程中发现的问题，进行分析、探索、寻求和论证。这个解决问题的过程就是提出新思想、创立新理论的过程。

3.激情与探索

激情作为一种激烈、奋进的情绪，是人们从事发明创造不可缺少的精神动力。特别是科学发现和理论创新，不能没有进入无我无物境界的激情。没有对真理执着探索、对知识顽强追求的热忱，人们就不可能揭示大自然的美妙和奥秘。

（三）创新的类型

创新分类的参考指标很多，依据不同分类指标可得出不同的分类。

1.根据创新的表现形式进行分类

（1）知识创新。知识创新是指通过科学研究，包括基础研究和应用研究，获得新的基础科学和应用科学知识的过程。知识创新的目的是追求新发现、探索新规律、创立新学说、创造新方法、积累新知识。知识创新是技术创新的基础，是新技术和新发明的源泉，是促进科技进步和经济增长的革命性力量。知识创新为人类认识世界、改造世界提供新理论和新方法，为人类文明进步和社会发展提供不竭动力。

（2）技术创新。技术创新是指生产技术的创新，包括开发新技术以及对已有的技术进行应用创新。科学是技术之源，技术是产业之源，技术创新建立在科学理论创新的基础之上，而产业创新主要建立在技术创新的基础之上。

（3）产品创新。产品创新是指改进产品或创造新产品，进一步满足顾客需求或开辟新的市场。产品创新可分为全新产品创新和改进产品创新。全新产品创新是指产品用途及其技术原理有显著的变化。改进产品创新是指在技术原理没有重大变化的情况下，基于市场需要对现有产品所做的功能上的扩展和技术上的改进。

（4）服务创新。服务创新是指将新的设想、新的技术手段转变成新的或者改进的服务方式，使潜在用户感受到不同于从前的崭新内容。

（5）制度创新。制度创新是指在人们现有的生产和生活环境下，通过创设新的、更能有效激励人们行为的制度、规范体系来实现社会持续发展和变革的创新。所有创新活动都有赖于制度创新的积淀和持续激励，它们通过制度创新得以固化，并以制度化的方式持续发挥着自己的作用，这是制度创新的积极意义所在。

（6）管理创新。管理创新是指企业把新的管理要素（如新的管理方法、新的管理手段、新的管理模式等）或要素组合引入企业管理系统，以更有效地实现组织目标的活动。

2.根据创新的组织方式进行分类

（1）独立创新。独立创新是指个体或组织在无技术引导的条件下，在获取技术和市场创新机会后，依靠自身力量独立研究开发，攻克技术难关，获得新的技术成果，并完成技术成果的商业化。

（2）合作创新。广义的合作创新是指企业、研究机构、大学之间的联合创新行为，它们在新构思形成、新产品开发以及商业化过程中的任何一个阶段有合作都可以视为合作创新。

（3）引进创新。引进创新是指从事创新的组织从其他组织引进先进的技术、生产设备、管理方法等，在此基础上通过逆向工程等手段，对引进的技术和产品进行消化、吸收、再创新。

3.根据创新的强度进行分类

（1）渐进性创新。渐进性创新是一种渐进的、连续的小创新，这种创新常出自直接从事生产经营活动的工程师、工人或用户之手。

（2）突破性创新。突破性创新是指使产品、工艺、服务具有前所未有的性能特征，或者具有相似的性能特征但是性能有巨大的提升或成本有显著的下降，或者创造出一种新的产品。

（3）革命性创新。革命性创新是指具有深远意义的变革，会显著影响经济的发展。

此外，根据创新的领域进行分类，有教育创新、金融创新、工业创新、农业创新、社会创新、文化创新等；根据创新的行为主体进行分类，有政府创新、企业创新、团体创新、大学创新、科研机构创新、个人创新等；根据创新的层次进行分类，有首创型创新、改进型创新、应用型创新等；根据创新的效果进行分类，有有价值的创新（如电脑发明等）、无价值的创新（如没有市场需求的新产品等）、负效应创新（如污染环境的新产品等）。

二、新时代呼唤创新

党的二十大报告指出，我国已进入创新型国家行列；计划到2035年实现高水平科技自立自强，进入创新型国家前列。创新已成为新时代发展的紧迫要求。习近平同志在2018年五四青年节北京大学师生座谈会上指出，“建设社会主义现代化强国，发展是第一要务，创新是第一动力”，并强调“惟改革者进，惟创新者强，惟改革创新者胜”。可见，改革创新对新时代的发展极其重要，主要表现在如下3个方面。

1.创新是引领发展的第一动力

习近平指出：创新是引领发展的第一动力，没有创新就没有发展。纵观人类历史，从古至今，所有重大成就，无一不是人民群众创新的结果。我国古代四大发明：造纸术、指南针、火药及活字印刷术，都是中国古代劳动人民的重要创造。中国人民敢闯敢试、敢为人先，是推动历史前进的强大力量。中国新能源、中国桥梁、中国航天、中国电商、中国交通、中国超算，一个个打上了中国标记的基础设施、科技成果、行业成就，为人民生活品质的提升、为中国经济的腾飞打下了坚实的基础，并成为中国的国家名片，它们正以铿锵的脚步迈向世界。这一切正是中国人民持续改革创新的最好证明。新时代的大学生要牢记改革创新是时代发展的迫切需求，应努力提高自身本领，积极融入全球创新网络。

2.创新能力是竞争优势的集中体现

无数事实证明，创新能力是当今国际竞争优势的集中体现。习近平指出，“在激烈的国际竞争中，惟改革者进，惟创新者强，惟改革创新者胜”。在历史上，尤其在当今，国际竞争的优势越来越集中体现在创新的能力上，谁牵住了科技创新这个“牛鼻子”，谁走好了科技创新这步“先手棋”，谁就能占领先机，赢得优势。世界上发生的几次科技革命都充分说明了这一点。因此，我们要认真总结历史经验教训，认真学习习近平关于科技创新的重要论述，认真贯彻党的创新精神，做好迎接全球新一轮科技革命和产业变革的准备。

3.创新是党建工作的重要保证

中国共产党是中国革命和建设事业的领导核心，没有共产党就没有新中国，更无法建成伟大的社会主义现代化强国。因此，搞好党的自身建设是重中之重，只有坚持改革创新，才能把党建设得更加坚强有力。

纵观党的历史，其实际上就是一部不断创新壮大的历史。过去如此，今后更是如此，因为新时代我们面临的形势更复杂、任务更艰巨、挑战更严峻、责任更重大。因此，在新时代，我们更要以改革

创新的精神加强党的建设。只有不断改革创新才能为党的建设提供强大的动力，不断增强党的生机活力，保证我们党始终走在时代的前列。

三、创新创业引领新常态

1.中国开启“双创”行动

中国的创新社会正在快速发展，大众创业、万众创新正由梦想照进现实。国家层面上，一系列政策相继出台，为万众创新搭建了广阔的平台。

中观层面上，许多城市已经进行了众创空间的探索，多个地区统筹自身地域特征、经济水平、文化特色提出了创业规划，为大众创业提供支持。

微观层面上，风投专家和创业者正活跃在资本市场上，企业、大学、科研机构正在进行资源整合，每天都有很多新的企业在全国各地的高新产业园区挂牌，每个毕业季都有很多年轻人在就业去向一栏填上“创业”二字。

2.新常态中的新动力

步入新常态的中国经济呈现出速度变化、结构优化、动力转换三大特点。顺应新常态，重塑新动力，是我们保持中高速、迈向中高端的必由之路。

新常态中的新动力是创新、创业，要注重培育创造性劳动。创新、创业的目的，就是要激发出劳动人民的无穷创意和无限潜能，使整个经济充满生机活力。因此，对于创新创业的引导，非常关键。

当前必须造就扶持创业创新的体制机制、统筹各部门形成支持创新创业的政策合力、以“互联网+”为驱动推进我国经济社会创新发展、改造传统引擎增强发展后劲、充分发挥金融的扶持作用，为推动“大众创业、万众创新”提供政策支持，打造经济发展新引擎。

第二节　激发创新意识

学习目标

1.了解创新意识的概念和相关理论。

2.掌握创新意识的培养方法。

一、创新意识的基本概念

中共中央总书记、国家主席、中央军委主席习近平特别强调创新意识。2013 年 7 月，他在中国科学院考察工作时指出：“要创新，就要有强烈的创新意识。”2014 年 5 月，他在上海考察时提出：“要进一步增强改革创新意识，敞开思想谋划新思路，放开手脚追求新突破”。2016 年 4 月，他在主持召开知识分子、劳动模范、青年代表座谈会时强调：“要把握创新特点，遵循创新规律，既奇思妙想、‘无中生有’，努力追求原始创新又兼收并蓄、博采众长，善于进行集成创新和引进消化吸收再创新。”2017 年 5 月，他在视察海军机关时强调：“要坚持创新驱动，抓住科技创新这个牛鼻子，强化创新意识，提高创新能力，激发创新活力，厚植创新潜力，为海军转型建设注入强大动力。”2020 年 9 月，他在科学家座谈会上提出：“注重培养学生创新意识和创新能力。”只有树立了强烈的创新意识，人们才会运用创新思维去指导行动。

（一）创新意识的含义

创新意识包括创造动机、创造兴趣、创造情感和创造意志。创造动机是创造活动的动力因素，它能推动和激励人们发动和维持创造性活动。创造兴趣能促使创造活动取得成功，是促使人们积极探求新奇事物的心理倾向。创造情感是引起、推进乃至完成创造的心理因素，只有具有正确的创造情感才能使创造成功。创造意志是在创造中克服困难，冲破阻碍的心理因素，创造意志具有目的性、顽强性和自制性。

所谓创新意识是人们对创新及其价值性、重要性的一种认识水平、认识程度以及由此形成的对待创新的态度，并以这种态度来规范和调整自己的活动方向的一种稳定的精神态势。创新意识总是代表着一定社会主体奋斗的明确目标和价值指向性，成为一定社会主体产生稳定、持久的创新需要、价值追求和思维定式以及理性自觉的推动力量，成为唤醒、激励和发挥人所蕴含的潜在本质力量的重要精神力量。

（二）创新意识与创造性思维的区别

创新意识与创造性思维不同，创新意识是引起创造性思维的前提和条件，创造性思维是创新意识的必然结果，二者之间具有密不可分的联系。创新意识是创造性人才所必须具备的素质。创新意识的培养和开发是培养创造性人才的起点。教育部门应以此为教学改革的重点之一，为国家培养更多创造性人才。

二、创新意识的培养方法

（一）创设宽松环境，培养创新意识

要创新就必须有“创新”欲望，创新欲望是创新思维发展的动力。“创新”欲望来自学习动机，它是发展创新思维的必要条件。要引导学生把正确的学习动机和学习活动结合起来，自觉主动地学习，并运用已掌握的知识独立地分析问题和解决问题，积极开展创新思维活动。在教学活动中教师必须充分发挥主导作用，营造一种宽松、和谐、民主、合作的学习氛围，让学生始终处于认真学习的情绪状态，积极寻求思路，大胆创新。心理学研究表明：“创设问题情景可以启发积极思维，培养兴趣，并点燃思维的火花。”问题是思维的起点，它孕育着极大的智慧潜力和创造性。创设问题情景就其形式来说，有故事法、生活事例法、实验操作法、旧知联系法、解决实际问题法等，以充分引起学生注意，激发兴趣。学生在这种环境下学习，思想受到熏陶、情感受到感染、思维发展活跃、追求知识的主动性得以发挥，有利于创新意识的培养。

（二）突破禁锢，打破常规

在长期的思维实践中，每个人都形成了自己惯用的、格式化的思考模型，当面临外界事物或现实问题的时候，我们会不假思索地把它们纳入特定的思维框架，并沿着特定的思维路径进行思考，这就是思维定式。

1.要破除“权威定势”

有人群的地方就有权威，权威是任何社会都实际存在的现象，对权威的尊崇常常演变为神化和迷信。在思维领域，人们习惯于引证权威的观点，不加思考地以权威的是非为是非，这就是“权威定势”。思维中权威定势形成的途径主要有两条：第一条是从儿童成长到成年的过程中所接受的“教育权威”；第二条是“专业权威”，即由深厚的专门知识所形成的权威。权威确立之后常会产生“泛化现象”，即把个别专业领域内的权威扩展到社会生活的其他领域内，权威定势有利于惯常思维，却有害于创新思维。在需要推陈出新的时候，它使人们很难突破旧权威的束缚，历史上的创新常常是从否定权威开始的。

2.要破除“从众定势”

从众定势的根源在于人是一种群居性的动物，为了维持群体生活，每个人都必须在行动上奉行“个人服从群体，少数服从多数”的准则，这个准则逐渐成为普遍的思维原则。“从众定势”使得个人有归属感和安全感，以众人之是非为是非，人云亦云随大流，即使错了，也无须独自承担责任。人们大部分的行为选择，其实都是从众的结果，而很少经过自己的深思熟虑。在传统社会中，统治阶级不断强化人们的从众定势，排斥那些惊世骇俗的言行和特立独行的人物。

富人与西瓜

一个青年向一位富翁请教成功之道，富翁却拿出三块大小不同的西瓜放在青年的面前：“如果每块西瓜代表一定程度的利益，你选择哪块？”

“当然是最大的那块，我相信所有人都会这么选择吧！”青年毫不犹豫地回答。

富翁一笑：“那好，请吧。”

富翁把最大的那块西瓜递给青年，自己却吃起了最小的那块。

很快富翁就吃完了，他拿起了桌上的最后一块西瓜得意地在青年面前晃了晃，大口吃起来。

青年马上就明白了富翁的意思。

富翁吃的西瓜虽然没有青年吃的大，却比青年吃得多。如果每块西瓜代表一定程度的利益，那么富翁占的利益自然比青年的多。

吃完西瓜后，富翁对青年说：“你知道我成功的秘诀了吗？”

思考：请问富人成功的秘诀是什么？

3.要破除“知识-经验定势”

知识与经验有许多不同之处，简单来说，人们掌握与了解的有关事物的现象与本质是知识，如何运用所了解的事物的现象与本质则是经验，一般把两者统称为“知识-经验定势”。知识经验与创新思维的关系如何是个较为复杂的问题。知识经验具有不断增长、不断更新的特点，从而有可能使我们看到它们的相对性，经过比较发现其局限性，进而开阔眼界，增强创新能力。知识经验又是相对稳定的，而且知识是以严密的逻辑形式表现出来的，因而可能引起人们的崇拜，使人们形成固定的思维模式，从而削弱人们的想象力，使人们的创新能力降低。

思维上的“知识-经验定势”在以下3个方面构成了“思维枷锁”。

（1）知识经验本身是一种限定或框架，“任何肯定即否定”，因而使人难以想到框架之外的事物。

（2）知识与现实并不能完全吻合，而过去的经验也不一定能适用于现在和未来，因此“运用之妙存乎一心”。

（3）知识经过“纯化”之后，常常只提供唯一的标准答案，既不能完全符合现实，又会扼杀人的创新思维。为弱化“知识-经验定势”，或从根本上阻止其形成，人们应该经常进行创新思维训练，灵活地运用已有的知识和经验，并让它们与自己的智慧同步增长。

（三）拓宽思维视角

“视角”就是思考问题的角度、层面、路线或立场。人们应该尽可能多地扩展思维视角，学会从多种角度观察同一个问题。

1.掌握“肯定—否定—存疑”的思维过程

思维中的“肯定视角”就是，当头脑中思考一种具体的事物或者观念的时候，首先设定它是正确的、好的、有价值的，然后沿着这一视角，寻找事物或观念的优点和价值。思维中的“否定视角”正相反，“否定”也可以理解为“反向”，就是从反面或对立面来思考一种事物或观念，并在这一视角的支配下寻找事物或者观念的错误、危害之类的负面影响。对于某些事物、观念或者问题，我们也许一时难以判定是非，那就不应该勉强地“肯定”或者“否定”，不妨放下问题，让头脑冷静一下，过一段时间再进行判定，这就是“存疑视角”。

2.构建“自我—他人—群体”的思维结构

我们观察和思考一种事物或观念时，总是习惯以自我为中心，用自己的目的、需要、态度、价值观念、情感偏好、审美情趣等作为“标准尺度”来衡量。“他人视角”要求我们在思维过程中尽力摆脱“自我”的狭小天地，走出“围城”，从别人的角度，站在“城外”，对同一事物或观念进行一番思考。任何群体总是由个人组成的，但是，对于同一事物或观念，从个人的视角和从群体的视角思考往往会得出不同的结论。

3.形成“无序—有序—可行”的思维逻辑

“无序视角”的意思是说，在创新思维的过程中，特别是在思维的初期阶段，应该尽可能地打破头脑中的条条框框，包括那些“法则”“规律”“定理”“守则”“常识”之类的东西，进行一番“混沌型”的无序思考。“有序视角”是指我们的头脑在思考某种事物或者观念的时候，会遵循严格的逻辑，透过现象，看到本质，排除偶然性，认识必然性。创意的价值在于实施，我们必须实事求是地对创意进行可行性论证，从而保证头脑中的新创意能够在实践中获得成功，这就是“可行视角”。

第三节　冲破思维禁锢

1.掌握思维定势的相关理论。

2.学会使用垂直思考法和水平思考法。

一、思维定势

（一）思维定势的内涵

所谓思维定势，就是按照积累的思维活动经验教训和已有的思维规律，在反复使用中所形成的比较稳定的、定型化的思维路线、方式、程序、模式（在感性认识阶段也称作“刻板印象”）。先前形成的知识、经验、习惯会使人们形成认知的固定倾向，从而影响后来的分析、判断，形成“思维定势”——即思维总是摆脱不了已有“框框”的束缚。

（二）思维定势的特征与表现形式

1.思维定势的特征

思维定势对于问题的解决具有极其重要的意义，人们会根据以往解决问题的经验，在新旧问题间建立情境联系，为新问题的解决提供借鉴并做好必要的心理准备。但思维定势对问题的解决也有消极

的一面，它容易使我们产生思想上的惰性，养成一种呆板、机械、千篇一律的解题习惯。当新旧问题形似质异时，思维定势往往会使解题者步入误区。思维最大的敌人是“习惯性”。虽然世界观、生活环境和知识背景都会影响人们对事对物的态度和思维方式，但最重要的影响因素还是过去的经验。

思维定势有趋向性、常规性、程序性 3 个特征。

（1）趋向性。思维者通常具有力求将各种各样的问题情境归结为熟悉的问题情境的趋向，表现为思维空间的收缩，带有集中性思维的痕迹。如学习立体几何时，强调其解题的基本思路为“将空间问题转化为平面问题”。

（2）常规性。如学因式分解，必须掌握提取公因式法、十字相乘法、公式法、分组分解法等常规的方法。

（3）程序性。程序性是指解决问题的步骤要符合规范化要求。如证明几何题，怎样画图、怎样叙述、如何讨论，甚至如何使用“因为、所以、那么、则、即、故”等，都要求清清楚楚、步步有据、格式合理。

2.思维定势的表现形式

思维定势有适合思维定势和错觉思维定势两种表现形式。

适合思维定势是指人们在思维过程中形成了某种定势，在条件不变时，能迅速地感知现实环境中的事物并做出正确的反应，可促进人们更好地适应环境。错觉思维定势是指人们由于意识不清或精神活动障碍，对现实环境中的事物感知错误，做出错误解释。

案例阅读

在一场欧洲篮球锦标赛中，保加利亚队对战捷克队。比赛开始后，两队旗鼓相当，离比赛结束还有 5 秒钟的时候，保加利亚队领先 2 分，但是他们必须再赢下 5 分才能出线。这时保加利亚队主教练请求暂停并简单交代了球员几句，比赛继续开始。保加利亚球员从底线开球后将球带向中场，捷克队已无心恋战，全部退回到自己的半场，唯一想做的就是在防守中消耗掉 5 秒钟的时间。这时，令人目瞪口呆的一幕发生了，带球的保加利亚队员突然转身，大步飞奔，纵身一跳，将球狠狠地扣进了自家的篮筐。在一片惊呼声中，哨声响起，双方战成平手。到底发生了什么？保加利亚队疯了吗？观众议论纷纷。直到加时赛开打的时候，所有人才恍然大悟，原来，保加利亚队利用反常规的做法，赢得了加赛 5 分钟的宝贵时间。接下来，保加利亚队势不可挡，连连得分。捷克队呢，队员们似乎仍然没有从刚才那奇怪的一幕中清醒过来，士气低迷，毫无斗志，被打得只有招架之功。结果，保加利亚队一举超出对手 7 分，顺利出线。

思考：保加利亚队为什么能逆袭成功？

（三）思维定势的类型

思维定势有两个特点：一是结构形式化，即许多具体的思维活动逐渐定型为一般路线、方式、程序和模式；二是具有极强的惯性或顽固性，不仅逐渐成为思维习惯，而且深入潜意识，成为人们处理问题时不自觉的反应。思维定势多种多样，不同的人有不同的思维定势，常见的思维定势有从众型、书本型、经验型和权威型。

1.从众型思维定势

从众型思维定势指人们不能或不敢坚持自己的主见，总是顺从多数人意志的一种广泛存在的心理现象。在生活中，从众型思维定势普遍存在。例如，某人走到十字路口，看到红灯已经亮起，本应该停下来的他看到很多人在往前冲，便会随着人群往前冲。大家都不遵守交通规则，自己也不遵守，这就是从众思维。

要破除从众型思维定势，必须具备一定的心理抗压能力，不盲目跟随。在科学研究和发明过程中，要保持独立的思维意识。

2.书本型思维定势

书本知识对人类发展所起的积极作用是显而易见的。现有的科学技术和文学艺术是人类两千多年来认识世界、改造世界的经验总结，其中大部分知识是通过书本传承下来的，因此，书本知识是人类的宝贵财富，必须认真学习与继承。学习书本知识需要掌握其精神实质，活学活用，不能将其看作教条死记硬背，不能将其作为“放之四海而皆准”的绝对真理，否则将形成书本型思维定势，这是把书本知识夸大化、绝对化的片面有害思维。

社会在不断发展，书本知识很难及时更新，因此书本知识具有一定程度的滞后性。如果一味地认为书本知识都是正确的或严格按照书本知识指导实践，将严重束缚、禁锢创造性思维的发挥。我们必须认识到任何一般原理都必须与具体实践相结合，解决任何问题都应该了解相关的各种观点，以便通过比较选择正确的方法。

3.经验型思维定势

经验是人类在实践中获得的主观体验和感受，是理性认识的基础，在人类的认识与实践中发挥着重要作用。但经验并未充分反映出事物发展的本质和规律。经验型思维定势是指人们遇到问题时按照以往的经验去处理的一种思维习惯，忽略了经验的相对性和片面性，制约了创造性思维的发挥。

经验有助于人们在处理常规问题时少走弯路，提高办事效率，但我们要把利用经验与经验型思维定势区分开来，提高灵活变通的思维能力。

4.权威型思维定势

在思维领域，不少人习惯援引权威的观点，甚至将权威作为判定事物是非的唯一标准，唯权威是瞻，一旦发现与权威相违背的观点就进行否定或批判，这种思维习惯或程式就是权威型思维定势。权威型思维定势是思维惰性的表现，是对权威的迷信、盲目崇拜与夸大，属于权威的泛化。权威型思维定势的形成源于两个方面：一方面是教育方式不当，教育者把固化的知识、泛化的权威观念采用灌输的教育方式进行传授，缺少对教育对象的有效启发，使教育对象形成了盲目接受知识、盲目崇拜权威的习惯；另一方面是在社会中广泛存在个人崇拜现象，一些人采用各种手段建立或强化自己的权威，不断加强人们的权威型思维定势。

在科学研究中，要区分权威与权威型思维定势，破除权威型思维定势，坚持“实践是检验真理的唯一标准”。

二、垂直思考法与水平思考法

（一）垂直思考法

1.垂直思考法的内涵

垂直思考法，又称逻辑思考法，即逻辑推论、演绎论证、收敛性思考法，即按照一定的思维路线或思维逻辑进行的、向上或向下的垂直式思考方法，这是一种头脑的自我扩大方法，以思维的逻辑性、严密性和深刻性见长，是最理想的思考法之一。垂直思考法具有高度概然性，讲求按部就班、循序渐进。该方法顺乎人的自然本能，因为垂直思考法重视高度可能性，而人在面对问题时往往会被可能性最高的解释吸引住。

2.垂直思考法的优缺点

经垂直思考所获得的原理与原则较具系统性、正确性及普遍性，故较适合学术研究，因此一般的学校教育比较重视及鼓励这种思考。垂直思考亦具实用价值，因为若能彻底了解与掌握逻辑里的原理与原则，不仅可使自己在推理过程中避免犯错，也能判断别人在推理过程中是否犯错。在日常生活中，若缺少这种高度概括性的思考，将会问题百出，因为若每项举动、每种感觉都得一一深入分析，仔细思量才能被承认，很多事情就没办法顺利运作了。

但垂直思考法也有其缺点，在逻辑思考时，必须保证前提正确，否则即便推论正确，结论也必然有误。此方法容易画地自限，在逻辑思考时，人们往往会预先设定一些限制，如以严密的定义、明确的范围为前提，并依此限制假想出答案的范围，但很多时候这些限制其实并不存在，故问题的答案也就在范围之外了。垂直思考有时会妨碍新概念产生，易形成惯性及惰性思考。

(二) 水平思考法

1.水平思考法的内涵

水平思考法（Lateral Thinking)，又称为德波诺理论、发散式思维法、水平思维法，是由英国著名思维大师爱德华·德·波诺（Edward De Bono）博士所倡导的广告创意思考法。水平思考法是针对垂直思考法（逻辑思维）而言的。

2.水平思考法的主要内容

所谓水平思考，就是换位思考、高位思考和换向思考（逆向思考与侧向思考)。

水平思考法是指在思考问题时摆脱已有知识和旧的经验约束，冲破常规，提出富有创造性的见解、观点和方案。这种方法的运用，一般是基于人的发散性思维，故又把这种方法称为发散式思维法。德·波诺博士常常把水平思维与平行思维混用。在他看来，水平思维就是设计式思维和创造性思维。

水平思考法是一种促使创意产生的创造性思维方法，是指摆脱某种事物的固有模式，从多角度多侧面去观察和思考同一件事，善于捕捉偶然发生的构想，从而产生意料不到的创意。

例如，在人们普遍考虑“人为什么会得天花”问题时，琴纳考虑的则是“为什么在奶牛场劳动的女工不得天花”。正是采用了这种发散式思维法，他才有了重大医学发现。

(三) 垂直思考法和水平思考法的区别

垂直思维对事物进行“最合理”的分析观察，然后利用逻辑推理予以解决，但有时候运用逻辑推理无法求得理想的解答；水平思维则用不同的方法去观察事物，然后用最有希望的方法去处理。

对两种思考方法进行详细比较，主要区别如表1-1所列。

表1-1 垂直思考法和水平思考法的区别

垂直思考法	水平思考法
垂直思维是选择性的	水平思维是生生不息的
垂直思维只在有了一个方向时才移动	水平思维的移动是为了产生一个新的方向
垂直思维是按部就班的	水平思维可以跳来跳去
垂直思维是分析性的	水平思维是激发性的
用垂直思维者必须确保每一步都正确	用水平思维者不必确保每一步都正确
垂直思维为了封闭某些途径要用否定	水平思维无否定可言
垂直思维要集中排除不相关者	水平思维欢迎新元素闯入
垂直思维要求类别、分类和名称都是固定的	水平思维不要求类别、分类和名称都是固定的
垂直思维遵循最可能的途径	水平思维探索最不可能的途径
垂直思维是无限的过程	水平思维是或然性的过程

一、单选题

1.人类主观能动性的高级表现形式是（　　）。

A.思维　　B.发明　　C.创造　　D.创新

2.（　　）是创新的条件。

A.好奇与兴趣　　B.批判与否定　　C.激情与探索　　D. 联想与想象

3.创新意识是引起（　　）的前提和条件。

A.创造性思维　　B.创新能力　　C.创新合作　　D.创造性产品

4.思维定势会根据以往解决问题的经验，将新旧问题建立（　　），为新问题的解决提供借鉴和必要的心理准备。

A.因果联系　　B.积极联系　　C.情境联系　　D.消极联系

5.思维定势有（　　）和错觉思维定势两种表现形式。

A.适合思维定势　　B.程序思维定势　　C.适应思维定势　　D.定向思维定势

二、判断题

1.联想和想象是唤起创新意识的起点和基础。（　　）

2.创新的表现形式有知识创新、技术创新、产品创新、服务创新、制度创新、管理创新。（　　）

3.创新是创业的手段和本质。（　　）

4.形成权威定势的途径有教育权威和专业权威。（　　）

5.扩展思维视角，要学会“肯定—否定—肯定”的思维过程。（　　）

三、思考题

“大众创业，万众创新”的重点是要推进各项产业“互联网化”发展。信息化是当今时代的突出特点，互联网已经成为人们生产和生活的重要组成部分，这就必然要求各项产业适应“互联网化”的时代要求，更要求各项产业主动地、广泛地、深度地与互联网结合，在“互联网化”发展中创造更多更大的经济和社会价值。“互联网＋”战略是指利用互联网平台和信息通信技术，把互联网和包括传统行业在内的各行各业结合起来，在新的领域创造一种新的业态。比如，传统集市＋互联网有了淘宝，传统百货卖场＋互联网有了京东，传统银行＋互联网有了支付宝，传统的红娘＋互联网有了世纪佳缘，传统交通＋互联网有了滴滴，而传统新闻＋互联网有了新媒体的运营传播。

思考：请按“传统××＋互联网有了××”模式，仿写一种新的业态，并分析“互联网＋”战略对市场主体的影响。

构建创新思维

第二章

课程思政

通过“创新思维概述”相关知识教学，引导学生树立万众创新的理念，形成积极寻求新思想、新方法、新途径的意识和态度；通过“创新思维的模式”相关知识教学，鼓励学生跳出固有框架，敢于尝试新的思维模式；通过“创新思维方法”相关知识教学，使学生掌握常用的创新思维方法，提高学生创新实践能力；通过“创新思维技巧”相关知识教学，鼓励学生将创新思维应用于实际问题的解决中，培养学生的观察力、洞察力和问题分析能力。

学习重点和难点

重点: 创新思维的含义、特征及创新思维的阶段；创新思维的五种模式；常用的创新思维方法。

难点: 整体思考法、成本分析法、金鱼法的具体操作方法。

第一节　创新思维概述

1.了解创新思维的基本特征。

2.熟悉创新思维的阶段。

创新思维是一种敢于打破传统观念，突破旧的条条框框，大胆提出新见解的思维现象。它是在创造性活动中，应用新的方案和程序创造新的思维产品的思维活动。

一、创新思维的基本特征

创新思维是在一般思维的基础上发展起来的多种思维的综合，有如下特点。

（一）发散思维和集中思维的统一

创新思维主要是发散思维和集中思维的统一。我们要解决某一创造性问题，首先要发散思维，设想种种可能的方案；然后集中思维，通过比较分析，确定一种最佳方案。在创新思维中，发散思维和集中思维都是非常重要的，二者缺一不可，但是发散思维更为重要，它是思维的创造性的主要体现。发散思维可以突破思维定势和功能固着的局限，重新组合已有的知识经验，找出许多新的解决问题的方案。它是一种开放性的，没有固定的模式、方向和范围，可以"标新立异""海阔天空""异想天开"的思维方式。没有发散思维就不能打破传统的框架，也就不能提出全新的解决问题的方案。

 案例分析

让思维去转弯

一位国王有洁癖，他最害怕自己的鞋底沾上泥土，于是命令一名大臣把整个国家的道路都用布覆盖上。这位大臣开始组织人力丈量全国的道路，之后他做了计算，把全国所有的路都覆盖上布，需要20万名工匠不停地工作50年，而全国的人口也不过50万。大臣心急如焚，向国王痛陈利弊，说弄不好会亡国。国王一怒，将大臣处死。国王又派另一名大臣来办此事，这位大臣很容易就解决了此事——用布给国王做了一副鞋套。后一个大臣只不过是把自己的思维从路转到国王的脚上，天大的难题便迎刃而解了。

分析：人生处世如行路，常有山水阻身前。行不通时，有些人就开山架桥，最后蛮力耗尽，也逃不脱"出师未捷身先死"的结局。而有些人只是转了个弯，轻松绕过障碍，就成功地到达了终点。世事洞明皆学问，很多时候我们需要让思维转个弯。让思维转弯是一种大智慧，有了这种智慧，四两可以拨千斤，弱小可以战胜强大，失利可以变为有利，能以最小的代价获得最大的成功。

集中思维，顾名思义就是将不同的事物组合起来，从而创造出新的事物的一种思维方法。集中思维在创造活动中发挥着集大成的作用。当通过发散思维，提出种种假设和解决问题的方案、方法时，并不意味着创造活动的完成，还需从这些方案、方法中选择出最合理、最接近客观现实的设想，这一任务是靠集中思维来完成的。集中思维具有批判选择的功能。

（二）直觉思维的闪现

直觉思维是指不经过一步步地分析，而迅速地对问题答案做出合理猜测、设想或突然领悟的思维。它是创造性思维活跃的一种表现，不仅是创造发明的先导，也是创造活动的动力。直觉思维的结果，是使用逻辑思维所得不到的预见、捷径，或是解决问题的最佳方案的雏形。它往往从整体出发，用猜测、跳跃、压缩思维的方式，直觉而迅速地领悟。许多科学家的发明创造都是从直觉思维开始的。例如，达尔文通过观察植物幼苗顶端向阳光弯曲的现象，直觉提出“其中有某种物质跑向背光一面”的设想。后来随着科学的发展，学者证明确有“某种物质”，即“植物生长素”跑向了背光面。数学领域中的哥德巴赫猜想、费马猜想等都是当时数学大师未经论证而提出的一种直觉判断，但为后人所确信，并为此进行了论证。直觉思维作为创新思维中的一个重要思维活动，具有3个特点：一是从整体上把握对象，而不是拘泥于细枝末节；二是洞察问题的实质，而不是停留于问题的表面现象；三是一种跳跃式思维，而不是按部就班地展开思维过程。直觉思维是在知识经验的基础上形成和进行的，丰富的知识经验有助于人们形成敏锐的直觉。

（三）伴有创造想象参与

创新思维有创造想象的参与，因为创新思维的成果都是前所未有的，而个体在进行思维时借助于想象，特别是创造想象来进行探索。创新思维只有有了创造想象的参与，才能从较高水平上对现有知识经验进行改造、组合，构筑出较完整、较理想的新形象。例如，牛顿的万有引力定律的提出就是以地球绕太阳运转、月亮围绕地球运转、大海潮汐现象、苹果落地等事实为前提，先在头脑中进行创造想象，然后进行推理而产生的。世界著名的物理学家爱因斯坦在高度抽象的理论物理领域中有许多杰出的创造性成就，他大多是运用创造想象来进行研究的。他对想象力的评价是：“想象力比知识更重要，因为知识是有限的，而想象力概括着世界的一切，推动着进步，并且是知识进化的源泉。”

（四）灵感思维的产生

在创新思维过程中，新的解决问题的思路、方案的产生往往带有突然性，这种突然产生新思路、新方案的状态，称为灵感。它常给人一种豁然开朗、妙思突发的体验，使百思不得其解的问题得以解决。对许多科学家的调查表明，他们在发明创造的过程中，大多出现过灵感。灵感并不是什么神秘之物，它是思考者长期积累知识经验并勤于思考的结果。研究表明，灵感的出现有一定的规律性。首先，灵感出现的基本条件是个体对所要研究的问题有长时间的思考，反复考虑所要解决问题的一切方面、一切角度及一切可能。这种苦思冥想是灵感产生的前提。其实灵感的出现是对某一问题的一切方面经过深入考虑之后达到的瓜熟蒂落、水到渠成的境界。其次，思考者的注意力高度集中在所要解决的问题上，甚至达到痴迷的程度。第三，灵感通常是在长期紧张思考之后的短暂松弛状态下出现的，可能是在散步、洗澡、钓鱼、交谈、舒适地躺在床上的时候或其他比较放松的时刻。因为紧张后放松之时，大脑灵活，感受力强，最易产生联想、触发新意。

灵光一闪

我国荣获戴维逊奖的数学家侯振挺有这样一段生动的描述：我一头扎进了对“巴尔姆断言”的证明。一次又一次似乎到了解决的边缘，但是一次又一次都没有达到最终的目的，我早起晚睡，夜以继日，利用了全部可以利用的时间，吃饭、睡觉、走路……头脑中也总是萦绕着“巴尔姆断言”。难啊，确实是太难了！时间一天一天地过去，一个证明的轮廓逐渐在头脑中形成了，但是一些问题还证明不了，又像一座大山挡住了去路。我把已经得到的进展整理成一篇文章。当时我正在外地实习，就托一位同学带回学校去请教老师。我送那位同学上火车站，就在火车将要开动之时，在我那始终考虑着这个证明的头脑里闪过了一星火花，似乎在那挡路的大山里发现了一条幽径。于是，我把那篇文章留下，立刻在车站旁的石条上坐下，拿出笔推导起来，果然一星火花照亮了前进的道路，曲折的幽径越走越宽。十几分钟后，这最后一座大山终于甩在了我的身后，“巴尔姆断言”完全得到了证明。啊，好容易，只十几分钟就完成了。

二、创新思维的阶段

创新思维是以发现问题为中心，以解决问题为目标的高级心理活动。对这种心理活动的阶段和过程的研究理论有多种，其中最有影响力的是“四阶段论”，“四阶段”即准备阶段、酝酿阶段、顿悟阶段和验证阶段，这一理论较为科学地描绘了创新思维过程，如图 2－1 所示。

图 2－1　创新思维的过程

（一）准备阶段

创新思维是从发现问题、提出问题开始的。“问题意识”是创新思维的关键，提出问题后必须为解决问题做充分的准备。这种准备包括必要的事实和资料的搜集，必需的知识和经验的储备，技术和设备的筹集以及其他条件的提供等。同时，必须对前人在同一问题上所积累的经验有所了解，对前人在该问题上已经解决到什么程度、哪些问题已经得到解决、哪些问题还未得到解决做深入的分析。这样既可以避免重复前人的劳动，又可以让自己站在新的起点从事创造工作，还可以帮助自己从旧问题中发现新问题，从前人的经验中获得有益的启示。准备阶段常常要经过相当长的时间。

（二）酝酿阶段

酝酿阶段要对前一阶段所获得的各种资料和事实进行消化吸收，从而明确问题的关键所在，并提出解决问题的各种假设和方案。此时，有些问题虽然经过反复思考、酝酿，仍未得到完美的解决，常常出现思维“中断”、想不下去的现象。这些问题仍会不时地出现在人们的头脑中，甚至转化为潜意识，这样就为第三阶段（顿悟阶段）打下了基础。许多人在这一阶段常常表现为狂热和如痴如醉，令常人难以理解，如我们非常熟悉的牛顿把手表当鸡蛋煮、陈景润在马路上与电线杆相撞。这个阶段可能是短暂的，也可能是漫长的。思考者的观念仿佛是在“冬眠”，等待着“复苏”“醒悟”。

（三）顿悟阶段

顿悟阶段也称豁朗阶段，经过酝酿阶段对问题的长期思考，创新观念可能突然出现，思考者多有豁然开朗的感觉，所谓“山重水复疑无路，柳暗花明又一村”。这一心理现象也称为灵感或灵感思维。灵感的来临，往往是突然的、不期而至的。如德国数学家高斯为证明某个定理，被折磨了两年仍一无所得，可是有一天，正如他自己所说：“像闪电一样，谜一下解开了。”

（四）验证阶段

思路豁然贯通以后，所得到的解决问题的构想和方案还必须在理论上和实践上进行反复论证和试验，验证其可行性。经验证后，有时方案得到确认，有时方案得到改进，有时方案完全被否定，又回到酝酿期。总之，灵感所获得的构想必须经过检验。

第二节 创新思维的模式

学习目标

1.掌握发散思维与收敛思维、横向思维与纵向思维、正向思维与逆向思维、求同思维与求异思维的相关理论。

2.能够正确地转化问题。

创新思维是指以新颖独创的方法解决问题的思维过程。创新思维常以超常规甚至反常规的方法、视角去思考问题，提出与众不同的解决方案，从而产生新颖的、独到的、有意义的思维成果。创新思维的本质在于将创新意识的感性愿望提升到理性的探索上，实现创新活动由感性认识到理性思考的飞跃。

创新思维方式是从创新思维活动中总结、提炼、概括出来的具有方向性、程序性的思维模式。在创新思维活动中，发散与收敛、横向与纵向、正向与逆向、求同与求异这 4 组思维方式，看似对立但又辩证统一，它们相互联系、相互结合，共同作用。

一、发散思维与收敛思维

思想家托马斯·库恩认为，科学革命时期发散思维占优势，常规科学时期收敛思维占优势。一个好的探索者要在发散思维和收敛思维之间保持必要的张力。

（一）发散思维

发散思维是由美国心理学家 J. P. 吉尔福特在《人类智力的本质》中作为与创造性有密切关系的思考方法提出的，是指对同一问题从不同层次、不同角度、不同方向进行探索，从而提供新结构、新点子、新思路或新发现的思维过程。

发散思维具有流畅性、灵活性和独特性的特点。

流畅性是思想的自由发挥，指在尽可能短的时间内生成并表达出尽可能多的思维观念以及较快地适应、消化新的思想观念，它是发散思维量的指标。例如，在思考有哪些“取暖”方法时，我们可以从取暖方法的各个方向发散，而晒太阳、烤火、开空调、用电暖气、用电热毯、剧烈运动、多穿衣等，都是同一方向上数量的扩大，方向较为单一。

灵活性是指克服人们头脑中僵化的思维框架，按照某一新的方向来思索问题的特点。灵活性常常通过借助横向类比、跨域转化、触类旁通等方法，使发散思维沿着不同的方面和方向扩散，以呈现多样性和多面性。灵活性是较高层次的发散思维，使得发散思维的数量多、跨度大。

独特性表现为发散的“新异”“奇特”和“独到”，即从前所未有的新角度认识事物，提出超乎寻常的新想法，使人们获得创造性成果。

（二）收敛思维

收敛思维是将不同角度和层面的各种信息聚集在一起，尽可能利用已有的知识和经验重新进行组织、整合，把众多的信息和解题的可能性逐步引导到条理化的逻辑序列中，以产生新的想法形成一个合理的方案。在收敛思维的过程中，要想准确地发现最佳的方法或方案，必须综合考察各种发散思维成果，并对其进行归纳、分析、比较。收敛式综合并不是简单的排列组合，而是具有创新性的整合，即以目标为核心，对原有的知识从内容到结构上进行有目的的评价、选择和重组。

发散思维所产生的众多设想或方案，一般来说，大多是不成熟或者不切实际的。因此，必须借助收敛思维对发散思维的结果进行筛选，按照实用、可行的标准，对众多设想或方案进行评判，最终得出合理可行的方案或结果。

二、横向思维与纵向思维

横向思维研究同一事物在不同环境中的发展状况，并通过与周围事物的相互联系和区别，找出该事物在不同环境中的异同。纵向思维是从事物自身的过去、现在和未来的分析对比中，发现事物在不同时期的特点及前后联系，从而把握事物本质的思维过程。综合应用横向思维与纵向思维，能够对事物有更全面的了解和判断，是重要的创新思维技巧之一。

（一）横向思维

横向思维是由爱德华·德·波诺于1967年在其《水平思维的运用》中提出的。横向思维从多个角度入手，改变解决问题的常规思路，拓宽解决问题的视野，从而使难题得到解决，在创造活动中发挥着巨大作用。

在横向思维的过程中，首先把时间概念上的范围确定下来，然后在这个范围内研究各方面的相互关系，从而使横向的比较和研究具有更强的针对性。横向思维突破问题的结构范围对事物进行横向比较，即把研究的客体放到事物的相互联系中去考察，可以充分考虑事物各方面的相互关系，从而揭示出不易觉察的问题。

（二）纵向思维

纵向思维被广泛应用于科学和实践之中。事物发展的过程性是纵向思维得以形成的客观基础，任何一个事物都要经历萌芽、成长、壮大、发展、衰老和死亡的过程。在这个发展过程中可以捕捉到事物发展的规律性，纵向思维就是对事物发展过程的反映。

纵向思维按照由过去到现在、由现在到将来的时间先后顺序来考察事物，揭示事物发展的规律，在考察事物的起源和发生时具有重要作用。纵向思维在事物的历史发展中考察事物，考察的事物必须是同一的，具有自身的稳定性和可比性。纵向思维对未来的推断具有预测性，其预测结果可能符合事物发展的趋势。例如，阿奇舒勒提出的产品分段S曲线可为企业决策指明方向。

三、正向思维与逆向思维

正向思维是人们经常用到的思维方式，是按常规思路，遵照时间发展的顺序，以事物的常见特征、事物发展的一般趋势为标准，从已知到未知来揭示事物本质的思维方法。逆向思维在思维路线上与正向思维相反，在思考问题时，为了实现创造过程中设定的目标，跳出常规，改变思考对象的空间排列顺序，从反方向寻找解决办法。正向思维与逆向思维相互补充、相互转化，在解决问题中一同使用，常能取得事半功倍的效果。

（一）正向思维法

正向思维法是依据事物发展过程建立的，它一次只对某一种或一类事物进行思考，是在对事物的过去、现在充分分析的基础上，得知事物的未知部分，提出解决方案。

正向思维具有如下特点：在时间维度上与时间发展的方向一致，即随着时间推进，符合事物的自然发展过程和人类认识的过程；认识具有统计规律的现象，能够发现和认识新事物及其本质；面对生

产、生活中的常规问题时，正向思维具有较高的处理效率，能取得很好的效果。

（二）逆向思维法

逆向思维法是利用事物的可逆性，从反方向进行推断，寻找常规的岔道，并沿着岔道继续思考，运用逻辑推理寻找新的方法和方案的思维方法。

逆向思维在各种领域、活动中都具有适用性。它有多种形式：性质上对立两极的转换，如软与硬、高与低等；结构、位置上的互换、颠倒，如上与下、左与右等；过程上的逆转，如气态变液态或液态变气态、电转为磁或磁转为电等。无论哪种方式，只要从一个方面想到与之对立的另一方面，都是逆向思维。

四、求同思维与求异思维

（一）求同思维

求同思维是指在创造性活动中，把两个或两个以上的事物，根据实际的需要联系在一起进行“求同”思考，寻求它们的结合点，然后从这些结合点中产生新创意的思维活动。求同思维从已知的事实或命题出发，沿着单一方向一步一步推导，以获得满意的答案。获得客观事物共同本质和规律的基本方法是归纳法，把归纳出的共同本质和规律进行推广的方法是演绎法。在这些过程中，肯定性的推断是正面求同，否定性的推断是反面求同。

求同思维追求秩序和思维缜密性，能够以严谨的逻辑性环环相扣，以实事求是的态度，从客观实际出发，来揭示事物内部存在的规律和联系，并且要通过大量的实验或实践来对结论进行验证和检验。只要能在事物间找出它们的结合点，基本就能产生意想不到的结果。组合后的事物所产生的功能和效益，并不是几种事物的简单相加，而是使事物出现了新的性质和功能。

（二）求异思维

求异思维是指对某一现象或问题，进行多起点、多方向、多角度、多原则、多层次、多结果的分析和思考，捕捉事物内部的矛盾，揭示表象下的事物本质，从而得出富有创造性的观点、看法或思想的一种思维方法。

遇到难题时采用求异思维，常常能破除思维定势，打破传统规则，寻找到与原来不同的方法和途径。求异思维在经济、军事、科技等领域广泛应用。求异思维的客观依据是任何事物都有特殊本质和规律，即特殊矛盾表现出的差异性。要进行求异思维，必须积极思考并调动长期积累的社会感受，为人们带来新颖的、独创的、具有社会价值的思维成果。

聪明的求职者

一个大学生，在毕业之后急着去找一份自己喜欢的工作。他大学所学的专业是新闻，很希望能找到一份与所学专业相关的工作。

这天，他来到了一家杂志社，想看看他们是不是有招聘计划。

他直接来到了总编的办公室，很有礼貌地问总编：“请问，你们这里需要编辑吗？”

“不好意思，我们暂时不需要！”总编回答说。

"那记者呢?"大学生继续问。

"也不需要!"总编回答。

这个学生依旧不死心,他继续问道:"那么排版、校对的工作人员呢?"

"实在不好意思,我们现在什么职位都不缺人,需要的时候我们再和你联系吧。"总编平静地回答着他的问题。听到这样的回答,这个毕业生并没有立即离开,而是微笑着对总编说:"那么,你们一定需要这个!"他边说边从公文包里面拿出一个自己特别制作的小牌子,上面简单地写着几个字。

总编一看,不禁莞尔一笑,既折服于这个求职者的创意,又赞扬他的机智与耐心,于是当场决定录取他。原来,这位求职者的小牌子上面写着:"额满,暂不雇用"。

分析: 这个刚毕业的大学生用自己的创意制作了这么一块别具一格的牌子,正是这样与众不同的创意让总编眼前一亮,进而为自己赢得了一个非常好的工作机会。

五、问题的转化

在工程实践中,问题是多种多样的,但彼此之间有相通的地方。对于难以解决的问题与其死盯住不放,不妨把问题转化一下。

(一)把复杂问题转化为简单问题

在解决复杂问题时将其转化为简单问题,化繁为简,就会产生一种新的视角。

案例阅读

测量梨形灯泡的容积

一次,爱迪生让其助手帮助自己测量一个梨形灯泡的容积。事情看起来很简单,但由于梨形的灯泡形状不规则,计算起来相当困难。助手接到任务,立即开始了工作,他一会儿拿标尺测量,一会儿又运用一些复杂的数学公式计算。可几个小时过去了,他忙得满头大汗也没有计算出灯泡的容积。当爱迪生看到助手面前的一摞纸稿和工具书时,立即明白了是怎么回事。于是,爱迪生拿起灯泡,朝里面倒满水,递给助手说:"你去把灯泡里的水倒入量杯,就会得出我们所需要的答案。"助手顿时恍然大悟。

(二)把生疏的问题转化为熟悉的问题

对于从未接触过的生疏问题,可将其转化为自己熟悉的问题,以利于问题的解决。

混凝土的发明

发明钢筋混凝土的既不是建筑业的科学家，也不是著名的工程师，而是法国的园艺师约瑟夫·莫尼尔。他为了设计一种牢固坚实的花坛，用铁丝仿照植物的根系编织成网并围成花坛，再用水泥包住铁丝网，就制成了新型的花坛。这样，不仅花坛造出来了，还发明了钢筋混凝土，引起了建筑材料的一场革命。

（三）把直接变为间接

在解决比较复杂、困难的问题时，直接解决往往会遇到极大的阻力。这时，就需要拓展思维视角，或退一步考虑，或采取迂回路线，或先设置一个相对简单的问题作为铺垫，为实现最终目标创造条件。

第三节 创新思维方法

了解并能够初步运用创新思维方法进行思考。

一、头脑风暴法

（一）头脑风暴法的概念

一群人围绕一个特定的兴趣领域开展讨论的情境就叫头脑风暴，由于讨论没有拘束的规则，人们能够更自由地思考，进入思想的新区域，从而得出很多的新观点和问题解决方法。当参与者有了新观点和想法时，他们就大声说出来，然后在他人提出的观点之上建立新观点，所有的观点都会被记录下来，但不进行批评，头脑风暴会议结束之后再对这些观点和想法进行评估。头脑风暴的特点是让参与者敞开思想，使各种设想在相互碰撞中激起脑海中的创造性风暴。头脑风暴法可分为直接头脑风暴法和质疑头脑风暴法，前者是在专家群体决策的基础上尽可能激发创造性，产生尽可能多的设想的方法；后者是对参与者提出的设想、方案逐一质疑，发现其现实可行性的方法。

（二）头脑风暴法的程序

头脑风暴法力图通过一定的讨论程序与规则来保证创造性讨论的有效性，因此，讨论程序成了头脑风暴法能否有效实施的关键因素。从程序方面来说，组织头脑风暴法应注意以下几个环节。

1.确定议题

一场有效的头脑风暴法应从对问题的准确阐明开始。因此，在开展头脑风暴会前必须确定一个目标，使参与者明确通过这次会议需要解决什么问题，但不要限制可能的解决方案的范围。一般而言，比较具体的议题能使参与者较快产生设想，主持人也较容易掌握；比较抽象和宏观的议题引发设想的时间较长，但设想的创造性也可能较强。

2.会前准备

为了使头脑风暴会的效率更高、效果更好，组织者与参与者均可在会前做点准备工作。就组织者而言，可以预先收集一些资料供大家参考，以便参与者了解与议题有关的背景材料和外界动态；可以对会场进行适当布置，座位排成圆环形往往比排成教室式更为有利。就参与者而言，在参会之前，对于待解决的问题一定要有所了解。此外，在头脑风暴会正式开始前，组织者可以准备一些创造力测验供大家思考，以活跃气氛，提升思维能力。

3.确定人选

会议一般以8～12人为宜，也可略有增减（5～15人）。与会者人数太少不利于交流信息，激发思维；人数太多则不容易掌握，并且每个人发言的机会相对较少，也会影响会场气氛。只有在特殊情况下，与会者的人数可不受上述限制。

4.明确分工

会议要推定一名主持人，1～2名记录员（秘书）。主持人的作用是在头脑风暴会开始时重申讨论的议题和纪律，在会议进程中启发引导，掌握进程，如通报会议进展情况，归纳某些发言的核心内容，提出自己的设想，活跃会场气氛，或者让大家静下来认真思索片刻再组织下一个发言高潮等。记录员应将参与者的所有设想都及时编号，简要记录，最好写在黑板等醒目处，让参与者能够看清。记录员也应随时提出自己的设想，切忌持旁观态度。

5.规定纪律

根据头脑风暴法的原则，可规定几条纪律，要求参与者遵守。例如，要集中注意力，积极投入，不消极旁观；不要私下议论，以免影响他人思考；发言要针对目标，开门见山，不要客套，也不必做过多的解释；参与者之间相互尊重，平等相待，切忌相互褒贬，等等。

6.掌握时间

会议时间由主持人掌握，不宜在会前定死。一般来说，以几十分钟为宜。若时间太短，则参与者难以畅所欲言；时间太长则容易让人产生疲劳感，影响会议效果。经验表明，创造性较强的设想一般在会议开始10～15分钟后逐渐产生。美国创造学家帕内斯指出，头脑风暴会议时间最好安排在30～45分钟。倘若需要更长时间，就应把议题分解成几个小题分别进行专题讨论。

一次成功的头脑风暴除了在程序上有要求之外，更为关键的是能进行充分、非评价性的、无偏见的交流。具体而言，可归纳为以下几点。

（1）自由畅谈。参与者不应该受任何条条框框的限制，要放松思想，让思维自由驰骋，从不同角度、不同层次、不同方位大胆地展开想象，尽可能地标新、创新，提出独创性的想法。

（2）延迟评判。头脑风暴过程中，必须坚持当场不对任何设想做出评价的原则，既不能肯定某个设想也不能否定某个设想，更不能对某个设想发表评论性的意见。一切评价和判断都要等到会议结束之后才能进行。这样做一方面是为了防止评判约束参与者的积极思维，另一方面是为了集中精力先开发设想，避免把应该在后阶段做的工作提前，从而影响创造性设想的大量产生。

（3）禁止批评。绝对禁止批评是头脑风暴法应该遵循的一个重要原则。参加头脑风暴会议的每个人都不得对别人的设想提出批评意见，因为批评对创造性思维具有抑制作用，有些人习惯用一些自谦之词，这些具有自我批评性质的说法同样会破坏会场气氛，影响自由畅想。

（4）追求数量。头脑风暴会议的目标是获得尽可能多的设想，追求数量是它的首要任务。参加会议的每个人都要抓紧时间思考，多提设想。至于设想的质量问题，自可留到会后的设想处理阶段去解决。在某种意义上，提出的设想的数量和会议效果密切相关，提出的设想越多，其中的创造性设想就可能越多，会议效果越好。

(5) 设想处理。通过组织头脑风暴会，往往能获得大量与议题有关的设想，至此任务只完成了一半。另一项重要的工作是对已获得的设想进行整理分析，选出有价值的创造性设想加以开发实施，这项工作就是设想处理。

头脑风暴法的设想处理通常安排在头脑风暴会的次日进行。在此之前，主持人或记录员（秘书）应设法收集参与者在会后产生的新设想，以便一并进行评价处理。设想处理的方式有两种：一种是专家评审，可聘请有关专家及会议参与者代表若干人（5 人左右为宜）承担这项工作；另一种是二次会议评审，即头脑风暴会的参与者举行第二次会议，集体进行设想的评价处理工作。

（三）头脑风暴法的价值

头脑风暴法的价值主要有以下几方面。

(1) 极易操作执行，具有很强的实用价值。

(2) 非常具体地体现了集思广益及团队合作的智慧。

(3) 每一个人的思维都能得到最大限度的开拓，能有效开阔思路，激发灵感。

(4) 在合理的时间段内可以批量生产灵感，会有大量意想不到的收获。

(5) 面对任何难题，举重若轻。对于熟练掌握“头脑风暴法”的人来讲，再也不必一个人冥思苦想，孤独“求索”了。

(6) 可以有效激发一个人及团队的创造力。

(7) 使参与者更加自信，因为他会发现自己居然能如此有“创意”。

(8) 可以发现并培养思路开阔、有创造力的人才。

(9) 创造良好的平台，提供一个能激发灵感、开阔思路的环境。

(10) 有利于增强团队凝聚力，增强团队创新精神。

(11) 可以提高工作效率，更快更高效地解决问题。

（四）头脑风暴的步骤与主持技巧

1.实施步骤

(1) 会前准备：参与者、主持人和课题任务三落实，必要时可进行柔性训练。

(2) 设想开发：由主持人公布会议主题并介绍与主题相关的一些情况，参与者打破思维惯性，大胆进行联想，提出设想，主持人控制好时间，力争在有限的时间内获得尽可能多的创意设想。

(3) 设想的分类与整理：设想一般分为实用型和幻想型两类。实用型幻想是指目前技术工艺可以实现的设想，需用头脑风暴法去进行论证、二次开发，进一步扩大设想的实现范围。幻想型设想再开发，指用头脑风暴法对幻想型设想进行开发，就有可能将创意的萌芽转化为成熟的实用型设想。这是头脑风暴法的关键步骤。

2.主持技巧

主持人应在会前向参与者重申会议应严守的原则和纪律，善于激发成员思考，使场面轻松活跃而又不违反头脑风暴的规则，引导参与者轮流发言，避免发言不均或展开辩论，鼓励参与者多提设想，可说“对，就是这样！”“大棒了！”“好主意！这一点对开阔思路很有好处！”等。禁止使用下面的话语：“这点别人已说过了！”“实际情况会怎样呢？”遇到人人皆“才穷计短”而出现暂时停滞时，可采取一些措施，让大家自选休息方法（如散步、唱歌、喝水等），再进行几轮头脑风暴；或给每人发一张与问题无关的图画，请大家讲一讲自己获得的一些灵感，然后根据课题和实际情况需要，引导大家掀起一次又一次头脑风暴的“激波”。如课题是某产品的进一步开发，可以从产品改进配方思考形成第一激波、从降低成本思考形成第二激波、从扩大销售思考形成第三激波等；又如，对某问题解决方案的讨论，可引导大家掀起“设想开发”的激波，及时抓住“拐点”，适时引导进入“设想论证”的激波。主持人要掌握好时间，会议持续1小时左右，形成的设想应不少于100种。最好的设想往往是在会议将要结束时提出的，因此，预定结束的时间到了可以根据情况再延长5分钟，这是人们容易提出好的设想的时候。

二、TRIZ 法

（一）TRIZ 理论的概述

TRIZ 的含义是发明问题、解决理论。人类进入工业化社会以来产生了无数的发明创造，设计制造了各种各样的机械设备，这些发明创造的创新过程是具有通用的规律的，TRIZ 理论可以科学地运用这些规律帮助我们进行创新设计。

TRIZ 理论是由苏联科学家阿奇舒勒于1946年创立的。当时阿奇舒勒在苏联里海海军的专利局工作，在研究处理世界各国著名的发明专利的过程中，他发现任何领域的产品改进、技术变革或创新都和生物系统一样，都会经历产生、生长、成熟、衰老、灭亡，是有规律可循的。人们如果掌握了这些规律，就能能动地进行产品设计并预测产品的未来趋势。

以后的数十年中，阿奇舒勒一直致力于 TRIZ 理论的研究和完善，建立了 TRIZ 理论体系。20世纪80年代中期前，该理论对其他国家保密，80年代中期，随着一批科学家移居美国等西方国家，该理论逐渐被推广至世界产品开发领域。现在，国际上已经对超过250万项出色的专利进行过研究，并大大充实了 TRIZ 理论及其方法体系。

（二）TRIZ 法相对于传统创新方法的优势

随着社会的进步和科学技术的迅猛发展，人类对于产品功能的要求越来越高，创新时遇到的问题变得非常复杂，创新所涉及的科学领域越来越多。如果解决方法是依据某一领域的经验，那么可以通过少量的尝试达到目的，但是如果在某一领域找不到问题的解决方法，发明者就要到其他领域去寻找，这种尝试就变得非常困难。

传统的创新方法如尝试法，会因为发明家的心理惯性而受到约束，比如一个机械工程师想要改变轴的转速，他往往会从机械的角度去变速而不会去从电气的角度去变速。

TRIZ 理论具有鲜明的特点和优势。它成功地揭示了创造发明的内在规律和原理，着力于澄清和强调系统中存在的矛盾，而不是逃避矛盾，其目标是完全解决矛盾，获得最终的理想解。TRIZ 法比传统方法更加易于操作，不过多地依赖创新者的灵感、个人知识及经验。

（三）TRIZ 理论的核心思想及解决发明问题的方法

TRIZ 理论的核心思想是，无论是简单的产品还是复杂的技术系统，其核心技术都一直处于进化之中，其发展都遵循客观的规律演变，各种技术难题、冲突和矛盾的不断解决是推动这一进化过程的动力。

TRIZ 理论解决发明问题的方法如下：

（1）使用物—场分析等方法将待设计的物理产品问题表达为通用问题。

（2）利用 TRIZ 中的原理和工具，求出该通用问题的通用解决方法。

（3）根据通用解决方法的提示，参考各种已有的知识，设计待定问题的创新解决方法。

（四）TRIZ 的技术系统

1.产品的进化分析

TRIZ 理论认为，任何产品都是有其发展规律的，它们在本质上都沿着相同的演变路线不断进步和发展。TRIZ 理论中的产品进化理论将产品进化过程分为 4 个阶段，即婴儿期、成长期、成熟期与衰亡期。对于处于前两个阶段的产品，企业应加大投入，尽快使其进入成熟期，以便企业获得最大效益；对于处于成熟期的产品，企业应对其替代技术进行研究，使产品得以发展，以应对未来的市场竞争；对于处于衰亡期、使企业利润急剧降低的产品，企业应尽快将其淘汰。这些可以为企业产品规划提供具体的、科学的支持。

2.技术系统

技术系统由多个子系统组成，并通过子系统之间的相互作用实现一定的功能，简称系统。子系统本身也是系统，是由元件和操作组成的。更高级的系统被称为超系统。例如电冰箱是一个技术系统，其中的压缩机、压缩板、散热板、照明灯等都是冰箱的子系统；而电冰箱所处的环境，如房间就是冰箱这个系统的超系统。

（五）TRIZ 的发明原理

TRIZ 理论包括 40 条发明原理。下面对几个典型的发明原理作简要阐述。

1.分割原则（分离法）

（1）将物体分成独立的部分。

（2）使物体成为可拆卸的。

（3）增加物体的分割程度。

实例：组合家具、分类垃圾箱、百叶窗、分体式冰箱等。

2.抽取原则（提取法）

（1）从物体中抽出产生负面影响（即“干扰”）的部分或属性。

（2）从物体中抽出必要的部分或属性。

实例：避雷针、舞台上的反光镜等。例如，利用金属导电原理，避雷针将可能对建筑物造成损害的雷电引入大地，以避免雷电对建筑物造成损害。

3.多功能原则（一物多用法）

使一个物件、物体具有多项功能以取代其余部件。

实例：可以坐的拐杖，可当作 U 盘使用的 MP3、多功能螺丝刀等。例如，数码摄像机兼有摄像、照相、录音、硬盘存储等功能。

4.反重量原则（巧提重物法）

（1）将物体与具有上升力的另一物体结合以抵消其重量。

（2）将物体与介质（最好是气动力和液动力）相互作用以抵消其重量。

实例：热气球、使广告条幅在空中飘荡的氢气球、快艇等。例如，热气球利用燃烧形成的热空气升空。

5.预先作用原则（预先作法）

（1）预先完成要求的作用（整个的或部分的）。

（2）预先将物体安放妥当，使它们能在现场和最方便的地点立即完成所起的作用。

实例：透明胶带架、在停车场安置的缴费系统等。例如，灭火器在易于发生火灾的地点安放好，用于快速灭火。

6.预先应急措施原则（预先防范法）

以事先准备好的应急手段补偿物体的低可靠性。

实例：安全气囊、降落伞的备用包、安全出口、电梯的应急按钮等。例如，事先给汽车安装安全气囊，在发生交通事故时，可将对驾驶员的伤害降到最低。

7.动态原则（动态法）

（1）物体（或外部介质）的特性的变化应当在每一工作阶段都是最佳的。

（2）将物体分成彼此相对移动的几个部分。

（3）使不动的物体成为动的。

实例：用于矫正牙齿的记忆合金，分成一段一段的利于转弯的火车车厢，可以弯曲的吸管等。

8.自服务原则（自助法）

（1）物体应当为自我服务，完成辅助和修理工作。

（2）利用废弃的资源、能量和物质。

实例：可以自己充电的机器人、用食物或野草等有机物做的肥料等。例如，大部分计算机都具有自我更新、自我修复的功能，这样能够节约人力、节约时间，避免人为犯错。

9.多孔材料原料（孔化法）

（1）将物体做成多孔的或利用附加多孔元件。

（2）如果物体是多孔的，事先用相应物质填充空孔。

实例：生活中用的纱窗、录音棚用的隔音板、枪械中用的消声器等。

10.变色原则（色彩法）

（1）改变物体或外部介质的颜色。

（2）改变物体或外部介质的透明度。

（3）为了观察难以看到的物体或过程，采用染色添加剂。

（4）如果已采用了这种添加剂，则采用荧光粉。

实例：彩色荧光棒，在街道上经常看见的荧光灯等。例如，交通警察的警服通常具有明显标志并采用荧光粉，使警察在黑暗的环境中更醒目，以保证他们的安全。

TRIZ 理论以其良好的可操作性、系统性和实用性在全球的创新和创造学研究领域占据着独特的地位。在经历了理论创建与理论体系的内部集成后，TRIZ 理论正处于自身进一步完善与发展，以及与其他先进创新理论方法集成的阶段，现已成为最有效的计算机辅助创新技术和创新问题求解的理论与方法基础。

实践证明，运用 TRIZ 理论，可大大加快人们创造发明的进程，而且能得到高质量的创新产品。它能够帮助我们系统地分析问题情境，快速地发现问题的本质或者矛盾，准确地确定问题探索的方向。它能帮助我们突破思维障碍，打破思维定势，以新的视角分析问题，进行逻辑性和非逻辑性的系统思考。它还能根据技术进化规律预测未来发展趋势，帮助我们开发富有竞争力的新产品。

第四节　创新思维技巧

能够运用创新思维技巧进行创新性思考。

创新思维技巧是人们在创新实践的基础上提出的，用于辅助人们产生创新思维的策略和手段，是有效、成熟的创造性思维的规律化总结与结构化表达。

一、整体思考法

整体思考法是一种全面思考问题的模型。这种方法将思维方式分为 6 类，而每次思考时思考者只能采用一种方式，以有效地避免思维混杂。

（一）整体思考法的分类

1.客观性思考

当进行客观性思考时，思考者要撇开所有建议与辩论，仅对事实、数字和信息进行思考，通过提问和回答，罗列出已有信息和需求信息。

2.探索性思考

探索性思考是指思考者尽可能多地提出各类新奇建议，或创造出新观念，或提供新选择。探索性思考在创新思维中是极其重要且最具价值的思考方式。尽管探索性思考获得的结果有些不一定立即可行，但其中所包含的价值通过其他思考方式加工处理后，可逐步变成切实可行的方案。

3.积极性思考

积极性思考是指思考者以一种积极的态度和看法思考事物的优点，基于逻辑寻找事物发展的可能性。例如，积极思考：它为什么有利？它为什么能做？为什么它是一件要努力做好的事情？其中包括了什么潜在价值？有时一些概念所具有的优势一开始并不十分明显，需要积极地去寻找。

4.批判性思考

批判性思考是指思考者在事实基础上质疑问题，进行判断和检验，甚至进行逻辑否定，批判性地找到方案不可行的原因。批判性思考可以纠正事物中存在的错误和问题，是非常有价值的思考。同时需要注意的是，不要过度使用批判性思考，并下意识地将其带入其他思考方式中，对事物过早地做出否定，会扼杀一些看似荒谬实则很有价值的创造性想法。

5.总结性思考

总结性思考是指思考者对思考方案进行总结，并对下一步计划做出安排。在进行总结性思考时，思考者要控制思维的进程，时刻保持冷静，或明确下一个思考步骤所使用的思考模式，或评价所运用的思考方式并及时对思考结果进行总结。

6.直觉性思考

直觉性思考是指思考者表达出对项目、方法的感觉或其他情绪，但并不需要给出原因。直觉可能是思考者潜意识中根据自己在某领域多年积累的经验进行的综合判断。尽管有时候没办法将直觉背后的原因说清楚，但它在思考过程中可能非常有用。同时，也应明白直觉并不总是正确的，它也会出现错误。因此，在直觉思维之后还应用其他思考方法对其结果加以验证。

（二）整体思考法的实施

整体思考法是一种集问题分析、方案生成、方案评价于一体的创新思维过程。其应用的关键在于使用者如何去排列思考模式，也就是组织思考的流程。不同思考方式并不存在唯一正确的序列，实际序列会随着思考内容的具体性质而改变。但如何组织思考流程，也有一定的指导原则。例如，在需要找出困难、危险或者考虑方案是否正确可行时，可以使用批判性思考；在经过逻辑否定后，允许使用直觉性思考表达“我觉得这个想法仍有潜力”的想法。

整体思考法的一般性思考顺序如下：

（1）客观性思考：搜集可加以利用的有用信息；

（2）探索性思考：对进一步探索获得的可供选择的信息进行分析；

（3）积极性思考：对每一种选择的可行性和利益做出评估；

（4）批判性思考：对每一种选择的危险性和弱点做出评估；

（5）探索性思考：对最富有前景的选择做进一步拓展，并做出决策；

（6）总结性思考：对目前为止已经取得的成果进行总结与评估；

（7）批判性思考：对所做选择做出最后的评判。

（8）直觉性思考：表达对结果的感受。

在实际运用时，应针对不同问题的性质，结合思考方式及自身的思维特点来安排顺序。

二、尺寸—时间—成本分析（STC 算子）

从物体的尺寸（Size）、时间（Time）、成本（Cost）3 个方面进行 6 个智力测试，重新思考问题，以打破固有的对物体的尺寸、时间和成本的认识，称为 STC 算子。它是一种让大脑进行有规律的、多维度思维的发散方法，为我们的思考提供了一种思维的坐标系，相比一般的发散思维和头脑风暴，它能让我们更快地得到想要的结果。

例如，使用梯子采摘果实是最常见的方法，但是这种方法所需劳动力多且效率低。怎样才能让采摘更加方便、快捷、省力呢？针对这一问题，可以应用 STC 算子做发散思维尝试：

（1）假设果树的尺寸趋于零高度。在这种情况下，就不需要活动梯子了，解决方案就是种植低矮的果树。

（2）假设果树的尺寸趋于无穷高。在这种情况下，解决方案可以将果树的树冠修剪成梯子形，梯子形的树冠就可以代替活动梯子，让人们方便地采摘果子。

（3）假设收获的成本费用必须为零。这时，解决的方案就是等果实自然掉落。

（4）假设收获的成本费用可以允许为无穷大，而没有任何限制。这种情况下，就可以发明一台带有电子视觉系统和机械手控制器的智能型摘果机完成任务。

（5）假设收获的时间趋于零，即必须使所有的果子在同一时间完成采摘。这种情况下，我们可以借助于轻微爆破或者压缩空气喷射完成任务。

（6）假设收获时间是不受限制的。在这种情况下，也不必去采摘果子，只要等其成熟后自然掉落即可，可以做一些保护措施防止果实落地摔坏。

总之，多角度地看待问题的思维方式，可以促使我们的思维进行有规律的、多维度的发散，最终让许多看似很困难、无从下手的问题，变得非常简单，易于解决。

三、金鱼法

（一）金鱼法的含义

在创新过程中，有时候产生的想法看起来并不可行甚至不现实，但是，某些想法却绝对令人称奇。如何才能证实这样的想法具有可行之处呢？金鱼法可帮助我们解决此问题。

金鱼法的原理是将一个异想天开的想法分为两个部分，即现实部分及非现实（幻想）部分；接着把非现实部分再分为两部分，即现实部分及非现实部分……继续划分，直到余下的非现实部分变得微不足道，而想法看起来愈加可行为止。

（二）金鱼法的具体实施

（1）将不现实的想法分为两个部分：现实部分与非现实部分。精确界定什么样的想法是现实的，什么样的想法看起来是不现实的。

（2）解释为什么非现实部分是不可行的。尽力对此进行严密而准确的解释，否则可能又得到一个不可行的想法。

（3）找出在哪些条件下想法的非现实部分可变为现实的。

（4）检查系统、超系统或子系统中的资源能否提供此类条件。

（5）如果能，则可定义相关想法，即应怎样对情境加以改变，才能实现想法的看似不可行的部分。将这一新想法与初始想法的可行部分组合为可行的解决方案构思。

（6）如果我们无法通过可行途径来利用现有资源为看起来不现实的部分提供实现条件，则可将这一“看起来不现实的部分”再次分解为现实与非现实部分。然后，重复步骤（1）～（5），直到得出可行的解决方案构思。

金鱼法的流程如图 2-2 所示。

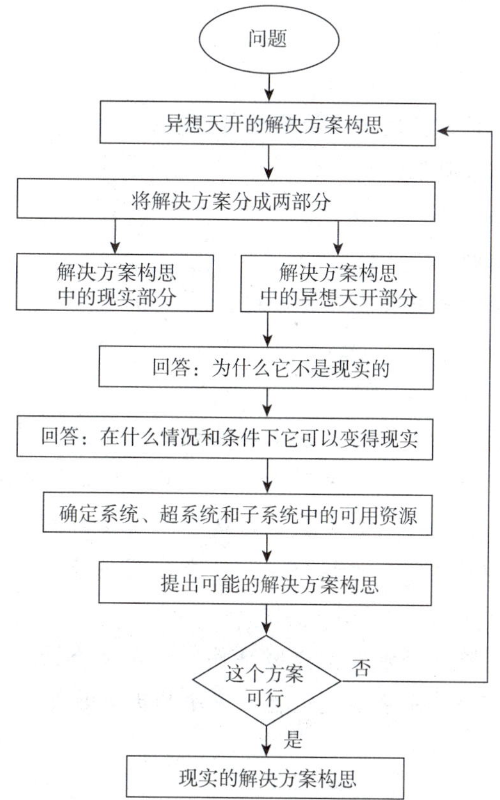

图 2-2 金鱼法的流程

金鱼法是一个反复迭代的分解过程，其本质是将幻想的、不现实的问题求解构想，变为可行的解决方案。

一、单选题

1.集中思维具有（　　）的功能。

A.总结整理　　B.批判选择　　C.综合选择　　D.提高创新

2.突然产生新思路、新方案的状态，称为（　　）。

A.灵感　　B.直觉　　C.创新　　D.感性

3.获得客观事物共同本质和规律的基本方法是（　　）。

A.归纳法　　B.求同法　　C.综合法　　D.总结法

4.对每一种选择的可行性和利益做出评估的思考是（　　）。

A.客观性思考　　B.探索性思考　　C.积极性思考　　D.总结性思考

5.将一个异想天开的想法分为两个部分——现实部分及非现实（幻想）部分，这是（　　）

A.辩证法　　B.两分法　　C.斑马法　　D.金鱼法

二、判断题

1.发散思维在单位时间内发散的量越多，流畅性越好。（　　）

2.直觉思维不需要知识经验就可以形成。（　　）

3.创新思维有创造想象的参与。（　　）

4.“问题意识”是创新思维的关键。（　　）

5.正向思维在时间维度上与时间发展的方向一致。（　　）

三、思考题

1.游客有时会从帕特农神庙的古老立柱上砍下一些碎片，雅典当局对此非常关心，虽然这种行为是违法的，但是这些游客仍旧把它作为纪念品带走了。雅典当局如何才能阻止这种行为呢？

2.在美国的一个城市，地铁里的灯泡经常被偷，这会导致安全问题。接手此事的工程师不能改变灯泡的位置，也没多少预算供他使用，但他提出了一个非常好的横向解决方案。你认为他提出的方案是什么呢？

3.一个小镇里有四家鞋店，鞋店经常发生失窃事件。让人奇怪的是，它们销售同样型号、同一系列的鞋子，然而，其中一家鞋店丢失的鞋子是其他三家平均丢失数量的3倍。为什么会出现这种情况？如何解决这个问题呢？

融合创新实践

第三章

课程思政

通过“创新能力”相关知识，引导学生掌握创新思维的方法，激发学生的创造潜力和想象力，提升学生的批判性思维能力，培养学生从不同角度和层面看待问题的能力。通过“创新实践”相关知识教学，鼓励学生将所学的知识应用于解决实际问题中，引导学生在实践中发现问题、分析问题、解决问题，培养他们的实践能力和创新能力；引导学生了解市场需求和竞争态势，鼓励学生将创新成果转化为实际产品或服务，激发学生的创业热情，培养他们的创业意识和创业能力。

学习重点和难点

重点：创新能力的意义、价值和特点；激发创新能力的方法；创新与创业的关系。

难点：激发创新能力的方法。

2022年，习近平总书记到四川省宜宾市考察。在宜宾市极米光电有限公司，总书记强调要推进科技创新，要努力提高自主创新能力。党的十八大以来，习近平总书记把创新摆在国家发展全局的核心位置，高度重视科技创新，反复强调科技创新在全面创新中的引领作用。2023年11月，习近平总书记在深入推进长三角一体化发展座谈会上强调，要加强科技创新和产业创新跨区域协同。

第一节 创新能力

1.了解创新能力的概念。
2.掌握创新能力的内容。
3.初步学会激发创新能力的方法。

一、创新能力概述

（一）创新能力的意义

创新能力是民族进步的灵魂、经济竞争的核心。当今社会的竞争，与其说是人才的竞争，不如说是人的创造力的竞争。

如果这个世界没有创新能力，就不会有今日人类的文明；如果一个民族没有创新人才，就很难发展、进步。

对于创新能力内涵的阐述，基本上可以概括为三种观点：

第一种观点认为创新能力是个体运用一切已知信息，包括已有的知识和经验等，产生某种独特、新颖、有社会或个人价值的产品的能力。它包括创新意识、创新思维和创新技能三部分，核心是创新思维。

第二种观点认为创新能力表现为两个相互关联的部分，一部分是对已有知识的获取、改造和运用，另一部分是对新思想、新技术、新产品的研究与发明。

第三种观点从创新能力应具备的知识结构着手，认为创新能力应具备的知识结构包括基础知识、专业知识、工具性知识或方法论知识以及综合性知识。

上述三种观点，尽管表述方法有所不同，但基本上能将创新能力的内涵解释清楚。

（二）创新能力的价值

总的来说，创新能力是指个体或组织在技术和各种实践活动领域中不断提供具有经济价值、社会价值、生态价值的新思想、新理论、新方法和新发明的能力。

在科学技术飞速发展的今天，创新意识和创新能力越来越成为一个国家国际竞争力和国际地位的重要决定因素。改革开放以来，我国的创新能力有了很大的提高，某些科学研究成果和技术创新在世界上已占有一席之地。但总体来说，我国的创新能力和国际先进水平仍有不小的差距。《国家创新指数报告2022—2023》显示：北美地区仍是世界创新能力最强的一极，美国和加拿大两国人口合计占全球的4.7%，GDP占全球的26.8%，R&D（研究与试验发展）经费投入总量占全球的39.2%。欧洲地区整体表现强劲，瑞士、德国、法国等26个国家人口合计占全球的9.4%，GDP占全球的24.9%，R&D经费投入总量占全球的23.8%。2023年，中国国家创新指数综合排名居世界第10位，较上期提升

3 位，是唯一进入前 15 位的发展中国家。同时，国家创新能力取得显著进步，从 2000 年的第 38 位快速提升至 2011 年的第 20 位，随后稳步上升至目前的第 10 位。

分众传媒创始人江南春的创业与创新

江南春的创业之路总是被人津津乐道，这位靠着小小的液晶显示屏成为身价 20 亿元人民币的亿万富翁的传奇人物，正是靠着灵机一动的创新思维而发家的。

一次，江南春在等电梯的时候，注意到电梯门上贴着一张舒淇的海报，江南春很喜欢舒淇，正想仔细地欣赏那张海报的时候，电梯来了。江南春不得不走进电梯，在电梯门关上的那一刹那，他突然迸发出一个灵感：有多少人像我一样，在这个封闭的空间里看不到自己想看的东西。在等电梯的时候也是如此，大家都非常无聊，只能干瞪眼，这时候如果在电梯旁或电梯壁上放一台屏幕，播放点内容，肯定会有很高的“收视率”。

江南春没有迟疑，回到公司就开始着手操作，经过努力，他成功地实践了自己当初的创意，在很多城市都可以看到江南春的楼宇电视广告，而江南春的公司现在也家喻户晓，它就是分众传媒。

分析：这的确是一个非常好的创意，对于等电梯的人来说，楼宇广告可以为大家打发无聊时间；对于投放的楼宇而言，能够把地方充分利用起来，赚取不菲的收益；对于广告客户来说，投放广告有针对性，而且因为收视率高，所以广告效应更好；对于江南春自己而言，他也得到了丰厚的利润回报。

（三）创新能力的内容

创新能力是一个综合性概念，它包括很多的内容，具体来说有以下几点。

1.学习能力

学习能力是指获取并掌握知识、方法和经验的能力，包括阅读、写作、理解、表达、记忆、搜集资料、使用工具、对话和讨论等能力。学习能力还包括态度和习惯，如“活到老，学到老”的终身学习的态度和信念。个人具有学习能力，组织也具有学习能力，人们把学习型组织理解为“通过大量的个人学习特别是团队学习”形成的能够认识环境、适应环境，进而能够能动地作用于环境的有效组织。也可以说，学习型组织是通过营造浓厚的学习氛围，充分发挥员工的创造性思维能力而建立起来的一种有机的、有高度柔性的、扁平的、符合人性的、能持续发展的组织。在当今时代，一个人或一个组织的竞争力往往取决于个人或组织的学习能力，因此无论是对于个人还是对于组织而言，具有竞争优势就是指有能力比其竞争对手学习得更多更快。所以管理大师德鲁克说：“真正持久的优势就是怎样去学习，就是怎样使得自己的企业能够学习得比对手更快。”

2.分析能力

分析能力是指把事物的整体分解为若干部分进行研究的技能和本领。事物是由不同要素、不同层次、不同规定性组成的统一整体。认识事物的有效方式之一就是把它的每个要素、层次、规定性在思维中暂时分割开来进行考察和研究，弄清楚每个局部的性质、局部之间的相互关系以及局部与整体的联系，做到由表及里、由浅入深、由易到难地认识事物和问题。分析能力的高低、强弱与 3 个因素有关：一是个人的知识、经验和禀赋；二是分析工具和方法的水平；三是共同讨论与合作研究的品质。

随着科学技术的发展，高性能计算机和各种科学仪器以及新的分析方法的出现和应用，有效地提高了人们的分析能力。当然，分析能力也有局限性和片面性，容易使人“只见树木，不见森林”，忽视从整体上把握事物。因此，通常把分析能力与综合能力结合起来运用，以取长补短。

3.综合能力

综合能力是指把研究对象的各个部分结合成一个有机整体进行考察和认识的技能和本领。综合是指把事物的各个要素、层次和规定性用一定线索联系起来，从而发现它们之间的本质关系和发展规律。具体来讲，综合能力包括三项内容：一是思维统摄与整合，就是把大量分散的概念、知识点以及观察和掌握的事实材料综合在一起，进行思考和加工整理，由感性到理性、由现象到本质、由偶然到必然、由特殊到一般，对事物进行整体把握；二是积极吸收新知识，不断更新知识储备，加强学科交叉，能把不同学科的知识、不同领域的研究经验融会贯通，以实现更好的综合；三是与分析能力紧密配合，若仅有综合能力，缺少深入的、细致的分析，结果必然具有局限性和片面性。在认识事物时，只有协调好分析与综合，才能正确认识事物，实现有价值的创新。

4.想象能力

想象能力是指以一定知识和经验为基础，通过直觉、形象思维或组合思维，不受已有结论、观点、框架和理论的限制，提出新设想、新创见的能力。想象力往往是发现问题和解决问题的突破口，在创新活动中扮演突击队和急先锋的角色，缺乏想象力者很难从事创新工作。

5.批判能力

批判能力即质疑、批判的能力，其作用主要体现在两个方面：在学习、吸收已有知识和经验时，批判能力能保证人们不盲从，而是批判性地、选择性地吸收和接受，去粗取精、去伪存真；在研究和创新时，质疑和批判是创新的起点，没有质疑和批判就只能跟在权威和定论后面亦步亦趋，不可能做出突破性贡献。科学技术发展史表明，重大创新成果通常都是在对权威理论进行质疑和批判的前提下做出的。

6.创造能力

创造能力是创新能力的核心，它是指首次提出新的概念、方法、理论、工具、解决方案、实施方案等的能力，是创新人才的禀赋、知识、经验、动力和毅力的综合体现。

7.解决问题的能力

解决问题的能力包括提出问题的能力和凝练问题的能力，即针对问题选择和调动已有的经验、知识和方法，设计和实施解决问题的方案的能力，对于难题，能够创造性地组合已有的方法乃至提出新方法来予以解决。解决问题有狭义和广义之分，狭义的解决问题就是人们通常认为的解决各种问题，如解决物理问题、数学问题、技术问题；广义的解决问题则包括各种思维活动，在这种情况下，创新能力就等同于创新性解决问题的能力。

8.实践能力

实践能力是指社会实践能力。创造发明成果，只是创新活动的第一阶段，要使成果得到承认、传播、应用，实现其学术价值、经济价值和社会价值，必须要和社会打交道，实践能力就是为实现这一目标而进行的各种社会实践活动的能力。

9.组织协调能力

组织协调能力是指通过合理调配系统内的各种要素，发挥系统的整体功能，最终实现目标的能力。对于创新人才来说，要完成创新活动，就要协调各方，当拥有一定资源时，就可通过沟通、说服、资源分配和荣誉分配等手段来组织协调各方以最终实现创新目标。

10.整合多种能力的能力

创新人才的宝贵之处不仅仅在于拥有多种才能，更重要的是他们能够把多种才能有效地整合在一

起发挥作用。整合多种能力的能力是能力增长和人格发展的结果，这需要通过学习、实践和人生历练不断提高。能否完成重大创新，拥有整合多种能力的能力是关键。

二、创新能力的激发

当今时代的发展对人才的创新能力提出了更高的要求，我们要在迎接挑战的过程中把握机遇，激发创新能力，实现人生价值。

要激发个人的创新能力，需要从以下几个方面入手。

1.不畏常规，敢于超越，增强创新意识

创新是真正意义上的超越，是一种敢为人先的胆识。现在的大学生在小学、中学接受教育的方式大多是老师机械地灌输、学生被动地接受，课堂上缺乏热烈宽松的气氛，学生很少有自己独立思考的空间，即使是掌握得很好的知识，也只能运用于考试之中。换句话说，学习是为了考试，平时学习的方式也很单调，基本上都是做题目。这样，大学生的悟性、灵感在经过“千锤百炼”之后基本上被埋没了，思维被严重地束缚。这样，大学生的敢于超越的精神就显得可贵了，在超越中求发展，创新能力的提高应该从增强创新意识开始。

2.要注重总结前人的经验和教训

任何一项创新都不是无源之水、无本之木，因此高质量利用前人的知识和智慧对于创新工作是非常重要的。也只有如此，创新工作才可以少走弯路，才可以避免很多不必要的麻烦。前人的经验和教训是我们创新的基础，让我们可以站在巨人的肩膀上看待问题、考虑问题和解决问题。通过总结前人失败的经验我们可以发现很多的问题，也可以通过改变方法和途径成功地解决目前遇到的一些问题。

3.重视基础研究工作

个体的创新意识可以在短时间内快速得到增强，但是个体创新能力的提高是一个日积月累、循序渐进的过程。创新需要基础，一些世界级的重大科技成果都是从基础研究开始的，目前我国高度重视基础研究工作，因为没有扎实的基础研究，就很难实现超越，所以在校大学生应该脚踏实地地学好知识，掌握真才实学，在此基础上学会融会贯通，构建健全合理的知识体系，为做好基础研究工作、实现创新作准备。

4.热爱生活，关注生活，享受生活

“热爱生活，关注生活，享受生活”是创新的前提和基础。试想一下，如果一个人不热爱生活，又怎会去关注生活呢，不关注生活，创新又从何而来。创新不可能凭空而来，它不是神话，它是实实在在存在于现实中的东西。我们只有热爱生活，关注生活，并好好享受生活，创新的灵感源泉才会永不枯竭，我们的生活也才会日新月异、丰富多彩。

标新立异的文化衫

有一个厂子，长年生产一种汗衫。随着人们生活方式的改变，穿这种老式汗衫的人越来越少，所以这家厂子汗衫的销量越来越少，几年下来，厂里积压了不少货，资金严重不足，连工人的工资都发不出来了，工厂已经面临破产的境地。这时，有位年轻的技术员提出在积压的白汗衫背面和前

胸印上一些字，如“朋友，你伤害了我”“烦着呢，离我远点”“退一步海阔天空”“毛主席万岁”等词汇，这种鲜明的对比让老式汗衫更加具有特色，正贴合年轻人标新立异的心态，这样做就把老式汗衫变成了时尚T恤。

当时厂子里有很多人不看好，认为这只是旧瓶装新酒，不会有人买，弄不好就把本来能穿的汗衫变成了废品。不过厂长却很看好，于是决定先做出一小部分投放市场。很快，一批印有字句的汗衫投放市场，厂长给它取了响亮的名字“文化衫”。让人惊喜的是，这些文化衫很快就销售一空。

于是，第二批、第三批印着字句的文化衫陆续上市，一时间无人问津的汗衫变成了一种时尚单品，风靡一时，而该厂的积压产品也销售一空。

5.正视创新的核心——创新思维

创新能力一般被视为智慧的最高形式。它是一种复杂的能力结构，在这个结构中创新思维处于最高层次，它是创新能力的重要特性。创新能力实质上就是创造性解决问题的能力。除此之外，创新能力还包括认识、情感、意志等许多因素。创新意味着不因循守旧，不循规蹈矩，不故步自封。随着知识经济时代的来临，知识创新将成为未来社会文化的基础和核心，创新人才将成为决定国家和企业竞争力的关键。创新的思维是创新能力的核心。大量的事实表明，古往今来许多成功者既不是那些最勤奋的人，也不是那些知识最渊博的人，而是那些思维敏捷、具有创新意识的人，他们懂得如何去正确思考，且善于利用头脑的力量。

6.从多方面考虑和解决问题

遇到问题要注意从多方面考虑，养成良好的思维习惯，并持之以恒。只有这样，创新才能在不知不觉中出现。生活中每个人都是有灵感的，一旦产生灵感就要记录下来，时间一长，新的思路、方法和途径自然就出现了。

7.具有强烈的事业心和责任感

具有高度使命感的人，才会有强烈的忧患意识，才能“先天下之忧而忧”，不断战胜自我，不断寻求新的突破。一个对自己所从事的工作毫无责任心的人，不可能积极主动地开动思维机器，创造性地解决遇到的问题。

8.保持思维的相对独立性

保持思维的相对独立性是创新的必备前提。爱因斯坦说过：“应当把发展独立思考和独立判断的一般能力放在首位。”提高创新思维能力必须在思维实践中不迷信前人，不盲从已有的经验，不依赖已有的成果，独立地发现问题，独立地思考问题，在独辟蹊径中找到解决问题的有效方法。

9.树立秩序意识

一个随心所欲的人，是不可能真正实现创新的，因为创新也必须遵守一定的秩序。秩序意识主要包括民主与法治意识、诚信与礼仪意识等。无法治就无秩序，无秩序就会产生内耗，内耗过大，就很难有精力去创新。

民主与法治意识薄弱的人，诚信意识必然淡薄。不讲诚信的“创新”是毫无价值的，甚至是违法行为。

10.要有高度的合作意识和公民意识

社会发展到今天，人文科学和自然科学都发展到了一定的高度，在此基础上的创新常常不是一个人能够独立完成的。这就要求创新者必须有合作意识、公民意识，这是创新的最根本动力。公民意识的核

心是爱国主义，一个真正爱祖国、爱人民的人，他会有不竭的创新动力，以及克服困难的坚定意志。我国有为中华之崛起而读书的前辈，有为人民利益赴汤蹈火的先烈，有为国家利益甘愿放弃优厚待遇和舒适生活、回国参加建设的学者。公民意识也是主人翁意识，如果每个人能真正懂得国家的兴衰与个体息息相关，他也就愿意去创新。

詹天佑：爱国是创新的动力

詹天佑，字达朝，号眷诚，徽州婺源人（今属江西），清咸丰十一年（1861）出生在一个普通茶商家庭。儿时的詹天佑对机器十分感兴趣，常和邻里孩子一起，用泥土做成各种机器模型。有时，他还偷偷地把家里的自鸣钟拆开，摆弄和琢磨里面的构件，提出一些连大人都无法解答的问题。1872 年，年仅 12 岁的詹天佑到香港报考清政府筹办的“幼童出洋预习班”。考取后，父亲在一张写明“倘有疾病生死，各安天命”的出洋证明书上面画了押。从此，他辞别父母，怀着学习西方“技艺”的理想，来到美国就读。

在美国，出洋预习班的同学们目睹了北美西欧科学技术的巨大成就，对机器、火车、轮船及电信制造业的迅速发展赞叹不已。有的同学由此对中国的前途产生悲观情绪，詹天佑却坚定地说：“今后，中国也要有火车、轮船。”他坚守为祖国富强而发奋学习的信念，刻苦学习，于 1878 年 5 月考入耶鲁大学土木工程系，专攻铁路工程。在大学期间，詹天佑刻苦学习，成绩突出，在毕业考试中名列第一。1881 年，在 120 名回国的中国留学生中，获得学位的只有两人，詹天佑就是其中一个。

几经周折，詹天佑于 1888 年转入中国铁路公司，担任工程师，这是他献身中国铁路事业的开始。刚上任不久，詹天佑就遇到了一次考验。当时从天津到山海关的津榆铁路修到滦河，要通一座横跨滦河的铁路桥，可是滦河河床泥沙很深，又遇到水涨急流，难度非常大。铁路桥一开始由号称世界一流的英国工程师担任设计，但以建桥失败告终。之后，又请日本、德国的工程师出马，不久，他们也败下阵来。詹天佑提出由中国人自己来搞，负责工程的英国人在走投无路的情况下，只得同意詹天佑来试试。

詹天佑是一个认真踏实的人，他分析总结了几个外国工程师失败的原因后，身着工作衣与工人一起实地调查、测量。夜晚，借着幽暗的油灯，仔细研究滦河河床的地质构造，反复分析比较，最后确定了桥墩位置，并采用新方法“压气沉箱法”进行施工。最终他取得了成功，并震惊了世界。

之后，詹天佑顶住压力，坚持不任用外国工程师，于 1905 年 8 月开始修建京张铁路（北京至张家口），他日夜奔波于崎岖的山岭，克服了在八达岭一带修建铁路的困难，克服了陡坡行车的困难，运用了“折返线”原理，设计人字形路段。终于，京张铁路于 1909 年 9 月全线通车，不仅工程提前完工，还大大降低了成本，詹天佑为我国的铁路事业振兴做出了巨大的贡献，是“中国人的光荣”。

11.要有冒险精神和承受挫折的能力

创新常常是要冒险的，而冒险又常常会遭受挫折。因此，一个勇于创新的人必须有足够的承受挫折的能力，来面对因创新而遇到的各种困难、失败，四平八稳、遇事退缩的人很难做出创新。

第二节 创新实践

1.了解创新的来源。

2.掌握创新与创业的关系。

一、创新机遇的七个来源

绝大多数成功的创新都是因为抓住了变化的机遇，许多创新本身就蕴含着重大的变化。德鲁克认为：系统化的创新就存在于有目的、有组织地寻找变化中，存在于对这些变化本身可能提供的经济或社会创新的机遇进行系统化的分析中。具体而言，系统化的创新从关注创新机遇的七个来源开始。

（一）意料之外的事件

意料之外的事件包括三大类：意外的成功、意外的失败和意外的外部事件。

1.意外的成功

意料之外的成功提供最多、最可靠也最容易被利用的创新机遇，却也容易被忽视。企业要想充分利用意外成功带来的机遇，首先企业家必须避免因个人情感和发展惯性对意外成功有天然排斥或倾向于忽视和拒绝，而应当抱以开放的心态，带着问题来看待每一次成功，并系统分析意外成功对企业提出的要求，通过合理的资源配置对意外成功加以利用。

2.意外的失败

意料之外的失败通常能够引起企业家的关注，但它们很少被视为是机遇的征兆。

3.意外的外部事件

意外的外部事件是没有反映在管理者所收集的信息和数字资料上的事件。

（二）不协调的事件

不协调的事件包括：不协调的经济现状、现实与假设之间存在的不协调、认知的与实际的客户价值和期望之间的不一致、程序内部的节奏或逻辑的不协调。

1.不协调的经济现状

不协调的经济现状，指某个产品或服务的需求稳步增长，但却没有获得相应的利润。一般而言，这种不协调都是宏观现象。

案例阅读

“迷你钢铁厂”就是成功利用不协调来进行创新的极好案例。20 世纪 60 年代，美国的钢铁市场需求量持续上扬，但市场上的大型综合性钢铁厂的业绩表现却一直不太令人满意。原因在于即使是满足小幅度提高的钢铁产量需求，大型综合钢铁厂也必须进行巨额投资，并大幅提升产能。一旦扩建了现有钢铁厂的规模，就很有可能在一段时间内出现设备使用率过低的情况，直到需求水平达到新的产能水平为止。但除了战争时期，其他时期对钢铁的需求总是在少量、缓慢地增加。而如果

面对需求不断增加的局面却不进行扩产，就意味着钢铁厂可能会永久地丧失市场份额，因此没有哪家公司敢冒这种风险。面对这样一种需求和利润不协调的情况，“迷你钢铁厂”通过改进炼钢过程和运用自动化生产降低了生产成本，非常经济地满足了市场上额外增加的钢铁需求。以“迷你钢铁厂”为例，不协调的经济现状产生的机遇适合小型且资源高度集中的新企业实现突破。

2.现实与假设之间存在的不协调

现实与假设之间存在的不协调是指人们通常基于对事实狭隘的看法而做出错误的假设，导致假设与现实产生不协调。

3.认知的与实际的客户价值和期望之间的不一致

认知的与实际的客户价值和期望之间的不一致通常来源于企业的傲慢和武断，如假设对自己有价值的东西对顾客也会具有同样的价值。

4.程序内部的节奏或逻辑的不协调

程序内部的节奏或逻辑的不协调往往通过产品使用者使用产品或接受服务时产生困扰表现出来，敏感的业内人士因此意识到某个程序内部存在不协调，为此改进并提升产品品质或服务可吸引消费者。

（三）程序的需要

创新者对一项有待完成的具体工作或任务进行研究，找到工作流程中的薄弱环节，通过采用具体的、更优的方法来替换或加强薄弱环节，从而使一个已经存在的程序更趋完善，这就是基于程序需要的创新。

要进行程序创新必须具备五项要素：一个不受外界影响的程序；程序中存在“薄弱”环节；针对问题有一个清晰、明确的目标；对相应的解决方案有详细的规定和清晰的界定；大众对“应当有更好的方法”这一信念的接受度很高。

案例分析

20世纪50年代，白内障手术已经经历了较长时间的发展，手术本身已经有了一个较为成熟的流程，风险也较低。但手术过程中需要切断一条韧带，如果操作中出现流血情况就会伤及眼睛。即使出血的发生率只有1%，也还是让医生和患者很有顾虑。其实，有一种半个多世纪以前就发现的酶可以解决这个问题：滴一两滴这种酶在韧带上，韧带就可以被溶解掉，且没有出血危险。但由于这种酶很难被保存和运输，因而无法应用于临床。制药公司的销售员科纳发现了其中的商机，改良了冷冻保存这种酶的方法，随后申请了专利。无论是医生还是患者，谁都不在乎多花几百美金购买这种酶来消除风险隐患，因此有多少人做这种手术，就有多少人购买科纳的专利酶。虽然整个市场一年只有五六千万美金的销售额，但当时完全被科纳的公司垄断，为公司带来了极高的回报。

分析：假设，白内障手术是一项不受外界影响的独立存在的程序；在这个程序中，割断韧带会有出血风险是其薄弱环节；在临床中使用酶来分解韧带是使用者（医生和患者）对消灭这个薄弱环节的一个清晰、明确的目标；科纳申请专利的保持酶活性的解决方案是具体且清晰可界定的；医生、患者及患者家属对酶的购买意愿展现了大众对这项创新的接受度。由此可见，这是一项非常典型且成功的基于程序需要的创新。

（四）市场和产业结构的变化

市场和产业结构是相当脆弱的，有时一个小小的冲击，就会使它们迅速发生转变。此时，企业需要采取措施，有效、及时地应对这种变化，防止公司因固守成规而走向衰败。

在市场和产业结构变化的过程中，会出现很多机遇，抓住机遇，就可能取得一些突破。

（五）人口统计数据变化

人口统计数据通常包括人口数量、人口规模、年龄结构、人口组合、就业情况、受教育状况及收入情况，根据这些数据可以判断消费者分布、市场容量大小等。有些决策者常常错误地认为人口变化是长期缓慢的，因而忽视了人口统计数据的变化，而那些对其注意观察和善加利用的决策者因此获得了很大的竞争优势。

当然，仅仅重视对相关统计数据的研究和分析是不够的。以此为起点，决策者必须通过实地考察市场、分析消费者需求、聆听客户意见、洞悉客户的价值观念，才能将人口统计数据变化蕴含的信息转化为有效的创新机遇。

（六）认知的变化

认知的变化是指人们改变了对同一件事情的看法，尽管事件本身没有发生改变，但事件的意义却已经改变了。认知变化可能存在于各种不同的领域，同一种认知变化也能被不同的行业加以利用，成为创新的契机。

下面通过一个浅显的例子来说明什么是认知变化带来的机遇。从数学的角度看，“杯子是半满的”与“杯子是半空的”没有实质上的差别，但它们的意义却完全不同，分别表达了“满意”和“不满意”的认知态度。如果人们的一般认识从前者转变为后者，那么其中就孕育着重大的创新机遇。

（七）新知识

作为人们最常谈论的创新类型，关于知识的创新案例举不胜举。从柴油发动机、飞机、计算机、工业自动化生产线、青霉素、塑料等自然科学和技术产品创新，到管理学、学习理论等非科技领域的社会创新，都展现了知识创新在推动人类进步方面所发挥的重大作用。与其他 6 种创新的来源相比，基于知识的创新是最耗费时间和资源、难度最大、风险最高、最难以驾驭的。德鲁克归纳了关于知识创新的特征，以及它对创新者提出的要求。

1.基于知识的创新的特征

（1）时间跨度长。基于知识的创新需要经过从发明新产品、形成应用技术，到最后被规模化和市场化的完整过程。这个过程有可能长达数十年。以工业自动化生产线和化学疗法的临床运用为例，它们从最初的研究发现到最终的大规模应用，分别花费了 27 年和 25 年的时间。

（2）需要将不同的知识聚合在一起才能完成创新。如果创新所需要的某项知识不完备，就说明创新的时机尚未成熟，需要等待直至最后的缺失项被填补。例如，在汽油发动机和空气动力学这方面知识完美融合之后，飞机制造才成为可能。

（3）市场接受度不明确。其他类型的创新都是利用已经发生的变化来满足已经存在的不同的需求，而知识创新本身就是在引起变化，它必须自行创造出需求，所以风险较高，因为没有人可以准确预测使用者对它的态度是接受还是排斥。最初发明电话的赖斯正是因为当时人们认为“电话机已经足够好”而放弃了进一步研发。但当 15 年后贝尔为电话申请专利时，人们立即对此做出了积极的反应。

2.基于知识的创新对创新者的要求

与其他创新不同，基于知识的创新对创新者有以下具体要求。

(1) 基于知识的创新，需要创新者对实施创新的所有必要元素（无论是知识本身，还是社会、经济或认知方面的要素）进行全面、深入的分析。如果缺少这种全面、深入的分析，创新努力就极有可能以失败告终。以青霉素的发明及生产为例：青霉素最早是被英国生物化学家亚历山大·弗莱明发现的。19 世纪 40 年代，英国科学家通过大量技术性工作研制出青霉素，并确定了它的正确用途。然而他们并未将青霉素的生产能力视为创新过程中的一项关键的知识要素，进而并未对制备所必需的发酵技术做进一步的技术研发。当时还是美国一家小医药公司的辉瑞继续研究青霉素发酵技术，最终成为世界一流的青霉素生产商。由此可见，在进行基于知识的创新时，创新者若没有对创新所有必要元素展开全面、深入的分析，要么创新难以成功，要么创新的果实拱手让人。

(2) 基于知识的创新，要设定一个清晰的战略定位。基于知识的创新一般很快就会面临超乎想象的大量竞争者，稍有差池便会被竞争者超越。基于知识的创新在战略定位过程中需要关注三个要点：①开发一整套系统，然后占领该领域；②聚焦市场，为产品创造市场；③占据一个战略位置，专注于一项关键功能。对创新者而言，这三个要点都充满了风险，但必须明确一个重点，如果一个重点都无法明确，或在两点之间摇摆不定，或试图多点进攻，那么风险将会更大。

杜邦公司发明了尼龙之后，并没有销售尼龙，而是着手建立了一个需要以尼龙为生产原料的女性裤袜和内衣消费市场，以及需要用到尼龙的汽车轮胎市场。然后，杜邦公司将尼龙提供给加工商，由他们生产这些杜邦已经创造出需求且实际上已经在出售的产品。

(3) 基于知识的创新者，尤其是基于科学或技术知识的创新者，需要学习并实践企业家管理。由于知识创新的风险较大，实施企业家式的创新管理相比于其他任何一类创新都更为重要。然而，基于知识的创新，特别是基于高科技的创新的企业往往是由擅长技术的企业家本人管理，造成该类型企业过分注重技术的复杂性而缺少真正的企业家管理。

3.将基于知识的创新与其他创新来源相结合

虽然基于知识的创新可预测性和可靠性最低、风险最大，但可以通过把新知识与创新机遇的其他来源（如意外事件、不协调的事件，尤其是程序的需要）相结合，大幅降低风险。因为在其他创新机遇来源的领域里，接受度往往已经确立，或是可以较容易地进行检验，有很高的可靠性。同时，在这些领域中，实现创新所必需的新知识通常可以精确地加以界定。以前文介绍的白内障手术的创新为例：因为既有程序的需要（即在手术中切断韧带）可以被相当精确地界定，并且用户对基于该程序需要的创新的接受度很高，从而大大降低了基于知识的创新（对于能够溶解韧带的酶进行保存和运输方法的改良）的风险。

二、创新与创业的关系

（一）创新能力与创业能力的区别

1.创业不等于创新

创业就是用一种合理的商业模式，创造一个可以连续生产能满足社会需求的产品和服务的机构，并使这个机构平稳运行和不断扩张的过程。在这个过程中，最重要的元素是生产满足市场需要的产品，从而产生利润，使企业得以存续和发展。创新不是这个过程的必要元素，所以，成功的创业往往只需要复制成功的商业模式，大部分的创业行为不是创新也不需要创新。如果一定要用完全新的商业模式去创业，由于这个商业模式没有经过市场的充分检验，因此创业风险是很大的。所以，大众创业和万众创新不是同一件事。

2.创业和创新属于不同的专业和领域

创业造就的是企业家和经营管理人才，创新造就的是发明家、科学家、工程师和其他专家；创业需要组合一个可以自我生存、自我复制的社会经济组织，创新需要发现自然界、人类社会的新知识、新规律，创造更高效的产品或服务方式，满足人们不断增长的和更高层次的物质和精神需求。创业和创新需要不同的资源。创业必须要有足够的资金，并且以盈利为目的，只有获得足够的盈利，企业才能够生存发展，所以，各种支持创业的政策无不围绕着资金这个主题展开。创新当然也需要资金，但是，决定创新最重要的资源是人才及其团队，拥有专业知识的人就是创新的动力之源。创新是为了摘取“皇冠上的明珠”，是为了在所有前人取得的成就的基础上把科学再往前推进一步。

（二）创新能力与创业能力的联系

首先，创新带有改革的意味，但是创新绝不是所谓的“一时的灵感或凭空而来”的意念。其实，创新可以理解为“将老的产品或服务更新并赋予新的价值”。

其次，在创业过程中创新和创业是并存的。换句话说，在创业的过程中创新的思维是不可缺少的。创新与创业是不可分离的，若没有新价值的提供，人们是不会持续花钱购买产品或服务的，创业也就不会成功。也就是说，没有创新元素的创业是无法在市场上持久立足的。

一、单选题

1.创新能力包括创新意识、创新思维和创新技能三部分，其核心是（　　）。

A.创新意识　　B.创新思维　　C.创新技能　　D.创新精神

2.（　　）是创新能力的核心。

A.实践能力　　B.创造能力　　C.批判能力　　D.解决问题的能力

3.保持（　　）的相对独立性是创新的必备前提。

A.创造　　B.个人　　C.职权　　D.思维

4.认知的与实际的客户价值和期望之间的不一致，通常来源于企业的（　　）。

A.对市场的误判　　B.产品不符合客户需求　　C.傲慢与武断　　D. 和市场的脱节

5.市场和产业结构是相当（　　）的。

A.稳定　　B.变动　　C.脆弱　　D.不变

二、判断题

1.在科学技术飞速发展的今天，创新意识和创新能力越来越成为一个国家国际竞争力和国际地位的重要决定因素。（　　）

2.分析能力与综合能力结合起来运用，会导致分析过程无法细致化、具体化。（　　）

3.想象能力以一定知识和经验为基础，因此要受已有结论、观点、框架和理论的限制。（　　）

4.秩序意识主要包括民主与法治意识、诚信与礼仪意识。（　　）

5.大众创业和万众创新不是同一件事。（　　）

三、思考题

《三国杀》是中国传媒大学动画学院2004级游戏专业学生设计，由北京游卡桌游文化发展有限公司出版发行的一款热门的桌上游戏，并在2009年6月底由杭州边锋网络技术有限公司开发出网络游戏。该游戏融合了西方类似游戏的特点，并结合中国三国时期背景，以身份、势力或阵营等为线索，以卡牌为形式，合纵连横，玩家需通过一轮一轮的谋略和动作获得最终的胜利。三国杀集历史、文学、美术等元素于一身，在中国广受欢迎。

三国杀作为一款原创桌上游戏，有别于其他桌面游戏的最主要特色就是身份（势力、阵营）系统。身份场中共有4种身份：主公、反贼、忠臣和内奸。主公和忠臣的任务就是剿灭反贼，清除内奸；反贼的任务则是推翻主公；内奸则要在场上先清除除主公以外的其他人物（包括其他内奸），最后单挑主公。游戏开始时每个玩家随机抽取一张身份牌，抽到主公的玩家，要将自己的身份牌明示，其他人的身份牌不能被其他玩家看到。三国战场共有4股势力：魏、蜀、吴和有特殊身份的“野心家”。四股势力的任务是消灭其他势力的所有角色和所有“野心家”；“野心家”与身份场的内奸相似，即必须除掉所有其他人（包括其他“野心家”），不过无顺序要求。1v1、统帅三军均为两人对战，欢乐成双、4v4则是将玩家分为两组（两个阵营）对垒。

三国杀作为中国相当成功的一款桌游，其创始人黄恺就是一名大学生创业者。黄恺于2004年考上中国传媒大学动画学院游戏设计专业，他在大一时就开始“不务正业”，模仿国外桌游设计出了具有中国特色、符合国人娱乐风格的桌游《三国杀》。2006年10月，大二的黄恺开始在淘宝网上卖《三国杀》，没想到大受欢迎。毕业后的黄恺并没有找工作的打算，而是借了5万元注册了一家公司，开始做起《三国杀》的生意，2009年6月底《三国杀》成为中国被移植至网游平台的一款桌上游戏，2010年《三国杀》正版桌游售出200多万套。粗略估计，迄今为止，《三国杀》至少给黄恺带来了几千万元的收益，并且随着《三国杀》品牌的发展，收益还将会继续增加。

思考：

1.创新在黄恺的创业过程中起到了什么重要作用？

2.探讨《三国杀》等传统桌牌是如何激发黄恺的创新思维的。

培养创新能力

第四章

课程思政

通过“大学生创新能力的培养”相关知识教学，培养学生掌握基本的创新思维方法，激发学生的创造力和想象力，提升学生的批判性思维能力，培养学生的自主学习能力；通过“大学生创新培养的方法与意义”相关知识教学，鼓励学生将所学的知识应用于解决实际问题中，通过实践操作提升创新能力，培养学生的实践能力和创新能力；通过“大学生文化与大学生创新”相关知识教学，引导学生深入了解和学习中华优秀传统文化，鼓励学生将文化元素融入创新实践中，激发学生的创新灵感和创造力，培养他们的文化创新意识和能力。

学习重点和难点

重点：创新能力的养成；在实践中培养创新能力的方法。

难点：培养创新能力的途径。

2020 年 9 月 11 日，习近平总书记在科学家座谈会上的讲话指出，我国科技队伍蕴藏着巨大创新潜能，关键是要通过深化科技体制改革把这种潜能有效释放出来。2021 年 11 月 24 日，习近平在中央全面深化改革委员会第二十二次会议上的讲话指出，开展科技体制改革攻坚，目的是从体制机制上增强科技创新和应急应变能力，突出目标导向、问题导向，抓重点、补短板、强弱项，锁定目标、精准发力、早见成效，加快建立保障高水平科技自立自强的制度体系，提升科技创新体系化能力。

第一节　大学生创新能力的培养

1.了解大学生创新精神的内涵。
2.熟悉大学生创新意识能力培养的五个方面。
3.了解大学生创新思维能力培养的策略。

一、大学生创新精神能力的培养

创新精神是指要具有能够综合运用已有的知识、信息、技能和方法，提出新方法、新观点的思维能力和进行发明创造、改革、革新的意志、信心、智慧。具体而言，创新精神的内涵包含四个方面。

第一，推陈出新精神。创新精神是一种勇于去除旧思想、旧事物，创立新思想、新事物的精神。

第二，科学精神。创新精神是科学精神的一个方面。

第三，开拓精神。开拓就是进行探索。创新的方法并没有一个标准的答案和固定的模式，每一种创新都是在摸索中前进的。开拓精神是一种不断进取的精神，是创新主体的不断自我完善和追求，即使已经取得了一定的成绩，也要继续努力，设定更高的目标，不断突破自己。开拓精神是一种激励，激励创新主体走出现有的圈子，积极地投入新的创新中，以更加积极的态度去开拓新的世界。

第四，冒险精神。冒险精神是一种勇敢精神，是不怕困难和失败、勇于追求的精神。创新应当在失败中寻找成功的契机，不怕承担失败的后果，敢于冒险，敢于向困难发起挑战。

二、大学生创新意识能力的培养

创新意识是人们根据社会发展和个人生活的需求思考，果断地为新事物而奋斗、发展新的思想和方法、解决新的问题、创造新事物的意识。它对一个人创造力的形成起着非常重要的作用。创新意识是人们头脑中的一种主动研究如何解决问题的意识。这是人类创造性活动的出发点和内在动力，是创造性思维和创造力的前提，也是形成创新潜力的基础。正如马斯洛所说："创造性首先强调的是人格，而不是成就。自我实现的创造性强调的是性格上的品质，如大胆、勇敢、自由、自主性、明晰、整合、自我认可和一切能够塑造这种个性的普遍化特征，或者说强调的是创造性的态度和有创造性的人。"换言之，创新最重要的不是结果，而是要有强烈的进取精神和勇于探索新事物的思维意识。

大学生创新意识能力的培养主要从以下五个方面着手，如图 4－1 所示。

图 4-1 大学生创新意识能力的培养

（一）知识的积累能力

知识的积累是创新意识形成的前提。要想培养学生的创新意识，首先要增加其求知欲，使其有求知的目的感。因为“学而创、创而学”是创新的主要方式。只有不断学习新知识，才能在自主创新创业过程中发挥主导作用。创新知识的积累需要创新地学习技能。创新学习是接受、优化和塑造知识的过程，其核心是为知识增值。因此，要开发创新潜能，首先要重视对创新学习技能的培养。创新学习能力是获得继承和重构知识的能力。通过创新实践，包括写作、艺术创作、技术进步、工艺、方法、工业产品等，新的想法和设计被转化为真正的产品。只有掌握创新的基础知识和基本技能，并遵循创造性规律，了解科技发展和知识更新的动态，形成较强的学习能力和思维能力才能萌生创新意识。创新离不开知识的积累，尤其是技术创新，更需要创业中的大学生在生活和工作中重视知识的学习与积累。

（二）消除心理障碍的能力

谈及创新，有的创业者有一种天生的抵触感和恐惧感，认为创新是神秘、可望而不可及的。其实，人人都具备创新的潜能，要具备创新意识，首先需要消除心理障碍，树立创新的信心，拥有“敢为天下先”的勇气。这就需要创业者有创新的主动性，大胆地去做别人没有想到的事情，有很强的创新精神和勇气。创新意识是形成创新习惯的基础，只有具有创新意识的企业家才能灵活地识别创新点。

（三）激发并开发潜能的能力

创新需要一定的敏感性，通过仔细观察、研究、反思，可以有更多的思路来解决以前难以解决的问题。同时，创新也需要强烈的好奇心，人们探索的欲望往往表现在强烈的好奇心。好奇心使人们对某物、某事、某人充满兴趣，这些兴趣促使人们去质疑、探索。这时思维会变得特别活跃，人的潜能会在这个过程中得到释放，人的创造性也会随之空前高涨。

（四）参与创新实践活动的能力

创新意识的形成是非常重要的，企业家在形成创新意识的过程中，应形成科学的创新观，厘清创新的真谛，不应让创新仅仅作为一种琐碎的创新、一种新的创举，而不能解决实际问题。在培养科学的创新意识的过程中，大学生创业者应该积极参与创新实践活动，创新实践活动可以是创新创业培训，也可以是创新创业比赛，可以是理论性的，也可以是操作性的。人们的生活中有很多事情要经历，有时我们已经接近创新的门槛，但还没有发现创新的机会。作为一名学生，必须学会复习、反思、怀疑，学会用已有的知识进行创新和实践。

（五）激发创新创意的能力

创新是企业取得成功的关键，是企业获得最大收益的有效方法。创新思维是一种具有开创意义的思维活动，即开拓人类认识的新领域。它往往表现为发明新技术、形成新观念、提出新方案和决策、创建新理论，可以通过以下三个步骤来获得并激发创意（见图 4－2）。

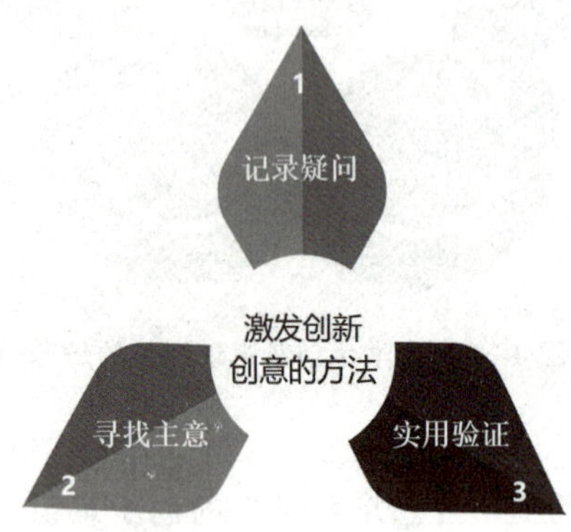

图 4－2　激发创新创意的能力的方法

1.记录疑问

企业主要提供满足人们生存和发展需要的产品或服务。思考如何创业，了解人们日常生活中的问题或需求，并记录相关疑问，为后续发展提供服务。

2.寻找主意

好主意能解决问题，帮助他人，使生活轻松，或改善环境，有助于公司运作。寻找主意可以培养自己对人、环境、事物的好奇心，扩大自己的生活面，如参观当地工厂、特色商店、图书馆或与不同专业、来自不同地方、具有不同生活方式的人交谈，能帮助创业者打开思路，捕捉到好的点子。另外，捕捉到点子后，要把它们写下来，以防遗忘。

3.实用验证

这是从观念到创新、实践的重要一步，验证方法包括理论和实践两个步骤。理论推理和科学程序的实践基础是将思想转化为具体行动，通过实验产生实际结果。

三、大学生创新思维能力的培养

（一）创新思维的特性

1.独立性

创新思维表现为个性的思维，能够以怀疑的态度看待人们认为完美无缺或司空见惯的事物；能够打破陈规，拥有突破传统和习惯的勇气，也能够主动否定自己，破除现有的框架。

2.灵感性

创新思维与常规思维不同，是一种无先兆性的思维。创新思维产生于常规思维，它是一种瞬间从常规思维中跳跃出来的思维。通常是瞬间出现的一种新想法或方法，它并非产生于逻辑。创新思维产生于以下情况：一是在长期集中思考某一问题时突然出现的；二是在大脑极度放松且思维发散的状态下突然闪现的。

3. 求异性

创新思维具有求异性。虽然有一定灵感成分存在于创新思维之中，不受主体的控制，但求异思维这一可控的特征在创新思维的过程中明显存在，创新思维不受框架的限制，是特殊且标新立异的。因此，在培养创新思维时，不能太过于拘泥现成的答案，要在学习的过程中持怀疑的态度，有超越他人和提出异议的勇气。

4.发散性

创新思维是开放的，拥有这种思维的人，能够在考虑问题时从各种角度出发。在考虑一个问题的过程中，拥有创新思维的人能够提出多样化的方案和设想。在客观情况改变时，拥有这种思维的人也能够灵活变换思路。在问题解决的过程中，拥有创新思维的人能够细心寻找最优的方案，使问题得到最好的解决。

5.联想性

创新思维的实现存在于丰富的事物联想过程中。人们在发散思维的基础之上能够以事物之间的客观联系为前提，通过各种联想的形式开展创新思维活动，如相似、对比、自由和因果联想等。

6.综合性

拥有创新思维的人能够提取前人智慧中的精华，通过与自身的结合获得新的成果。拥有创新思维的人能够综合大量的材料、事实和概念，并对其进行整理与概括，进而使科学的体系与概念得以形成。拥有创新思维的人能够分析并把握所有材料的特点，并从中总结出相应的规律。

（二）创新思维形成机理

1.逻辑思维与直觉思维的辩证统一

人们在领悟某件事物的本质时摆脱某种固定逻辑规则束缚的跃进性思维就是直觉思维。直觉与创新动机紧密联系，同时也与创新思维过程相联系。逻辑思维通过推理、判断等方式概括反映客观世界的过程，是最基本的科学思维类型。其包含两种形态，分别为形式逻辑思维和辩证逻辑，二者分别是思维发展的初级阶段和高级阶段。

直觉与逻辑都有自身的作用，因此各种思维的形式和方式在综合与交叉的过程中形成了人类的思维过程。简化和压缩逻辑的过程就是直觉的实质，同时，这一过程也通过跳跃的方式对思维进行了简化。创新者取得直觉成果之后，还要对其进行加工整理。只有辩证统一并综合地应用了逻辑和非逻辑的方法，才能够形成创造性思维方法。

2.发散思维与收敛思维的优化综合

发散思维是指解决问题时，以已有的信息为中心向各个方向思考，并从中找寻解决问题的方式和问题的答案。拥有较强发散思维的人，能够在短时间内产生多样的想法或概念，拥有活跃的思维活动。他们能在有限时间内设定各种问题的解决方案，能够在客观情况发生变化时，对自己的思考方式进行灵活的修改和调整。收敛思维以发散思维的事实为基础，通过比较和分析将可能正确的方案挖掘出来，然后找出最可能实施的方案并进行检验。

在思维方式方面，创新思维的特征是优化、综合、统一了发散思维和收敛思维。发散思维与收敛思维二者相辅相成，互为前提。发散思维可以多层次、多角度获取方案，但在选择优化方案的过程中，需要运用收敛思维对各种方案进行比较分析。

（三）创新思维的培养策略

1.突破创新思维的障碍

随着人的成长，人的思维会出现很多障碍。能否突破这些思维障碍是关系到创新思维能否顺利发展的重要方面。创新思维障碍具体如下。

第一，过于依赖习惯。过于依赖习惯，有碍于状态的改变，有碍于问题的解决。我们可以把工作分为两类：非创新性工作和创新性工作。有潜力的人会致力于解决新的和不断变化的情况与问题，而依赖习惯的人却很难考虑其他选择，很难应对这些创新挑战。所以，我们应该让思维冲破依赖的习惯得到发展。

第二，思维定式。思维定式是心理活动的一种准备状态，是过去思维对当前思维的影响。思维定式对人们平时思考问题有很多好处，可以省去探索步骤，缩短思考时间，提高行动效率。思维定式对问题解决既有积极的一面，又有消极的一面，它容易使人们养成一种机械的、千篇一律的解题习惯。当新、旧问题形似质异时，思维定式往往会使解题者步入误区。当一个问题的条件发生质的变化时，思维定式会使解题者墨守成规，难以涌出新思维、做出新决策，造成知识和经验的负迁移。

当一个新问题起主导作用时，解决老问题所产生的思维定式往往会阻碍新问题的解决。从大脑皮层在思维过程中的活动情况来看，固定的效果是一种习惯性的神经联系，即如果思维领域的两种活动是同质的，那么前次的思维活动就可以对后续思维活动形成正确的引导；如果思维领域的两种活动是异质的，那么前次的思维活动会对后续思维活动形成错误的引导。

第三，恐惧失败、害怕批评。恐惧失败、害怕批评也是常见的思维障碍，它们也会阻碍创新思维的发展。

2.进行创新思维的训练

(1) 发散思维的训练。

第一，发挥想象力。大学生要善于从学习和生活中捕捉能激发创造欲望的契机，为自己提供一个能充分发挥想象力的空间，敢于“异想天开”。奇思妙想是产生创造力的不竭源泉，而在寻求“唯一正确答案”的教学影响下，受教育程度越高的学生越容易思维单一、想象力受限。这就要求教师在课堂上引导启发学生，让学生基于问题展开丰富合理的想象。

第二，淡化标准答案，鼓励多向思维。学习知识要不唯书、不唯上、不轻信他人。应鼓励大学生积极提出与教材、教师不同的见解，敢于和同学、教师争辩。单向思维大多是低水平的思维，多向思维才是高质量的思维。

第三，打破常规、弱化思维定式是培养创造力的前提。思维定式使我们能够轻松地解决熟悉的问题，但当需要创新时，思维定式就成了“思维陷阱”，阻碍了新知识的发展，也阻碍了新思维、新方法的形成。因此，思维定式和创新教育相互矛盾，大学生要善于打破常规，培养自己的创造能力。

第四，大胆质疑。质疑能力的培养对启发学生的创新意识具有重要作用。质疑常常是培养创新思维的突破口，真理是绝对的，也是相对的，质疑可以帮助学生把机械记忆变成理解记忆，并让学生懂得享受学习和创造的过程。

第五，学会反向思维。反向思维也叫逆向思维，是指不被旧的思维方式所束缚，积极主动地探索、打破常规思维的思维。另外，反向思维不会只看眼前，也不会完全遵从传统看法，但是要注意的是反向思维并不违背生活实际。

(2) 聚合思维的训练。

在进行聚合思维训练时，一般要注意以下三个步骤。

第一，搜集相关信息。为了得出正确的结论，需要采用不同的方法和手段搜集和储存与事物有关的信息，且更广泛地获取信息是采取综合办法的先决条件。

第二，清理、分析并选择可用信息。这是集体思考的关键一步。在对搜集到的信息进行分析的基

础上，判断其与事物的相关性，以保存敏感信息，排除无关或不相关的信息。一旦选择了相关信息，就必须对其进行抽象、比较和概括，以确定其共同特征和关键方面。

第三，客观地、实事求是地得出科学结论，获得思维成果。

(3) 灵感思维的训练。

灵感思维是人们借助直觉启示而迸发出的一种领悟或理解的思维形态。

灵感思维训练常用的方法如下。

①观察分析。科技创新活动始终离不开观察和分析。通过深入观察，我们可以在一般现象中发现不寻常的现象，在一些看似无关的现象中发现相似之处。另外，在观察的基础上进行分析，才能获得灵感，形成创新思维。

②启发联想。新知识是在现有知识的基础上发展起来的。旧与新、已知与未知之间的联系是获得新知识的关键。因此，要创新就必须先联想，通过联想，我们可以获得启发、灵感，形成创造性的理解。

③实践激发。实践是创意和灵感产生的基础，实践激发不仅包括对现实实践的激发，还包括对过去实践经验的升华。在实践中，解决问题的紧迫性促使人们积极思考问题、学习研究。科学研究的起点就是问题。因此，在实践中思考、提出和解决问题，是唤醒灵感的好方法。

④激情冲动。激情可以调动人们全身的巨大潜力，从而创造性地解决问题。激情能增强人的注意力、丰富人的想象力、提高人的记忆力，使人产生强烈的、不可抗拒的创造冲动，进而带来灵感。

⑤判断推理。判断与推理有着密切的联系，判断的形成依赖于推理，推理是在现有判断的基础上获得新判断的过程。因此，在创新活动中，对新发现进行判断推理也是唤醒灵感的一种方式。

(4) 直觉思维的训练。

直觉是一种不可言说的感觉，有人称之为第六感。直觉思维能力训练可以从以下几个方面入手。

第一，获取广博的知识和丰富的生活经验。直觉建立在人们所拥有的知识和经验的基础上。从某种意义上说，获得广博的知识和丰富的生活经验是增强直觉的基础。

第二，学会倾听直觉的呼声。直觉思维凭的是“直接的感觉”，人们平常说的“跟着感觉走”，说的“感觉”就是“直觉”。当直觉出现时，不能迟疑，更不能压抑，要顺其自然，做出判断，得出结论。

第三，培养敏锐的观察力和洞察力。直觉与人们的观察力和洞察力密切相关，那些观察敏锐的人，他们的直觉往往更准确。

第四，真诚、客观地对待直觉。直觉是建立在人们已有知识和经验基础上的“直接感觉”，它往往受到客观环境和个人情感的干扰。当一个人受到某些情绪如怀疑、抱怨、愤怒等干扰时，其直觉判断可能会失去客观性。因此，我们必须真诚地对待直觉，努力消除直觉产生过程中的各种影响，在直觉出现后冷静地分析事物的客观性。

案例阅读

全员创新，员工与企业共同成长

格力电器自主创新体系最大的特点，就是把公司的普通员工培养成技术工人。在格力电器，人才有三个体系，一个是管理体系，一个是技术研发体系，还有一个就是技术工人的培养和发展体系。

为什么要培养技术工人，这里面有一个不可忽视的背景，那就是技术升级让企业使用的人越来越少，这也就是为什么近两年制造业频繁爆出裁员的背景。但是在格力，董明珠提出，“我们7万多员工，只要他不愿意离开格力，我们绝对不会放弃。”

董明珠给出的答案就是通过再次培养，让员工重新获得价值。“我们给普通工人也打开了各种通道。”在格力，技工的发展序列中，员工可能成为助理技师、技师，最高可以做到副总工程师、总工程师这样的级别。即使普通的技术工人也可能在精尖的工艺技术上成为专家，比如格力电器对核心部件有很高的技术要求，这都为这类技术工人提供了挑战和提升的空间，他们通过培训和努力有可能成为科技研发人员。

在格力，公司每年都会有专家评审，但这种评审绝不是停留在表面上对三五个人的奖励，“只要你达到标准，你就是专家。”

“很多人认为企业以营利为目的，但是我恰恰认为不是以营利为目的。我们最新的广告语是‘科技改变生活’。我们是要让我们的生活因为科技的进步而发生变化。”

以前人们必须要面对面交流，但科技让生活发生变化，人们可以发微信、可以视频交流。制造业创造出各种新的工具、新的产品，让人们生活变得更美好。在董明珠看来，“企业不是以盈利为目的，而是应该以创造为目的。因为你的创造给别人生活带来了改变，别人尊重你、拥护你，购买你的产品，就给你创造了利润空间。”

“在别人看来，所谓的吃亏就是我一年要拿几十亿元的投入用来研发，但是这些研发可以支撑格力100年的持续发展。我不是做一个短命的企业，一年赚10个亿、20个亿，然后就消失了。企业要有能量，要有竞争力。”在董明珠看来，人需要有梦想，企业也需要有梦想，格力电器科技人员的梦想就是要站在技术的最前沿，不断挑战自我。

资料来源：葛茂奎. 大学生创新创业教育与探索［M］. 长春：吉林出版集团股份有限公司，2018：67－68。

第二节　大学生创新培养的方法与意义

1. 了解大学生创新能力培养的主要方法。
2. 了解培养当代大学生创新精神的意义。

一、大学生创新能力培养的主要方法

在创新过程中起推动作用的是创造力。创造力是根据一定目的和任务，创造或以其他方式产生新事物的智力或艺术的能力，这些被创造的新事物可以是新的问题解决方案、新的工作方法或新的工具设备等。创造力是21世纪的一项基本技能，它的作用不可估量，是所有人都应具有的，也是可以培养的。

创造力是社会发展的驱动力量，创新的关键在于对创新型人才的培养，而良好的综合素质和多样的思维方式是创新型人才应该具备的基本条件。

(一)大学生成为创新者应该具备的综合素养

1.具备科学知识

科学知识是人们在实践的基础上发现和总结的关于自然环境、人类社会和人类思维发展规律的系统的知识体系，具有普遍必然性。具备科学知识能够使大学生认识并掌握事物的外在特点和内在普遍规律，进而能够为社会、国家以及世界的发展做出自己的贡献。

2.具备人文素养

人文素养是人的内在品质，指人通过对人文科学知识的学习，吸收人类优秀文化并受其影响后所表现出来的素养。在创新过程中，重视人文素养的培养能够使大学生充分关注人的需求、人的发展、人的幸福、人的尊严和人的价值，进而自觉维护国家利益、社会和谐，追求公平正义，遵循道德诚信，践行全社会共同认可的核心价值观。

3.具备艺术修养

艺术修养既包括对艺术基础知识的掌握水平，对艺术基本规律的理解能力，也包括对艺术作品的鉴赏能力，甚至是创造能力。具备良好的艺术素养，能够提高大学生的审美水平，使他们能够以包容、积极与超越的态度寻找事物中值得认同和肯定的部分，从而培养良好的心态，促进身心健康与和谐。

(二)大学生成为创新者应该具备的思维方式

1.批判性思维

批判性思维是一种系统和主动的认知策略，是对事件进行分析并形成判断的过程。批判性思维以正确推理和有效的证据为基础，对事件进行审查评估和判断，进而解决问题并做出决策。为了适应现代社会迅猛发展新形势，创新者应该具有批判性思维能力，并且能够捕捉稍纵即逝的创新灵感并牢牢把握住发展机会。有些创新者天生具有批判性思维能力，而大多数人却需要在后天培养这种能力。

培养批判性思维的方法如下。

(1)遇到问题时不要急于去获得解决方案。相反，应该换个角度来审视和评估问题，并且投入一些时间和精力来分析所有可能的解决方案，并认真思考不同解决方案带来的不同后果。

(2)利用“假如—那么”的思考方式，对解决问题所需要的条件和可能产生的结果做出尽可能多的假设。比如，“假如选择这种方案，那么会有怎样的结果”“假如使用了替代方案，那么短期和长期的影响各是什么”，等等。

(3)在解决问题的过程中，运用批判性思维方式创建一个完善的流程，使这个流程能够规范有序地把解决问题的方法转化为现实中为社会所接受的产品和服务。在许多情况下，经过深思熟虑的创新行为是一剂“灵丹妙药”，它能够提升企业和社会效益，为各种产品注入新的活力。

2.分析性思维

分析性思维是把复杂的信息或综合的数据分解成更小、更容易理解的部分或原理的思维。它涉及系统地分解数据和分析事实，并用这些事实来建立理论或提供基于证据的结论。分析性思维赋予创造者快速有效地解决问题的能力。大学生熟练运用分析性思维，能够有条不紊地进行思考，并且把复杂的问题分解成较小的和更易于管理的部分，然后通过逻辑和推理来比较这些部分，找到存在于复杂的大数据中的各种关系，从而得出一个合理的结论。

分析性思维过程包括搜集相关信息和识别与这些信息相关的关键问题等步骤。

(1)搜集信息。为了围绕所分析的对象得出一个合理的结论，要尽可能多地搜集和问题相关的信息。

(2)分析思考。搜集信息并对信息的内容进行进一步的探究，以做出有效的决策。

（3）确定问题。当大学生运用分析性思维进行思考时，就需要找出根本问题所在，分析问题之间的关联，并判断其发展趋势。

（4）组织信息。在完成信息搜集之后，大学生需要对所搜集的信息进行组织整合，以归纳出见解和想法并得出合适的结论。

3.创造性思维

创造性思维是以感知、记忆、思考、联想、理解等能力为基础，以综合性、探索性和求新性为特征的高级思维活动，需要人们付出艰苦的脑力劳动。一项创造性思维成果往往要经过长期的探索、刻苦的钻研，甚至多次挫折方能取得，而创造性思维能力也要经过长期的知识积累、素质磨砺才能具备。至于形成创造性思维的过程，则离不开充分的推理、想象、联想、直觉等思维活动。

大学生要学会在现实的基础上，充分发挥想象力，提出全新的假设，并根据个人的专业兴趣和思维方法进行创新。在运用创造性思维时，通常需要考虑三个问题：需要改变什么，需要提高什么，需要做什么。这三个问题有助于人们从全新的角度思考所面临的问题。

（三）大学生成为创新型人才应该掌握的思维方法

创新是一个持续不断地认知事物的过程，是一个认识知识和创造知识的过程，在这个过程中创造是核心。而传统教学的核心是“传递”，强调的是教师把知识传递给学生，教师事无巨细地教，学生全盘接受地学，但是在“传递”知识的过程中，往往会忽略了最宝贵的东西，那就是创新。因此，在这个对创新如此渴求的时代，传统的教学方法已不能满足各领域对人才的要求。大学生要成为创新型人才，首先必须掌握以下思维方法。

1.演绎推理

演绎推理是从一般到特殊的推理方法，是在假定为真的前提下得出结论的过程，通常被称为“自上而下的推理”。在科学研究中经常使用演绎推理来检验假设和理论，演绎推理的训练对培养人的严密的逻辑思维方式有着重要的意义。

演绎推理的类型主要包括三段论、假言推理、选言推理、关系推理，而三段论是最常见的类型之一。三段论是指由两个含有一个共同项的性质判断作前提，得出一个新的性质判断结论的演绎推理，其包含三个部分：代表一般性的原则（大前提），与一般性原则相关的特殊陈述（小前提），以及符合一般性原则的特殊化陈述的结论。演绎推理的过程如下。

（1）提出初始假设。演绎推理从一个假设开始，这种假设通常是一种概括的说法，即如果某件事是真的，那么它在所有情况下都必须是真的。

（2）设定第二前提。第二前提与第一假设有关。如果第一假设的论述为真，那么第二条相关论述也必须为真。

（3）进行测试。在各种场景中测试演绎假设。

（4）得出结论。根据测试结果，确定信息有效或无效。

演绎推理是进行科学研究的重要思维方法，也是进行逻辑证明的重要工具。通过演绎推理，人们可以把一般理论运用于特定条件下并做出正确的推论，从而科学预见事物的发展。

2.归纳推理

归纳推理是逻辑思维的一种，它根据经验、观察和事实形成概括。和演绎推理不同，归纳推理是一种由个别到一般的推理方法，它在对多个一般或特殊事物的认识和观察的基础上，经过多级归纳逐步上升到普遍规律、原理和原则。在此过程中，归纳推理强调的不是逻辑的严密推演，而是对基本信息和基础知识的积累、归纳、分析和提炼，并做出预测和概括。运用归纳推理，人们可以通过观察、

概括得出结论，虽然结论不一定总是正确的，但是至少应该是合理的。

归纳推理的类型包括完全归纳推理和不完全归纳推理，而不完全归纳推理又可分为简单枚举法和科学归纳法。在进行归纳推理时，需要注意以下几点。

（1）注意细节。如果要从细节得出结论，那么就一定要关注细节，注意细节是归纳推理的关键。

（2）识别模式。那些有很强的归纳推理能力的人能够迅速识别模式，他们可以预见以特定方式出现的特定对象或事件会以何种方式产生共同的结果。

（3）整合信息。归纳推理需要搜集、分析一般或特殊事物的信息，并对信息进行归纳整合。

（4）运用情商：情商是感知人们行为背后情绪的能力。情商较高的人更能理解他人，也更能触及两人或多人之间存在的问题的核心。

（5）做出预测。要能够根据已经掌握的信息预测未来会发生什么。

3.溯因推理

溯因推理通常是指从一组不完整的观察结果开始，然后针对这些观察结果进行解释，并最终得到最佳解释的推理过程，是一种自下而上的推理。溯因推理通常用于解决不确定环境下的问题，即在信息不完备的情况下，为了最大限度地利用这些信息，从一个观察或一组观察结果入手，提出假设，进行分析判断，最后得出可能的结论。

实际上，在科学研究的过程中，演绎推理、归纳推理和溯因推理是经常被使用到的，其中演绎推理在分析论证中会使用到，而归纳或溯因推理在综合论证中会使用到。归纳推理要令人信服，就需要具有完整的能够阐明问题的证据。但溯因推理恰恰相反，要么缺乏完整的证据，要么在阐述方面不是那么完整，又或者两者兼有。溯因过程可以是创造性的、直观的，甚至是革命性的。溯因推理在人工智能、医学诊断、案件侦破等领域都发挥着重要的作用。溯因推理通常具备以下特征：

（1）溯因推理既包含演绎推理，又包含归纳推理。由假说形成推论就是演绎推理，而对推论进行实证检验就是归纳推理。

（2）在溯因推理过程中，推理者需要针对观察到的现象提出假设，这要求其具有较为敏锐的观察力和较强的概括能力，以及深厚的知识储备。

（3）在溯因推理过程中，最佳解释必须与最大范围的经验事实相一致。

4.直觉思维

直觉思维以感知为起点，通过一种几乎是无意识的过程来提出想法、可能性，进而找出解决问题的方法。直觉思维是一个完全创新的过程，直觉就像是思想的火花，会突然迸发出来并照亮事物。

直觉思维通常包含四种类型。

（1）情感直觉思维。这种思维通常表现为能够快速感知别人的性格特征或情绪状态。

（2）心理直觉思维。这种思维方式不需要对问题进行分析，就能够立刻得出问题的答案，较常见于需要进行快速决策的工作。

（3）心灵直觉思维。这种思维方式意味着，在充分了解社会环境和科学研究相关动态的前提下，不需要投入太多精力，就能够在困境中直接做出解决问题的决策。

（4）精神直觉思维。这种思维通常和一个人的精神状态和个人经历有关。

与理性思维相比较，直觉思维并不占有明显优势，因为其缺乏表面可见的对信息资料的搜集过程和后期严密的推理论证过程。但是在紧急情况下，创新者可以凭借丰富的经验，通过直觉思维在第一时间抓住问题的核心，快速做出决策。

二、培养当代大学生创新精神的意义

（一）培养当代大学生的创新精神是全面建成社会主义现代化强国的迫切需求

当代大学生肩负着史无前例的历史使命。目前，中国已经消除了绝对贫困和区域性整体贫困，如期完成了脱贫攻坚的艰巨任务，取得了举世瞩目的伟大胜利。但是全面建成社会主义现代化强国的伟大征程才刚刚开启，这项事业前途光明、任重道远。

第四次工业革命时代，社会发展的动力主要来自科技创新。可以说，创新是第四次工业革命的灵魂。我国要想获得长久快速发展，就要通过创新来突破发达国家对我国长久以来的科学技术封锁，因此在科技上我们必须拥有自己的核心技术和知识产权，并占领制高点，在国际竞争中争取话语权；要通过自主创新打造一批具有国际竞争力的优势企业，为我国经济社会发展和国防现代化建设提供强大的科技支撑，为我国的科技腾飞和经济发展提供保障。创新的关键在于人才，无论是知识创新还是技术创新，无论是经济竞争还是科技竞争，归根到底还是创新型人才的竞争。高校是培养高素质创新型人才的主要阵地，应该引导大学生在学习过程中，把知识学习、能力培养、素质提高作为自我发展的目标，努力成为高素质创造型人才。作为国家的未来和民族的希望，当代大学生是建设社会主义现代化强国的重要力量，因而培养当代大学生的创新精神，是把我国建设成社会主义现代化强国的迫切需要。

（二）培养当代大学生的创新精神是我国转变经济发展方式、实现可持续发展的客观要求

能源是现代工业发展的支柱，是现代经济发展的命脉，是实现经济增长的重要基础，我国经济能否实现更高质量、更可持续的发展，在很大程度上依赖于能源资源的发展和可持续供给。目前，我国经济发展进入了快速增长阶段，对资源能源的需求不断增长，已有的资源和能源生产方式已经无法满足国内经济发展的需要，因此转变经济发展模式，开发新型能源，走集约、低碳绿色可持续发展道路，成为我国经济发展过程中必须解决的重要课题。

新型经济发展模式的建设和新型能源的开发，需要创新型人才的积极参与。创新实践将目前经济发展需要解决的问题和愿意为之付出努力的创新实践者连接了起来。创新型人才需要运用现代知识和技术，拓展双循环经济发展思路，建设以创新、集约、高效为主要特征的经济发展模式，积极推动创新型经济发展和新型能源的开发和普及使用，实现我国经济从高速度发展向高质量绿色发展转变。

因此，当代大学生要学会不断突破思维定式，学会应对和分析新形势新情况，更好地适应社会转型，系统地培养创新精神和创新能力，利用现有技术和外部资源，不断积累经验，创造出符合国家经济发展需要和人民生活需求的新事物，推动中国经济社会的不断发展。

（三）培养当代大学生的创新精神是实现中华民族伟大复兴的战略抉择

在五千年的历史长河中，中国人民始终保持着一种生生不息的伟大创造精神和强大的创造力，中国古代社会的发展水平始终领先于同时期世界其他国家。以中国古代四大发明为代表的众多发明创新，曾经为人类文明的进步和世界历史的发展做出过不可估量的巨大贡献。创新是中华民族发展进步的灵魂，可以说没有创新，就没有中华文明的进步，而每一点进步都是我们追求变革与创新的结果。一部中华文明的发展史，就是一部中华民族不断创新的历史。

历史经验告诉我们，一个国家强盛与否并不完全取决于这个国家经济总量、人口数量和领土面积，真正决定一个国家综合国力和民族发展命运的是这个国家的科技创新实力，创新成功与否关系到国家和民族未来发展的兴衰成败。因此，身处世界科技迅猛发展潮流之中的我们，要紧紧抓住第四次工业

革命发展的历史机遇，为实现富民强国和中华民族伟大复兴做出贡献。国际竞争的实质是综合国力的竞争，而综合国力的竞争归根到底是创新型人才的竞争。作为新时代中国特色社会主义事业的建设者和接班人，当代大学生要在创新实践中不断提高自身创新素养和创新水平，并积极发挥自身优势和作用，将创新理论运用到具体的实践活动中去，为国家发展做出应有的贡献。

第三节 大学生文化与大学生创新

学习目标

理解并掌握通过精神文化、物质文化和制度文化培养创新精神的方法。

一、精神文化培养创新精神

校园文化可分三个层次：第一层是物质文化，主要是指校园的物质环境，即构成校园文化物质条件的各种教学、科研、生活的设备、设施、建筑、环境等，这是校园文化的实体存在，直接反映学校的发展水平，体现校园文化建设的感染力；第二层是制度文化，即学校的组织、机构及规章制度等，包括各项校纪校规、道德规范与行为准则、人际交往活动的方式等，是校园文化的精神积淀；第三层次是精神文化，即由师生在教育教学实践和思想意识活动中长期培育出来的价值观念、审美情趣、思维方式等所构成的心态文化层，是以价值观为核心的校园精神的核心部分，是校园文化的境界、氛围。和谐校园文化是指校园物质文化、制度文化和精神文化三个层次中各要素处于一种相互协调的状态，它是大学生科技创新能力的物质保障、政策支持和文化底蕴。高校应为培养大学生科技创新能力创造条件：构筑大学生科技创新平台，加强和谐校园物质文化建设；完善大学生科技运行机制，促进和谐校园制度文化发展；营造大学生科技创新氛围，丰富和谐校园精神文化内质。

所谓创新型人才，就是在合理的知识结构基础之上，具有较强的创新能力，能将自身的创新素质合理地与其专业领域相结合，从而开发出创造性成果的人才。他不仅要拥有良好的思想道德素质、科学素质、人文素养、心理素质、身体素质，更重要的是要具有创新意识和创新能力。

大学生科技创新能力培养的文化底蕴——和谐校园精神文化能够调节学生的思维模式，丰富其思维内容，激发其创造热情并产生创造灵感，形成创新成果；可以增强学生的动手能力，使学生“知”与“行”达到统一；可以培养学生的团结协作精神，完善其个性发展，提高其综合素质。校园文化建设中各种活动的开展，校园精神文化的塑造，创建了一种有利于开发学生潜能，培养创新意识和创新能力的民主、进取、开放的文化环境。校园文化活动给大学生提供了最佳实践舞台，大学生通过参加文体活动，提高艺术素质，启迪想象力，促进身心健康；通过参加课外科技活动，培养发散思维能力、辩证批判思维能力和隐喻联想思维能力；通过参加科研项目，从事一定的科研训练，了解科研的基本程序、基本要求和基本框架；通过参加社会实践活动和公益活动，增强适应能力，还可以在多种活动中转换角色，激发创新灵感。同时，打破专业和学科界限的活动，有利于提升理科学生的想象力、知觉力、感悟力等形象思维能力，培养文科学生定量分析的逻辑思维能力。校园文化活动，不仅为各学科的交叉提供了最佳载体，而且为创新智慧的火花提供了最佳碰撞点。校园文化活动的开展可以弥补专业教育的单调和不足，特别是一些兴趣小组、专业学会等，可使文理渗透、学科交叉、优势互补，扩大了学生的知识面，开阔了他们的视野，激发了他们的创新意识，为培养他们的科技创新能力打下坚实的基础。

二、物质文化涵养创新精神

大学物质文化建设是和谐校园文化建设的基础和必要条件。优美的环境、合理的布局、完善的设施，赏心悦目，能使人心旷神怡，在求知、求真、求美、求乐中，受到潜移默化的启迪和教育，使道德得以强化、情感得以升华。构建和谐的校园物质文化，必须积极加强校园环境的建设，为大学生提供增强创新能力的物质保障。设备和场地是大学生开展科技创新的物质载体，它包括四个方面的投入：一是建立一些开放的实验室，充分利用实验室的师资、场地、设备等现有条件，为学生开展科学研究创造良好的环境；二是以专业实验室为依托，组建专业教学创新基地；三是建立一些科技活动区，包括报告厅、展厅和交流基地等，使大学生能获得开展科技创新活动所需的知识、信息、技能和示范经验，并形成相互交流的机制；四是网络支持。信息时代的科技创新不应该关起门做科研，而应该广泛利用丰富的信息资源，为自己的科技创新活动助力。

三、制度文化激发创新精神

制度文化作为学校文化的内在机制，包含校园文化价值要求及具有规范协调作用的校园组织制度，它是校园师生在日常工作中用来指导、规范自身各种行为实践的文化载体，体现着校园文化的结合力。和谐的校园制度文化具有政策支持作用，完善的制度和机制可为学生开展科技创新活动提供保障，并能保证全校学生的科技创新活动有条不紊。要建立创新能力培养保障机制，就要有一定的组织机构和管理运行机制作为保障。组织机构是大学生科技创新能力培养的实际运作体系，它既包含院（系）、处、所、室等相对稳定的实体研究和教学单位，也包括各种形式的临时性课题组、协作组等。高校要以营造鼓励、支持学生积极参与科技活动和老师积极指导科技活动的良好氛围为目的，以最大限度地激发和调动师生的积极性、创造性为出发点，建立比较完善的科技活动的激励机制、评价机制、奖励机制和管理制度。

和谐的校园物质文化建设是培养大学生科技创新能力的有效途径，也是一项艰巨、复杂的系统工程，高校要在加强校园物质文化、制度文化和精神文化等方面建设的同时，寻求其与大学生科技创新能力培育的最佳结合点，使高校真正成为培养创新型人才的重要基地。

扫一扫

线上测试

一、单选题

1.21 世纪的一个显著特点就是依靠人的（　　）来发展生产力。

A.创造性智力劳动　　B.创新能力　　C.实践能力　　D.科技发展水平

2.（　　）要求高校要加强与企业、社会的深度合作，建设大学生创业孵化基地及大学科技园，对大学生创业项目进行预孵化。

A.万众创新　　B.协同创新　　C.大众创业　　D.创新战略

3.培养（　　），要根据可接受原则，着重培养人才获取、运用、创造知识的意识和能力。

A.创新能力　　B.创造能力　　C.创新意识　　D.创造意识

4.培养想象力离不开人文教育，特别是（　　）。

A.历史教育　　B.艺术教育　　C.文化教育　　D.美学教育

5.（　　）是大学生创新意识培养的重要途径。

A.发明创新　　B.创业教育　　C.创新思维　　D.科技活动

二、判断题

1.培养大学生的创新能力，必须有创新的教育思想和教育观念。（　　）

2.组织机构是大学生创新能力培养的实际运作体系，包括各种组织、体制、机构等。（　　）

3.知识经济时代需要的是知识型、创新型、综合型人才。（　　）

4.创造性的活动，没有强烈热爱该项事业的情感支持是不可能成功的。（　　）

5.校园文化可分为物质文化、精神文化和科技文化三个层次。（　　）

三、思考题

1.培养大学生创新能力，应从哪些方面入手？

2.教学实践和创新能力培养应注意哪些方面？

第五章 创业及创业活动的当代特征

课程思政

通过“创业的概念和辨析”“创业的重要作用与意义”相关知识教学，引导学生认识到创业不仅是实现个人价值的途径，也是为社会做出贡献的途径，培养他们的社会责任感；鼓励学生敢于创新、勇于创业，积极推动科技进步和经济社会发展，培养学生的创新创业精神，帮助学生坚定为实现中华民族伟大复兴的中国梦贡献力量的信念。

学习重点和难点

重点：创业要素、创业类型和创业过程。

难点：创业理论发展过程。

创业的重要性不言而喻，对社会和个人都具有较大价值。对社会而言，创业不仅可以缓解就业压力，而且可以推动社会进步，增强经济活力，加速科技创新；对个人而言，创业可以充分发挥自己的才华，激发自身最大潜力，也是最迅速、最全面地实现人生价值的途径。高校培育大学生创新创业能力，开展创新创业教育，是教育系统学习实践科学发展观，服务于创新型国家建设的重大战略举措。加强创业教育，培养大学生的创业精神、创业能力，鼓励大学生到生产一线积极创业无疑是解决社会就业问题（尤其是在新冠疫情以来全球经济低迷时期所面临的普遍问题）的一条行之有效的途径。

第一节　创业的概念和辨析

1.了解创业的概念和相关理论。
2.掌握创业要素和类型。
3.理解创业的意义。

一、创业的概念

创业有狭义和广义之分。狭义的“创业”，是指创建新企业，即个人或团队自主创办企业，该定义有助于识别出一个人或一个团队是否在从事创业活动。广义的“创业”，是指开创新的事业，该定义认为，只要是在不确定情况下开发新产品或开展新业务的个体或团队，都应该被视为创业者。我们认为，创业是指在不确定的环境中，不受当前资源条件限制，追求机会，将不同资源组合加以利用和开发，并创造价值的过程。

理解创业概念的内涵要注意以下几点。

（1）创业的本意在于对机会的捕捉利用不受当前资源条件的限制，代表一种以创新为基础的做事方式与思考方式。

（2）创业需要发掘机会，并组织资源建立新公司或开展新事业，进而提供新的市场价值。

（3）创业活动突出表现在机会导向、创新的强度、创造的价值以及对社会的贡献方面。

因此，创业是创业者在进行详细的市场调查的基础上，发现机会，对自己拥有的资源或通过努力对能够拥有的资源进行优化整合，从而创造出更大经济或社会价值的过程。创业是一种劳动方式，是一种需要创业者运营、组织，并运用服务、技术、器物作业的思考、推理和判断的行为。创业致力于发现和创造新事物（新产品、新市场、新生产过程或原材料、组织现有技术的新方法），可理解为一个人或团队发现和捕获机会，由此创造价值和谋求发展，通过创新和特立独行来满足需求和实现愿望，从而深度挖掘其潜在价值的过程。

案例阅读

多元赋能，培育科创沃土

自主研发第一代量子点激光器填补国内产业空白，首款样品从湖南长沙销往湖北武汉；与国内光芯片龙头企业共同研发完成全球首例量子点激光器硅光模块样品……打开落户于湖南湘江新区的汇思光电科技有限公司的“简历”，看点十足。

“创业之初，也没想到会来湖南。”回望发展步伐，汇思光电负责人不禁感慨。

2021 年 8 月底，汇思光电入驻湘江科创园。不到两年时间，企业已掌握光芯片关键技术，主要为光通信和智能传感行业客户提供高性能的激光器和探测器外延片，产品技术达到行业领先水平。

岳麓山下，湘江之畔，高校众多，科创资源丰富。坐落在湘江新区的湘江集团，开发运营了湘江科创园和科技创智园，工作重点便是布局校企联合研发平台、孵化器（众创空间）、加速器、成熟企业总部、园区配套等多种形态。

为入园企业提供办公场地、商务、物业等基础服务，科技、政策、税收、注册办证代办等增值服务，科创投资、科技成果转化、金融服务等成长服务……“我们正着力打造优秀的高校科技成果转化复合型科创平台，建设科技创新策源地。”湘江集团副总经理毛定说。

近年来，湘江集团科创板块立足湖南打造“具有核心竞争力的科技创新高地”的发展布局，围绕重点高校对应的园区主导产业成果转化项目，通过自管或投资的科技成果转化基金，直接或间接投资项目 100 余个。同时，集团坚持金融支持实体经济高质量发展，获取重要领域的金融牌照，搭建起融基金、保理、供应链等于一体的多元产业金融平台，金融与实体经济良性循环逐步形成。

湘江集团金融板块管理的中盈先导创新投资合伙企业，通过股权投资、定增投资等多种方式整合产业集群上下游资源，加速推动湖南省在电子信息、高端制造、新能源、新材料、生物医药等产业领域形成支柱型、战略性新兴产业集群，在市场化运作的同时，为湖南省加速产业转型升级、高质量发展赋能。

2022 年，湖南星邦智能装备股份有限公司为提升产能开展融资，中盈投资公司投资 1.2 亿元。在资本赋能下，同年 5 月，星邦智能波兰工厂顺利竣工并实现批量生产。

“产业基金既要着眼于培育本土企业，又要专注于产业前沿发展。”湘江集团党委书记、董事长张利刚说，自成立以来，湘江集团已为 144 家科创企业提供资金支持。

统计显示，2022 年，湘江新区有效发明专利拥有量达 24843 件，同比增长 24.9%；每万人有效发明专利拥有量达 157.26 件。2023 年上半年，新区设立 30 亿元科创引导基金，聚焦于投早、投小、投科技，将全部投资成立时间不超过 3 年的创业企业，助力企业实现“从 1 到 2”的孵化成长，进一步活跃创新创业元素。目前，新区已有 715 家省级以上创新平台，其中国家级创新平台 63 家、省级创新平台 652 家，形成较为完整的创新平台体系。

资料来源：《人民日报》，2023 年 7 月 27 日，第 10 版。

二、创业要素与创业类型

（一）创业要素

1.创业者

创业者是创业过程中处于核心地位的个人或团队，是创业的主体，所起关键作用包括识别商业机会、创建企业组织、融资、开发新产品等。创业者较高的素质和能力是创业成功的第一要素。创业者的类型主要有两种，如图 5－1 所示。

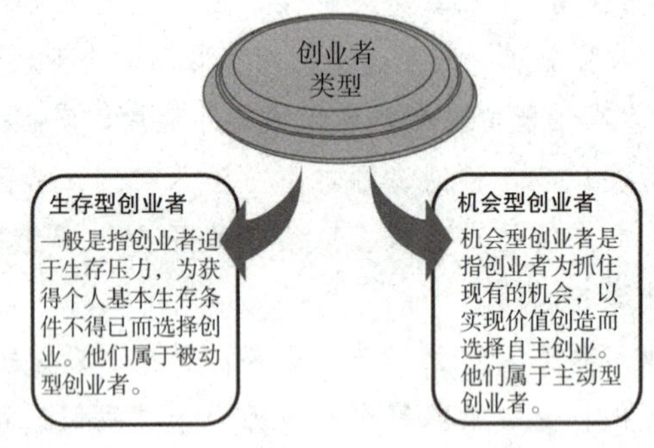

图 5－1　创业者类型

2.创业机会

“创业机会”是指通过满足市场需求而获得价值回报的一种商业机会。它是创业活动的前提，也是创业过程的核心，与“创业团队”和“创业资源”一同被称为创业的三大关键要素。创业者从发现和识别商业机会开始创业。绝大多数的创业活动都是源自创业机会的发掘，理智的创业者会选择在掌握了高价值创业项目的基础上组建团队并整合资源。

3.创业团队

创业团队是创业活动的中心。创业是一种高强度的活动，创业者要进行市场的分析、项目的评估、资金的筹集、风险的管理等多项工作，其需要的是一个有着共同追求且能力互补的团队。所以，拥有高度匹配的团队也是创业的关键要素。

4.技术

技术是提供一定产品或服务的重要基础，也是企业的核心竞争力。

5.创业资源

创业资源是指初创企业在创造价值的过程中需要的特定资产，包括有形资产和无形资产，它是企业创立和运营的必要条件，是开展创业活动的基础。例如，要想创业，除了具备创业者的素质和选择合适的项目外，还需要具有一定的资金，否则，创业只是空谈；人力资本是创业的重要资源投入，创业成功的关键在于创业者有识人、用人、留人的能力。

6.组织

组织是协调创业活动的系统，是创业的载体，也是资源整合的平台。

7.产品服务

产品服务是创业者为社会创造的价值，它既是创业者成功的必备条件，也是创业资源相互作用、相互配置，以创造产品和服务的动态过程。

（二）创业类型

现代社会是一个分工精细又高度协作的有机系统。如今，社会分工日益细密，各分工系统之间相

互协调的要求日益迫切，这使创业活动呈现出空前的繁复性和多样性，也使创业活动的系统性和综合性问题更加突出。当人们从不同角度来区分创业时，就会出现各种创业类型，因此讨论创业活动的类型关键要看分类的标准是什么。

1.按照创业动机的不同性质划分

（1）生存型创业。生存型创业是没有其他选择，为了生存而无奈选择的被动创业。刚进入社会的大学生偏向于这种创业，因为他们首先要解决的是生存问题。常见的个体户大多是生存型创业，比如摆地摊、做商业代理、开网店、做经销商等。

（2）机会型创业。机会型创业是指为了追求某种商业机会而从事创业的经营活动与行为，是已感知到商业机会的人自愿组织资源，去开发其所预想的机会，以实现价值创造的过程。技术创业是机会型创业中最具有挑战性的一种类型。

2.按照创业的起因划分

（1）技术型创业。技术型创业是指个人或集体以拥有的技术进行创业。著名的技术型创业者莫过于比尔·盖茨了。比尔·盖茨在哈佛大学二年级时，已熟练掌握了软件编程技术，他毅然决定辍学，选择创业，与同伴一起创建了微软公司。现在，微软公司已是全球知名企业了。类似的技术型创业的典型代表有注册会计师成立会计师事务所、律师成立律师事务所等。该类型创业因创业者拥有较好的技术基础，故成功率相对较高。

（2）资源型创业。资源型创业是指个人或集体因拥有某一项资源而进行创业。很多资源可以用于创业，如矿藏、土地、信息、渠道、客户群等都是很好的创业资源。拥有资源是一种幸运，而善于利用资源才能走向成功。创业者应该学会利用各种资源。

（3）随机型创业。随机型创业是指个人或集体因在市场中发现某一商机而进行创业。有一部分创业者既没有技术，也没有资源，只是通过判断，觉得利用某个商机可以赚钱，然后决定创业。这种类型的创业带有一定的盲目性，全凭创业者的感觉，风险性较高，但也不乏成功者。

3.按照创业企业的性质划分

（1）生产型创业。生产型创业是指通过一定的技术生产产品，拓展产品的销售市场，并利用一定的管理方法运营企业的创业活动。这种类型的创业对创业者的综合素质要求高，要求创业者掌握某种生产技术、有团队合作意识，以及具备企业管理能力、危机处理的能力等。

（2）管理型创业。管理型创业是指具有工商管理等相关学科专业背景和社会经验的创业者所从事的能够为其他企业提供专业管理咨询服务的创业活动。这种类型的创业者一般创办的是管理类企业，对创业者的学科背景和社会阅历要求较高。

（3）商业型创业。商业型创业是指通过营销手段推广某种新产品、创立某个品牌的创业活动。这种类型的创业在所有创业活动中所占比重较大。

（4）科技型创业。科技型创业是指创业者利用自己所掌握的科技手段，通过科技创新所进行的创业活动。这类创业的特点是创业者具有自己的专业优势、拥有某种专利技术或产权。

（5）金融型创业。金融型创业是指创业者从事与金融相关的创业活动。例如，开创担保公司、投融资公司、典当行等都属于金融型创业类型。

（6）服务型创业。服务型创业是指以提供市场所需求的服务为主要业务的创业活动。现代服务业是目前我国重点鼓励发展的行业，也是我国产业转型的一种有效形式。例如，翻译、培训、管理咨询、教育等服务机构都属于服务型企业。

（7）网络型创业。网络型创业是指创业者利用自身的信息类或电子商务类专业背景知识从事的与互联网相关的创业活动。例如，创办网站就属于这种类型。这种类型的创业在大学生创业中比较常见，也是大学生创业者的优势领域。

（8）公益型创业。公益型创业是指创业者利用创新理念，同时兼顾社会效益、社会责任和自我价值实现所从事的创业活动。这类创业对于创业者和社会而言属于双赢的创业模式，它更容易被社会所接受和支持，一般不会直接面对传统市场中的竞争。

4.按照创业的创新性划分

（1）复制型创业。复制型创业是指通过复制已存在公司的经营模式，利用特许经营权从事的创业活动。这种类型的创业所占比例较高，但缺少科技创新，缺乏创业精神。

（2）模仿型创业。模仿型创业是指通过模仿他人创业的过程从事相似业务的创业活动。这种类型的创业特点是先通过模仿进入该行业维持企业生存，随着后期深入，逐步进入竞争者行列。

（3）安定型创业。安定型创业一般是指创业企业的内部创业活动。例如，某企业的研发小组开发一项新产品。这种类型的创业也具有创造价值，但是属于内部创业，不用面临较大的风险，一般情况下，创业者比较熟悉所从事的活动。

（4）独创型创业。独创型创业是指创业者从事的创业活动所提供的产品或服务能够填补市场上的某项空白。独创性可以通过整个商品或服务的独创、商品或服务的某种具体技术的独创来体现。这类创业具有一定的风险性，消费者接受新产品或服务需要经历一个过程。

（5）冒险型创业。冒险型创业是指敢于面对不确定因素和失败风险进行冒险尝试的创业活动。这种类型的创业失败的风险性很高，但是对社会的创新贡献度高，可使创业者发生很大的改变，其前途不确定性高，一旦成功，回报难以估量。例如，风险投资等。

5.按照创业资金投入量划分

（1）微型创业。微型创业是指规模较小的创业活动。这类创业活动所创企业属于低成本企业，投资规模一般在 10 万元左右，创业成员一般以家庭富余劳动力为主，人员规模在 15 人以内。它的特点是灵活度高、成本低。由于大学生创业通常缺乏资金和经验，所以微型创业一般是大学生创业的首选。首先通过微型创业积累经验，再创办规模较大的企业，这样做可以规避投资风险，也可以解决资金不足带来的创业难题。

（2）大型创业。大型创业是指投资数额较大、风险相对较大、起步门槛较高的创业活动。这类创业对创业所需资金规模、技术实力等方面有着较高的要求。

（3）中小型创业。中小型创业是指投资规模和实力要求、风险性介于微型创业和大型创业之间的一种创业活动。

6.按创业投资主体划分

（1）个人独资创业。个人独资创业是指创业者个人独立出资所进行的创业活动。例如，独资开网吧、面馆。

（2）合资创业。合资创业是指由两人以上合伙出资所进行的创业活动。一般会成立股份有限公司或合伙企业。例如，会计师事务所。

7.按照新企业建立的渠道划分

（1）自主型创业。自主型创业是指创业者个人或团队白手起家进行创业。自主型创业充满挑战，个人的想象力、创造力可得到最大限度的发挥；有一个新的舞台可表现和实现自我；可多方面接触社会、各种类型的人和事，摆脱日复一日单调乏味的重复性劳动；可以在短时期内积累财富，奠定人生发展的物质基础，为攀登新的人生巅峰做准备。

然而，自主型创业的风险和难度很大，创业者往往缺乏足够的资源、经验和支持。自主型创业失败的原因主要表现在以下两个方面：其一，创业者对自己所提供的产品或服务及进入的领域缺乏了解，准备不足，质量不稳定，导致在竞争中失败；其二，创业者被突如其来的成功冲昏了头脑，变得过于自信，甚至刚愎自用，把偶然性当成了必然性，继而进行盲目的脱离实际的战略决策，使企业迅速扩张，导致管理失控，产品和服务质量下降，出现信用危机，使企业陷入破产的危险中。

（2）企业内创业。企业内创业是进入成熟期的企业为了获得持续的增长和长久的竞争优势，倡导创新并使其研发成果商品化，通过授权和资源保障等方式进行的企业内第二次、第三次……连续不断的创业。每一种产品都有生命周期，一个企业在不断变化的环境中，只有不断创新，不断将创新的成果推向市场，不断推出新的产品和服务，才能跳出产品生命周期的怪圈，不断延长企业的生命周期。

玩出来的商机

穿越机是竞速类无人机的一种，比一般的无人机体积更小、速度更快，操作难度更大。使用者可以头戴虚拟眼镜，通过手上的遥控器对穿越机进行操纵，实时观察主机上传输过来的画面，仿佛人类在以鸟类的视角自由探索自然，玩起来炫酷又刺激。时下很多喜欢模型或者摄影的年轻人成了穿越机发烧友。袁霄，正是其中之一。

大二寒假期间，他在家用淘来的3D打印机制作了几个穿越机配件，挂到网上去卖，没想到顺利地卖出了一些。开学后，他便兴冲冲地告诉室友唐靖雨这或许是个商机，两个年轻人一拍即合，决定朝着这个方向试试，于是他们开了网店，售卖自主设计的穿越机零件，比如三叶桨、飞控、机架等。大学期间，他们一边改进零件的设计，一边参加创业类比赛，获得一些荣誉后，入驻了学校创业园提供的免费创业空间。唐靖雨介绍，南信大东苑创业园里那个20平方米的工作室，是他们梦开始的地方。

袁霄，1999年出生，来自南通；唐靖雨，2000年出生，来自苏州。大学期间，他们先后参加了第九届“赢在南京”青年大学生创业大赛和2021年“互联网+”大学生创新创业大赛，都获得了不错的成绩，也因此获得了天使轮投资，得到了30万元的项目资助以及1万元的奖金。2022年8月，《人民日报》报道了他们的创业故事，同时也点赞了南京持续优化的创新创业政策，南京加大对高校毕业生自主创业的支持力度，完善政策措施，为大学生们释放创业热情、启航青春梦想助力。

袁霄说，创业的过程也不是一帆风顺的，还记得在“赢在南京”的一场比赛中，他比较紧张，没能很好地向评委表达出项目的明确意向，导致分数较低。好在他很快从中吸取了教训，向同伴请教，努力克服了焦虑情绪，“经过那次比赛，我开始学会遇事淡定，保持好的心态。”

唐靖雨坦言，刚开始并不想参加各种各样的创业比赛，觉得会浪费时间，但后来发现写创业计划书可以让他们放下手头琐碎的事情，冷静地思考未来怎样发展，“也让我们有幸遇到了投资人，在投资人的帮助下得以快速成长”。

2021年7月，他们搬出了学校，在校外租了约90平方米的场地。2022年5月临近毕业，他们把办公地点搬到了网易数字产业基地，现在的办公场所大约有300平方米。唐靖雨说：“最初公司除了我们两人外，还有一位在德国留学的同学过来帮忙，后来他回去上学了，我们开始招聘，才发现招人很难。”

2022 年 6 月，他们在互联网平台上招聘到了第一名正式员工，“说起来挺巧合的，有一天忽然接到了咨询，她告诉我她是南京本地人，学的计算机专业，看到招聘信息后很感兴趣，但她有听力障碍，不知道能不能来试一试。我看了她的基本情况，觉得她完全能胜任，就很高兴地把她留下了。在之后的工作中，发现她做事很耐心也很细心。”采访时，团队的两名女孩在打包产品，“挺喜欢这份工作的，大家像朋友一样。”如今 8 人的团队，多是应届毕业生。

资料来源：扬子晚报紫牛头条，2022 年 9 月 7 日，第 A03 版（略有改动）。

三、创业活动的基本过程

研究创业，需要了解创业过程中所包含的活动和行为，而创业过程包含的活动和行为较多，过程相对复杂，必须认真加以分析。大体上，创业过程按照创业者产生创业动机—创建新企业或开创新事业—获得回报推进，整个过程可大致分为机会识别、资源整合、创办新企业或新事业和企业成长四个主要阶段。

第一阶段：机会识别。即创业者产生创业动机和识别创业机会的阶段，具体包括构建创业设想、进行市场调研和分析、制订初步的经营方案等。创业动机的产生需要有两方面的条件：一方面是个体决定成为创业者；另一方面是个体看到了合适的创业机会。其中，识别创业机会更为重要，它是创业过程的核心，具体包括发现机会和评价机会价值两方面的活动。在此过程中需要认真研究以下几个问题：机会来自哪里？为什么某些人能够发现创业机会而其他人却不能？机会可以通过哪些形式和途径被识别到？是不是所有的机会都有助于创业者开展创业活动并创造价值？创业者首先应细心观察，从以往的工作和周边的事物中发现问题、看到机会。为了识别创业机会，创业者需要更多地交友并与朋友们交流，以更广泛地获取信息。

第二阶段：资源整合。资源整合包括团队组建、财务融资、企业筹建等。整合资源是创业者开发机会的重要手段。创业者是否能够成功地识别并利用机会推动创业活动健康有序发展，往往取决于他们掌握和所能整合的资源，以及对资源的利用能力。

创业资源是企业作为一个经济实体，在向社会提供产品或服务的过程中，所拥有或者能够支配的可实现公司战略目标的各种要素以及要素组合。人、财、物是创业活动的基本要素。要想成就一番事业，就要组建团队，凝聚一批志同道合的人才，拥有十分重要的资源——资金，此外还需要足够的设备与科技、信息、管理资源以及各种服务和优惠等。创业者通常利用身边能够找到的一切资源进行创业活动，在这一过程中更需要整合外部资源、别人掌控的资源，创业者可以通过自己的独有经验和技巧，对一些看似无用的、废弃的资源加以整合利用。例如，一些高新技术企业的创业者并非专业出身，但出于兴趣等，对某个领域的技术略知一二，然而他们却能凭借其所略知的“一二”和善于发现的眼睛敏锐地捕捉到机会，并将相关资源迅速、创造性地整合起来。这种整合有时甚至没有详细的计划，而是具体情况具体分析、“摸着石头过河”。

经验表明，许多创业者早期所能获取与利用的资源十分匮乏，但这恰恰体现出创业的不确定性，也能够考验创业者的资源整合能力。优秀的创业者在创业过程中所体现出的卓越创业技能之一，就是创造性地整合和利用资源，特别是能够创造并带来持续竞争优势的战略资源。

第三阶段：创办新企业或新事业。这一阶段具体活动包括创业初期的市场营销、产品设计和规划、财务和售后服务体系建立等。新企业的创建和新事业的诞生是衡量创业者创业行为的直接标志，也往往被作为评价个体是不是创业者的直接标准。新企业的创建一般通过三个维度衡量：存在雇佣性质的

员工关系；产生第一笔销售；注册登记成合法实体。创建新企业的过程很复杂，具体内容包括公司制度设计、企业注册、经营地址选择、进入市场的途径确定等。以选址为例，一个科学而行之有效的选址过程，一般遵循市场信息的搜集和研究—多个地址的评价—确定最终地点的步骤。开创新事业、公司内部的创业活动也需要思考上述问题。

第四阶段：企业成长。企业成长包括市场拓展、制度完善、股权融资、企业上市等。企业成长是一个动态过程，是通过创新、变革和强化管理等手段积蓄、整合并促使资源增值，进而追求企业持续发展的过程。企业成长包括“质”和“量”两个方面。其中，企业成长的“量”主要表现为企业经营资源的增加，常通过销售额、资产规模、利润等加以衡量；企业成长的“质”则主要表现为经营资源的性质变化、结构的重组等，具体包括企业创新能力、环境适应能力等多个方面。企业持续发展的管理重点如下：确定企业的愿景、使命和核心价值观；提升复杂环境下的战略规划能力；注重整合外部资源，追求自身成长；从创造资源到管好用好资源；注重用成长的方式解决动态发展过程中出现的问题；从侧重追求速度转向强调企业价值的提升。

四、创业精神

创业精神贯穿于创业过程的始终，是调节商机和资源的杠杆，是创造财富的源泉，创业精神所形成的创新行为能改变资源产出。广义的创业精神是一种能够持续创新成长的生命力，即以有限的资源追求无限的理想，一般可以分为组织的创业精神和个体的创业精神。组织的创业精神是指在已存在的一个组织内部，以群体力量追求共同愿景，从事组织创新活动，进而打造组织的新面貌。个体的创业精神往往与企业家精神相关，是创业者在市场竞争中不断开拓进取、创造新价值的精神概述。

创业精神究竟是什么？有学者概言之：创业精神就是开创事业的思想和理念。我们也可以从哈佛大学商学院对其的界定中窥探一二：“创业精神就是一个人不以当前有限的资源为基础而追求商机的精神。”从这个角度上来讲，创业精神代表着一种突破资源限制，通过创新来创造机会、创造资源的行为，而不是简单地体现在创造新企业或创新（创新是基于现有“冲突”的变革，包含“更新”、“创造新的东西”和“改变”三层含义，创新是创业的基础）中。创业精神包括发现机会和调度资源去开发这些机会，代表一种突破资源限制，通过创新来创造机会的行为。也就是说，创业精神隐含的是一种创新行为，而不是一个特别的经济现象或个人的特质表现。由此，一些学者对创业精神进行了简要的概括：“没有资源创造资源，没有条件创造条件，用有限的资源去创造更多资源。”因而，创业精神是创业者在创新过程中的客观行为所表现出的对目标追求的态度、意志力和决心，是他们在创业过程中的重要行为特征的高度凝结，这种精神主要表现为敢于创新、勇担风险、团结协作、坚持不懈等。

（一）创业精神的核心

创业精神的核心至少有以下四方面内容。

1.创新精神

创新精神是创业精神的核心。创业精神中最重要的就是创新精神。创业者不单指在经济活动中从事创新活动的人，只要是在创新的人就可以称为创业者。创业就意味着创新，创新就意味着突破。创新精神就是创业精神的意义所在，具体到精神领域，则意味着要形成将变革视为正常的、有益的现象的精神，形成一种寻找变革、适应变革，并将变革当作开创事业的机会的精神，形成一种赋予资源以新的价值的创造性行为能力。

2.自主精神

自主精神是创业精神的基础。创业以自然和社会为活动的客体，以促进人和社会的发展为目的，其结果是实现人和社会的共同发展。如果对创业实践做具体的分析，就会发现它除了具有实践活动的普遍性外，还具有有别于一般的实践活动的特征：在人的自主能动性方面，它特别突出了人的自主精神，即自由创造、自主创业、自立自强的精神，这种自主精神就是创业精神的基础。创业精神的强弱，取决于人们自主创业的意愿，这种意愿也就是人的创业需要、创业动机以及由此升华而成的创业理想，它构成人们的创业意识。创业意识从本质上说就是一种自强自立的精神，它是人们创业的内在动力，是创业精神的基础内容。

3.冒险精神

创业过程中必然会遇到风险和挑战，因此勇于承担风险和挑战不确定性的冒险精神也是创业精神的核心精神之一。具有冒险精神就是个人愿意去冒险，去做一些尝试以解决问题，一步一步地靠近机会。在这个过程中需要不断地去发现变化、适应变化，想办法去解决问题，虽然有些问题可能不是一下子就能解决的，有些问题可能是目前解决不了的，但也要想办法，抓住机会积极面对。敢于放弃以前成功的路径是一种冒险，因为新的路径不一定能再次带人走向成功。之所以会再次冒险，是因为他们认识到旧的技术、产品、服务已经跟不上客户的需求变化了，慢慢地会被客户抛弃，甚至让企业陷入打价格战的困境中。柯达是第一家发明胶卷的企业，同时也是第一家发明数码照相机的企业。两项发明在当时都处于领先地位，但给柯达带来的影响却不一样：发明胶卷让柯达公司慢慢做大，而发明数码相机后柯达公司却不敢抛弃原来的胶卷业务，没有抓住机会转型，以致被客户和时代抛弃，逐渐走向了衰败。

4.合作精神

合作精神在创业精神中占主导地位，团队意识、合作精神是创业精神的价值核心。将不同的人组织到一起，让他们的才能互补、性格互补、思维互补、资源互补，让他们能够分工明确、责任共担、愿为共同的创业目标而奋斗，并做到利益让渡，发挥各自的优势，从而达到利益最大化，这些都是合作精神的重要体现。

上面从四个方面阐释了创业精神的核心，还有学者将务实精神、社会责任也放入创业精神的核心中。人们通常将创业精神称作企业家精神。其本质在于创新，在于为市场创造出新的需求，为社会创造出新的价值。

（二）创业精神的培育

1.保持思想的先进性

保持思想的先进性是任何行动成功的基本前提。保持思想的先进性意味着创业者有着敏锐的洞察力和超前的预见性，这能为创业者提供广阔的视野和全新的观察视角。保持思想的先进性就是要以动态的、发展的眼光看待问题，时刻与外部环境同步，对外界保持高度敏感性，在此基础上进行持续的观察、分析与总结。

具体而言，创业者首先要做到对政治、经济、文化等宏观环境敏感，因为这些环境因素将影响创业者从事行业的未来发展。具体来看，创业者必须对国内政治体制的改革，国际政治格局的重新定位，全球经济发展趋势及侧重点的转移，新的经济增长点的形成，以及国内和国际市场上消费者的消费意识形态、观念的发展动向及消费者新的需求倾向等保持敏感。其次，创业者要对技术的未来发展情况保持高度敏感。创业者要关注新技术的出现与发展，了解新技术可能给人类社会生活、人们思想观念带来的改变，以及新技术可能带来的新产品、新企业甚至新行业的重大变革。创业者要对相关市场上的可替代产品及其生产、经营主体予以特殊关注。创业者通过分析市场环境的均衡力量与发展倾向，可以知晓本企业所处的地位和前途。

2.不断完善知识体系

这里的知识体系既包括拟进入的创业领域的专业知识，也包括创业者当前所从事行业、产业的具体知识、细节，以及企业管理的实践知识。现代科技的迅猛发展促使创业者不断提升和更新知识架构。近年来，在以高科技创业为主流的新经济活动中涌现出了一大批创业者，这些创业者生动地诠释了新经济的力量，也打造了年轻一代华人“知本家”的创业传奇。全球化时代，中国创业者受教育程度普遍提高，知识体系日渐成熟，同时他们善于把显性知识与隐性知识结合起来，及时预测和捕捉市场商机，因此开始赢得经营管理上的主动权。创业者的知识体系要经过日积月累、不断充实才能逐渐完善，具体有两方面的要求：一方面要“博”，创业者应该广泛涉猎社会生活、人文历史、经济学基础理论、管理科学和法律法规等方面的知识，这将有助于其为自己的知识结构提供广博的“源头活水”；另一方面要“专”，良好的专业技能是创业者创业成功的保证，创业者应该根据自己的兴趣特长深入挖掘自己的专业潜能。

3.培育创业人格

个性特征对个体创业来说是极其重要的，尤其是独立性、敢为性、坚持性等特征。所以，人格教育与创业精神培养是相辅相成的。高校要根据大学生的心理特点，有针对性地引导大学生树立关注心理健康的意识、提升心理素质、增强心理调适能力和对社会的适应能力，自觉培养坚韧不拔的意志品质和艰苦奋斗的内在精神，提高承受挫折和解决问题的能力。此外，还可以采用通过创业案例剖析创业者的人格特征、进行心理训练等方式，让学生了解形成良好心理素质与优秀人格特征的途径。

4.培养创新能力

创新能力是创业精神的核心，高校必须重视对学生创新能力的培养。一定要尊重学生的个性发展、培养和爱护学生的好奇心，为学生潜能的充分开发营造宽松的氛围。鼓励学生勇于突破，有针对性地超越前人、超越书本、超越老师。通过开设创新创造类课程、举办主题知识技能竞赛，让学生感受、理解创新的产生和发展过程，培养学生的创新思维和创新精神。

5.宣扬创业文化

校园文化是学生成才的外部环境，对于学生来说，它具有陶冶、激励和导向功能。高校应有机地将创业精神融入学科活动、科技活动等，以培养学生的创业精神。高校可经常邀请成功的企业家或成功的校友来学校做报告，增强大学生创业的信心，利用他们的激情感染学生，使他们成为学生创业的榜样。

6.强化创业实践

鼓励学生在课余时间参加一些创业模拟和社会实践活动，增强学生对企业的了解以及对社会的适应能力。比如，在校内外开展创业竞赛活动、与外部企业联合开展学生的实习、见习等。“纸上得来终觉浅，绝知此事要躬行。”让学生在实践中磨炼自己，形成正确的创业认知，孕育创业精神和提高解决问题的能力。

第二节　创业的重要作用与意义

认识创业对社会、对个体的作用和意义。

一、创业对经济社会发展的意义

自党的十八大做出创新驱动发展战略的重大部署以来，企业，尤其是大型企业，在经济社会发展中承担了越来越重要的创新主体角色。2020 年中央经济工作会议进一步提出，要发挥企业在科技创新中的主体作用，支持领军企业组建创新联合体，带动中小企业开展创新活动。这也是推动我国“十四五”时期“高质量发展”的第一动力。近年来，很多大型企业积极响应国家战略号召，依靠自身的资源禀赋、技术优势等推动创新与创业，如成立新的业务部门、主动进行战略更新、在组织边界内外孵化新产品或新模式等。

（一）推动国家经济发展

有研究表明，某一区域内创新创业活动的活跃程度与该区域的经济发展速度之间呈现出显著的正相关关系，尤其是区域内创新创业活动对该区域未来两年的经济发展具有明显的促进作用。其内在逻辑是，区域内创新创业活动会直接推动该区域内中小企业数量增加，从而引起该区域内社会财富和经济总量的增加。

有创业才能就业，就业充分，人民才能安居乐业，国家才能繁荣富强。社会上有大量的创业者，才能为广大的劳动者拓宽就业渠道，才能使每个人的才能得到发挥，做到“人尽其才，才尽其用”。没有创业，现有的就业市场就不可能容纳数量如此庞大的劳动力，很多人将失去就业的机会并成为社会的负担，建设社会主义现代化强国的目标就不能顺利实现。

（二）促进经济结构转型

当前我国经济发展已进入新时期，经济产业结构必须不断调整，才能顺应当前经济发展的新形势和新需求。创新创业是经济机体的一种生长机制，为行业、部门、地区、国家等宏观系统的新陈代谢和结构演变奠定基础。新创企业能够从深化产业分工、缓解经济衰退、消除垄断弊端、合理开发并利用资源等方面，在促进经济增长的基础上，有效推动经济结构和经济社会运行发展模式趋于合理并不断进步。

（三）增加社会就业机会

从全球范围来看，世界主要国家实现充分就业的主渠道，就是增加企业尤其是中小企业的数量。当前，我国已经进入全民“创业时代”，经济的持续快速增长为创业者提供了大量机会，创业者的发展空间广阔，越来越多的人具有创业意愿并付诸创业行动。很多大学生通过创业不仅成就了自己，而且为别人创造了就业机会，并带动一方经济发展。

二、创业对个体职业生涯的意义

（一）实现个人价值

通过自主创新创业，个人可以把兴趣与职业紧密结合，做自己最感兴趣、最愿意做和自己认为最值得做的事情，有利于个人最大限度地实现自我的自由发展，使个人在多彩缤纷的社会大舞台上最大限度地发挥自己的才能，实现个人价值。

（二）发展个人潜能

对于创业者而言，创业的过程实际上就是一个能力提高的过程。创业可以激发人的想象力、思维力、创新力和创造力，创业培养了创业者的策划力、执行力，增强了创业者的团结力、领导力。这些能力在创业的过程中得到了充分的激发，而正是这些能力成就了创业者的事业，使这些创业者由一个

普通人变成了企业的领导者。因此，创业有利于个人潜能的发挥。

（三）改变生活方式

开展创业活动要求创业者关注和重视创新，在激烈的市场竞争中，创业者必须不断推出新的产品、新的服务、新的经营方式。这一系列创新将改变人们的生活方式，提高人们的生活质量。

（四）培养优良品质

创业是一个艰辛的过程，尤其是在创业初期可能会面临各种各样的困难，面对这些问题，创业者应学会坦然面对、理性面对，要有较强的心理承受能力。个人在自主创业过程中，应端正心态。创业是一种社会历练，也是一种对精神意志品质的教育，个人创业者应敢于直面困难和挫折，坚定成功的信念，培养顽强的意志和良好的品格，勇担风险，自立自强，奋力拼搏，奋发向上。

（五）增强创新意识

创新是发展的重要推动力，在分析创新与创业的关系时也明确了创新是创业的一个重要的先决条件，是创业成功的重要基础。因此，个人创业必须要重视创新意识与精神的培养，不断提高自己的创新能力，如此才能在创业活动中实现“人无我有，人有我优”，不断提升自己的竞争力，在市场竞争中始终占据领先地位。

（六）实现致富梦想

“给人打工不如自主创业”。当前，个人选择创业，就是想要实现自己的致富梦想，而不是日夜辛勤地为他人打工。当然也必须提醒创业者：个人注重实现自我价值，追求个人价值和追求物质待遇无可厚非，但一定要挣脱“创业挣钱，养家糊口”等狭隘观念的束缚，要坚守崇高的职业理想和信念，充分发挥自己的聪明才智，统筹大局，目光长远，这样才能创业成功，获得丰厚的财富回报。

三、创业对大学生群体的特殊意义

（一）有利于缓解大学生就业压力

创业有利于解决大学生就业难的问题。创业能力是一个人在创业实践活动中表现出的自我生存、自我发展的能力。一个创业能力很强的大学毕业生不但不会成为社会的负担，相反还能通过自主创业活动增加社会就业岗位，缓解社会的就业压力。

（二）有利于大学生实现自我价值

大学毕业生通过自主创业，可以把自己的兴趣与职业紧密结合，做自己最感兴趣、最愿意做和自己认为最值得做的事情，在五彩缤纷的社会舞台上大显身手，最大限度地发挥自己的才能，并获得合理的报酬。当前社会鼓励大学生创业，虽然是从化解就业难的角度出发的，但对大学生自身来说，其创业的主要原动力则在于追求个人自我价值的实现。

（三）有利于大学生提高自身素质

在提升高校教育管理水平与大学生素质的各类探索实践中，大学生创业无疑是最经济、最有效的办法之一。通过创业实践，大学生可以充分调动自己的主观能动性，树立积极的就业心态，自主学习，独立思考，并学会自我调节与控制。只有这样，大学生创业才有可能成功。一个能自我学习，懂得如何管理自己的时间与财务，善于拓展人脉关系，并能够积极调整心态，适应社会的大学生，可顺利实现就业。

(四)有利于培养大学生的创新精神

创新是一个民族的灵魂，是一个国家兴旺发达的不竭动力。青年大学生作为中国最具活力的群体，如果失去了创造的冲动和欲望，那么中华民族将失去发展的动力。大学生的创业活动，有利于培养他们勇于开拓的创新精神，把就业压力转化为创业动力，培养出越来越多的各行各业的创业者。美国作为世界最发达的国家之一，其大学生的创业比例一直在20%以上。美国前总统里根曾说：一个国家最珍贵的精神遗产就是创新，这是国家强大与繁荣的根源。大学生创业不仅可以促进创新成果尽快转化落地，增加社会财富，同时也有利于大学生的自身发展。

一、单选题

1.不具备资源的情况下，探索机遇，进行价值创造的一种整合，叫作（　　）。

A.就业　　B.失业　　C.创业　　D.再就业

2.目前，我国个体户主要的创业类型为（　　）。

A.生存型创业　　B.机会型创业　　C.关系型创业　　D.商业型创业

3.“知人者智，自知者明”，这句话与下列哪一项内容有关？（　　）

A.创业与创业精神　　B.知识经济发展与创业

C.创业与职业生涯规划　　D.创业与自我认识

4.关于创业，下列说法错误的是（　　）。

A.创业可以挖掘个人潜力，有助于实现自身价值

B.在创业过程中考验的是综合素质和创业精神

C.创业者的动机是多种多样的，可能是生理需求、安全需求、尊重需求等

D.就职业的稳定性而言，创业没有就业稳定

5.以下关于大学生创业意义的说法中，错误的是（　　）。

A.有助于实现人生价值　　B.有助于培养艰苦奋斗的作风

C.有助于养成创新精神　　D.将会增加国家就业压力

二、判断题

1.从理论上讲，创业是指在资源完备的情况下，寻找机会进行价值创造的一种整合。（　　）

2.创业精神是与生俱来的，与后天培养无关。（　　）

3.创业的主要功能有促进就业、创造价值、促进创新和解决社会问题。（　　）

4.创业者是创业要素的核心，其素质和能力是创业成功的第一要素。（　　）

5.创业的本质在于发现并把握商业机会，创建并经营企业，产生经济和社会效益，以达到最大限度创造价值的目的。（　　）

三、思考题

1.你了解当前的大学生就业形势吗？面对这种就业压力，你如何规划自己未来的职业发展方向？

2.你认为成功的创业者的创业动机是什么？他创业成功最根本的因素是什么？

3.结合案例，谈谈自主创业对于应对就业压力、实现人生目标的意义。

2013 年 11 月 8 日，国家主席习近平在致 2013 年全球创业周中国站活动组委会的贺信中指出：“青年是国家和民族的希望，创新是社会进步的灵魂，创业是推动经济社会发展、改善民生的重要途径。青年学生富有想象力和创造力，是创新创业的有生力量。希望广大青年学生把自己的人生追求同国家发展进步、人民伟大实践紧密结合起来，刻苦学习，脚踏实地，锐意进取，在创新创业中展示才华、服务社会。”“为实现中华民族伟大复兴的中国梦贡献力量。”他希望“全社会都要重视和支持青年创新创业，提供更有利的条件，搭建更广阔的舞台，让广大青年在创新创业中焕发出更加夺目的青春光彩”。习近平主席的贺信，充满了党和国家对青年创新创业成功的殷切期待，希望青年为实现中华民族伟大复兴的中国梦贡献力量。

4.你通过本章的学习有哪些收获？这对你当前的学习、实践和未来职业发展会产生哪些影响？

5.松原市守望乡村集团董事长张艳宇是一名大学生创业者。他和他的企业首创了乡村产业创新系统，开发了一系列创新项目和科研成果，共培育农村实用人才 1.85 万人，孵化创业 3200 余户，孵化大学生创业 312 人，带动就业 6500 余人，累计上缴利税 800 余万元。2012 年秋，占地 7 万平方米、省内首个乡村创新创业人才孵化园区终于落成，园区确立了“网真农业”“乡村轻工”“乡村网商”“乡村旅游”“乡村文化”“新式民宅”“乡村智能”“乡村能源”等 8 个产业孵化主题，吸收更多人才投身返乡入乡创新创业项目。

资料来源：《东亚经贸新闻》，2013 年 3 月 27 日，第 04 版。

思考：大学生在创业过程中具有怎样的创新创业思路易于取得成功？

创业者与创业团队

第六章

课程思政

通过“创业者及创业动机”相关知识教学，引导学生树立正确的创业观，提升学生的创新思维能力和创新能力，强化学生的社会责任感；通过“创业团队”相关知识教学，引导学生认识到自己应为社会的进步和发展承担责任，充分释放自己的创新潜力。

学习重点和难点

重点：创业者的特征；创业团队的组建过程；创业精神与团队精神。

难点：创业者的社会责任。

习近平总书记在2020年企业家座谈会上指出："改革开放以来，一大批有胆识、勇创新的企业家茁壮成长，形成了具有鲜明时代特征、民族特色、世界水准的中国企业家队伍。企业家要带领企业战胜当前的困难，走向更辉煌的未来，就要在爱国、创新、诚信、社会责任和国际视野等方面不断提升自己，努力成为新时代构建新发展格局、建设现代化经济体系、推动高质量发展的生力军。"

创业者是创业实践活动的主体要素，对创业者的概念范畴、素质结构及不同类型的创业者的特征等进行深入的研究，是创业理论研究的重要内容。对于创业者的一些基本行为特征和素质要求有初步了解和认识，有助于在校大学生对照创业者的素质要求，强化对自身能力和素质的培养，为将来投身于创业实践活动奠定坚实的基础。创业是一种高强度的活动，创业者要进行市场的分析、项目的评估、资金的筹集、风险的管理等多项工作，这些工作需要一个有共同追求且能力互补的团队协调完成。所以，拥有高度匹配的创业团队也是创业的关键要素。

第一节 创业者及创业动机

学习目标

1.掌握创业者的概念和类型。
2.了解创业者应具备的能力和素质。
3.了解创业动机的特征和类型。

一、创业者的概念与类型

（一）创业者的概念界定

创业者的定义分为狭义和广义两种。狭义的创业者是指参与创业活动的核心人员。当今的创业活动，对技术的要求越来越高，如果没有拥有核心技术的专家，很多创业无法进行，故拥有核心技术的专家理应成为创业者。事实上，很多创业活动最早都是由拥有某项特定技术成果的专家发起的。广义的创业者是指参与创业活动的全部人员。在创业过程中，狭义的创业者将比广义的创业者承担更大的风险，但会获得更多的收益。

创业者往往具有以下特征。

（1）努力工作。创业者一般都精力旺盛，拥有健康的身体和充沛的脑力，事业心和责任心极强，他们关注工作效率和结果，为追求成功，不辞辛苦，全身心地投入工作。

（2）自信热忱。创业者在工作中的言谈和处事都表现得自信，面对困难从不气馁。热忱是事业成功的基石，特别是在失败后重新站起时，热忱可让人干好想干的事。

（3）目标明确。创业行为的突出特点是基于个人爱好且目标明确。创业者先定好目标，再进行创业知识结构的初步构建，然后以复利的方式积累知识，通过长期的思考和计划，坚持实践，最终获得成功。华特·迪士尼为了实现建造"地球最欢乐之地"的目标，四处融资，被拒绝了302次之多。人们普遍认为他的想法怪异，但他有远见、有决心，能持之以恒，最终实现了目标，让游客享受到了前所未有的"迪士尼欢乐"。

(4) 赢得财富。创业者追求财富，这种力量会激励他们了解财富的运作规律并将这种规律为己所用。

(5) 持之以恒。创业者多表现出坚定、执着、专注，他们能够在逆境中坚持不懈，认准一事情就会持之以恒地去做，遇到困难绝不轻易放弃。持之以恒是事业成功的重要因素之一。

(二) 创业者的类型

创业是创建企业的过程。创业者按照不同的标准，有不同的分类。

(1) 按照创业主体划分，创业者可以分为勤奋型创业者、智慧型创业者、关系型创业者、机会型创业者和冒险型创业者。

(2) 按创业活动的主体类型划分，创业者可以分为酝酿者，指正式行动前的创业者，即考虑创建新企业的个体；初学者，指从没有过创业经历的创业者，即成为一个企业的创始人、继承人或购买者之前没有企业创办经历的个体；熟练者，指习惯性创业者，即创业前有企业经历的个体；持续者，指连续创业的创业者，即在出售或关闭原有企业后，继承、建立或购买另一家企业的个体；拓展者，即组合型创业者，指在保留原有企业的情况下，又继承、建立或购买另一家企业的个体。

(3) 按照创业内容划分，创业者可以分为生产型创业者、管理型创业者、市场型创业者、科技型创业者和金融型创业者。

(4) 按创业者的创业动机划分，创业者可以分为生存型创业者、投资型创业者和事业型创业者。

①生存型创业者。生存型创业者是指迫于生存的压力或为了改善自己的生活条件，从创办一个规模较小的实体开始创业的个体。这类创业者大多数是下岗工人、失去土地或因种种因素不愿守乡的农民，以及刚刚毕业找不到工作的大学生。这是目前中国数量最大的一批创业人群。

一些学者把生存型创业者的特点归纳为“简单复制”，原因在于生存型创业者创办企业的动机并不是实现自我价值，也不是为了化解社会现有冲突，而是为了解决自身的生存危机，例如失地农民、转业军人、下岗工人等，这类创业者在选择创业领域时多集中在小规模的商业贸易、技术含量较低的加工业或进入成本较低的电商市场等。

②投资型创业者。投资型创业者是指已经拥有了一定的经济基础和实力，为了获得更多的财富而进行创业的人群。这类创业者一般是创业之前聚集了大量资源的人。他们在适当的时机创业，实际上是将过去聚集的资源变现，将无形资源变现为有形的货币。

③事业型创业者。事业型创业者的目的是寻求更好的发展机会，实现自己的人生价值，他们把创业当成自己毕生的事业来做。这类创业者是创业者中的佼佼者，他们通常是谋定而后动，不打无准备之仗。他们或是掌握资源，或是拥有技术，更关键的是他们把创业作为实现自己人生理想的途径，从不轻言放弃。

二、创业者素质及能力需求

从一定程度上来说，创业者良好的素质是开启成功之门的金钥匙。创业者是积极寻找创新机会的人，置身于创业过程核心的个人或者团体，是创业的主体。创业者一般需具备以下几个方面的素质。

(一) 创业者要具备敏锐的观察力

创业者必须具备敏锐的观察力，能够识别创业机会。创业者要和形形色色的人打交道，因此要能审时度势，透过现象看本质——用敏锐的观察力区别是非、辨别真伪、预测未来。

(二) 创业者要有独到的管理能力

创业者必须设计相应的战略以引导对社会资源的利用，所以必须要有独到的管理能力。如果创业者无法设计对应的战略或者无法正确引导，企业就不能对社会资源进行有效利用，创业者具有独到的管理能力，建立起良好严谨的管理体制，能使企业散发活力，充满生命力，从而形成优秀的企业文化。

（三）创业者须具备独立性、好胜心、求异性、坚韧性等素质能力

1.独立性

一个能够实现自我的人应具有极强的独立性。他敢于展现自我，实现自己的想法。现在大学生中有的人误认为独立就是彰显个性，就是标新立异，于是将大量时间与精力用在改变自己的外表上，如理一个不同寻常的发型、染鲜艳夺目的发色或者穿与众不同的衣服……实际上，盲目地跟风，没有自己的判断，恰恰失去了自己的个性。真正决定创业的人，首先要从思想上独立，承认专家权威的存在，但不盲目听从他们的建议，要用自己的头脑去独立地思考。凡是不合适的，不论是谁说的，都可以不采纳。创业者要学会用自己的大脑去判断事物的进程和发展。

2.好胜心

好胜心是指一个人对自己非常有信心，积极与别人竞争并追求成功的喜悦。好胜心可以看作是独立性的另一侧面，有胆识、有魄力的人，喜欢用自己的头脑去思考且勇于去证明自己是正确的。这就是强烈的好强好胜心理，也是创业者奋斗的力量所在。创业者追求胜利，但并不到处招摇，不用自己的成功去攻击别人、嘲笑别人。

3.求异性

创业者一定要善于另辟蹊径，无论是产品生产还是包装设计，无论是营销方式还是售后服务，都应与竞争对手有差异。创业者有极强的求异追求，是其积极进取、蓬勃向上的动力。

4.坚韧性

创业的道路上肯定会有失败，在面临一次又一次失败的打击时，创业者要以坚韧不拔的精神去坚持，要凭顽强的毅力去承受。更为重要的是，创业者在重重打击之下绝不能丧失前进的信心和勇气，在认真总结经验教训之后，要再一次奋勇而起。

除此之外，创业者还需要心胸开阔、诚实守信。创业需要集体的力量，因此创业者必须能接受员工的所有优点和缺点。同时，创业者与客户做生意需要诚实守信，不然客户就会选择与其他人合作。创业绝非一件轻松容易的事，创业者要坚守自己的执着，即使失败也可以重新来过，在面对各种各样的诱惑时，要能够克制住自己。

（四）创业者必须具有实施计划的能力

如果无法亲自实施自己的计划，那只能算是一个策划者而不是创业者。创业者在工作中不需要事必躬亲，面面俱到，但是必须具有实施自己计划的能力，而扎实的专业知识、精湛的专业技能是保证自己在业内游刃有余的必备条件。

（五）创业者必须从创业中获得相应的经济收益

创业者不是慈善家，毫无疑问要获得经济回报，当然，这个回报可以是有形的，也可以是无形的。创业者不能不计回报做某些事，要区分创业和公益的立场。创业是创业，公益是公益。创业是为了更好地做公益，而做公益未必一定需要创业。两者之间的关系，一定要处理好。

三、创业动机及其主要类型

（一）创业动机

创业动机是激发和维持创业者进行创业活动的动力，是创业者坚持不懈、最终实现创业梦想的原

始激励，是创业者由于个体的需要在创业时确立的愿景或目标。创业动机激发和调节创业者的创业活动，并引导和鼓励其为实现创业梦想而努力行动。企业家创业动机是指企业家通过经营企业想要实现的目标，企业家的目标决定了企业家的行为模式，并且间接地决定了创业能否成功。对于企业家创业动机更充分的洞察，有助于更好地理解企业家的行为模式和这些模式对公司业绩的影响。

创业动机是形成和推动创业行为的内驱力，是产生创业行为的前提和基础。一般而言，创业者的创业动机可概括为以下三点。

1.创造价值

真正的创业者总在设法找到一种独特的解决方案，使现有的问题得到更好、更经济的解决，并在此过程中为社会创造出真正的价值。相反，有些所谓的创业者却利用社会的某些热点和概念，以较高的溢价来吸引投资，他们并不真正关心自己所经营的企业能否创造出价值。创业是一个艰苦而富有挑战的过程，需要创业者踏踏实实地落实产品、定位市场，真真正正地创造价值，否则，企业只能是昙花一现，最终被市场抛弃。

2.盈利

创业者在追求创造价值的同时，必须要实现盈利。只有维持并提升企业的盈利能力，企业才有可能得以生存和发展壮大，否则只会无端地耗费社会财富。因而，创业者在经营企业的同时，必须不断审视自己的商业模式能否盈利，手中是否有足够的资金来维系企业的日常运转，手中最赚钱的产品是什么，是否受到了潜在竞争对手的威胁，并思考如何开发新的产品，如何停产那些微利的产品或者亏损的产品，如何拓展企业的规模，如何削减成本，如何促销，如何进行市场定位，如何融资等一系列的问题。

3.实现自由

创业的另一个动机是追求自由。在创业过程中，创业者能够自主支配自己的时间、控制自己的工作节奏。但是，自由是有代价的，代价就是未来的不确定性，特别是财务的不确定性和现金流的不确定性。但是真正的创业者愿意接受这些不确定性，因为他们确信自己有能力来解决创业过程中遇到的不确定问题。

（二）创业动机的类型

根据马斯洛需求层次理论，创业者的创业动机可以分为以下五类。

1.生存的需要

一部分人为了实现最基本的生存，或因不满足目前的生存状态而进行创业。通过创业可以获得个人收入，并可以不依赖他人而独立地生存。从某种意义上讲，创业是一种生活方式。

2.安全的需要

通过创业，可以增加个人收入，不用担心失业，实现人身自由和自我雇用，并可以规划自己的职业生涯。

3.社会和他人的需要

一部分人创业，是为了获取更多的收入来帮助他人渡过难关，或通过开发和应用某种产品或某项服务来解决社会的某方面问题。

4.尊重的需要

成功的创业可以向世人证明自己的能力，并得到公众的认可，从而获得成就感，实现被他人尊重的目标。

5.自我实现的需要

心理学研究表明，25～29 岁是创造力最为活跃的时期，这个年龄段的青年正处于创造力的觉醒时期，对创新充满了渴望和憧憬。他们思维活跃、创新意识强烈，同时所受的约束和束缚较少。按照奥尔德弗的 ERG 理论，他们对成长的渴望也更为强烈。另外，大学生所处的环境使其容易接触一些新的发明和学术上的新成果，或者他们中的一部分人本身已拥有具自主知识产权的科研成果。为了能早日实现成功的目标，他们开始了自己的创业生涯。按照 ERG 理论，人的需求分为生存需要、关系需要和成长需要。这三种需要并不一定按照严格的由低向高的顺序发展，可以越级。随着年龄的增长，当代大学生对于关系和成长的需要逐渐强烈。一部分大学生为了增加自己的实践经验，丰富自己的社会阅历，或者为了自己以后的发展，或者为了实现自己的某个目标做好经济上的准备，在条件成熟的情况下也会利用课余时间走上创业的道路。这类创业者往往以锻炼为目的，承受失败的能力较强，同时由于压力较小，失败和半途而废的比例也比较高。

第二节 创业团队

1.理解创业团队的概念。
2.知悉创业团队的组建过程。

虽然“单打独斗”的创业者可以获得创业成功，但是团队创业能够创造出更伟大的事业（例如唐僧取经团队）。事实上，管理一个团队，进而创办一家企业的难度相较于个人奋斗创业的难度更高。理由也是显而易见的。个体创业时，只需要进行个人决策，关注于事业本身即可；而团队创业时涉及的团队人员越多，团队带领者所需要联结的人和事物会越多，需要考虑的问题也会越多。

当然，团队具有强大的创业优势。团队能够帮助个人弥补自身的不足，而且整体的力量也会更大。任何一个团队都不单单是人数的累加。当团队目标一致时，产生的力量远大于个体力量的总和。对于创业而言，到底是有团队好，还是没有团队好？这是创业者面临的选择。因此，客观清晰地了解创业团队的种种信息，有助于创业者做出正确的选择。

一、创业团队的含义及作用

（一）团队与创业团队

所谓团队，是指一些才能互补、团结和谐并为负有的共同责任而奉献的群体。狭义层面的创业团队指的是由两个或两个以上拥有相同创业目标，共享创业收益，共担创业风险，共同承担创业责任的人组成的工作团队。广义层面的创业团队除了包括狭义层面的创业人员，还包括创业过程中的各种利益相关者，如风险投资家、供应商、代理商等。团队不仅强调个人的工作成果，更强调团队的整体业绩，而且团队的业绩应超过成员个人业绩的总和，即团队大于各部分之和。因此，团队既不同于传统的部门结构或其他形式的稳定性群体，也不同于一般性群体，它是一种特殊类型的群体。团队与传统的部门结构或其他形式的稳定性群体相比所具有的优点主要在于：第一，它可以使不同的任务同时进行，而不是顺序进行，从而大大节省完成总任务的时间；第二，它可以迅速地组合、重组和解散；第三，它可以由团队成员自我调节、相互约束，促进成员参与决策过程，民主氛围浓厚，并且削减组织中的某些中层管理职能。

团队是一个群体，但并不是所有的群体都是团队，团队是一种特殊类型的群体。团队作为一种特殊类型的群体，与其他类型的群体相比，主要区别在于：第一，目标不同。团队的目标是获得协同效应，即团队追求的是大于个体成员绩效总和的绩效，而群体追求的只是个体成员绩效的简单相加。第二，互动性质不同。团队各成员之间是一种积极的、有创造性的互动配合关系，而群体成员的配合只是简单的合作。第三，责任不同。团队的责任既是具体化到每个成员身上的个体责任，又是团队共同的责任，而群体的责任是个体化的。第四，技能不同。团队各成员的技能是高度互补的，而群体成员的技能体现为个性化。因此，仅仅把工作群体换一种称呼，改称团队，而不从深层次上对组织进行改造，并不能提高组织的绩效。

所谓创业团队，是指在创业过程中，一些才能互补并负有共同责任，有共同的价值观，愿为同一创业目标而奉献的少数人员的集合。创业团队是整个创业过程中最重要的基础。一个好的创业团队对新创企业起着举足轻重的作用。新创企业的发展潜力与创业团队有着十分密切的联系。能否建立一支高效出色的创业团队，是新创企业成败的关键。高效出色的创业团队一般具有如下特点：第一，目标一致。有效的团队一定有一个大家共同追求的、有意义的目标，它能够为团队成员指引方向，提供推动力，让团队成员愿意为它贡献力量。第二，执行有力。团队成员不仅要有共同的目标愿景，还要有统一的行动纲领和行为准则。第三，承担责任。团队成员必须对团队的绩效负责，为实现团队的共同目标、承担各自的责任。第四，团结协作。团队成员之间应该相互支持，彼此之间坦诚相待，相互信任，为实现团队目标齐心协力，努力工作。第五，技能互补。各项技能的有效综合是团队成功的关键。团队应依据实现既定目标的需要，吸收各类技术人才，并能使各类技术人才的技能得到互补。第六，反应迅速。团队应该着眼于未来，视变更为发展契机，把握机遇，伺机而动，以适应内外环境变化的需要。

创业团队应该具有较强的资源整合能力，能通过团队成员之间的技能互补来提高驾驭环境不确定性的能力，从而降低新创企业经营风险，增加创业成功的概率。其中，高科技产业的创业团队具有下列共同特征：①创业团队往往是 3～5 人的团队组合，而非个人；②创业团队创业前的经验能迅速迁移进入新的事业领域；③创业团队以专业技术为取才之标准。

（二）创业团队的作用

从能力的角度看，通常进入某个行业所要求具备的能力远高于某个创业者个人所拥有的能力。因此，为了成功地创办一家企业，就需要一个成员能力互补的创业团队。大量的实证研究表明，团队创办的企业存活率明显高于个人创办的企业，且成长性更好，而企业高层对于企业的创办、生存和发展最为重要。

没有团队的新创企业不一定失败。但是，没有团队，个人独自创办一家潜力十足的企业是极其困难的。拥有高素质创业团队的新创企业，成员之间不仅可以取长补短，而且能拥有更多的资源、更广阔的视野和更强的能力，这样企业就会有更强的吸引私人资本和风险投资的能力，从而具有巨大的发展潜力。

二、创业团队的 5P 要素

创业团队需具备 5 个不可或缺的元素，称为 5P：目标，是创业团队的前进方向；人，是构成创业团队最核心的力量；定位，创业团队对于自身的评估；权限，在创业团队当中领导人的权力大小与其团队的发展阶段和创业实体所在行业相关；计划，一种是指达到目标的具体工作程序，另一种是指规划部署。

1.目标（Purpose）

创业团队应该有一个既定的共同目标，为团队成员导航，让大家知道要向何处去。没有共同目标，这个团队就没有存在的价值。目标在创业企业的管理中以企业的愿景和战略的形式体现，比如巨人集团的创业团队在创业初期的共同目标就是建立一家极具实力的计算机企业。

2.人（People）

人是构成创业团队最核心的力量，在一个创业团队中，人力资源是所有创业资源中最活跃、最重要的资源。充分调动创业者的各种资源和能力，将人力资源进一步转化为人力资本是非常重要的。在一个团队中需要有人出主意，有人订计划，有人部署实施，有人协调团队成员一起去工作，还得有人监督创业团队工作的进展、评价创业团队最终的贡献。不同的人要通过分工来共同完成创业团队的目标任务，因此在团队成员选择方面要考虑人员的能力如何、技能是否互补、人员的经验如何等诸多方面的内容。

3.定位（Place）

创业团队的定位包含两层意思。第一，创业团队在企业中处于什么位置，由谁选择和决定团队的成员，创业团队最终应对谁负责，创业团队采取什么方式激励下属。第二，团队成员在整个团队中应扮演什么角色，如是制订计划还是具体实施或评估。

4.权限（Power）

创业团队当中领导人的权力大小与其团队的发展阶段和创业实体所在行业相关。一般来说，创业团队越成熟，领导者所拥有的权力相应越小，而在创业团队发展的初期阶段，领导权相对比较集中。高科技企业多数是实行民主的管理方式。

5.计划（Plan）

想要最终实现目标，需要事先确立一系列具体的行动方案。按计划推进，克服创业过程中遇到的各种困难，创业团队才能一步一步地贴近目标，从而最终实现目标。

三、高效创业团队的基本特征

组成团队与管理团队是成功的创业者需要具备的重要能力。首先，创业者需要提出一套能够凝聚人心的远景规划与经营理念，在团队中形成共同目标与文化。其次，一个成功的创业者还需要懂得如何管理团队，具备领导团队协作的能力。

高效的创业团队应该具备以下特征。

1.形成凝聚力与一体感

高效的创业团队应是一体的，团队成员能够同甘共苦，经营成果能够被大家公平且合理地分享，团队有很强的凝聚力。

2.团队利益至上

每一位成员都应将团队利益置于个人利益之上，并且充分认识到，个人利益是建立在团队利益基础上的，团队中每一位成员的价值都表现为其对团队整体价值的贡献。

3.坚守基本经营原则

高效的创业团队应坚守顾客第一、质量至上、诚信无欺等基本经营与诚信原则。

4.成员忠诚度高

在高效的创业团队中，每一位成员均能理解企业在成功之前将会面临一段艰苦的挑战，承诺不会

因为一时的利益或困难而退出。

5.成员不计较眼前得失

在高效的创业团队中，团队成员不会计较短期薪金、福利、津贴，而是把目标放在创业成功后的利益分享上。

6.成员全心致力于创造新企业的价值

在高效的创业团队中，团队成员一致认为创造新企业的价值才是创业活动的主要目标，因此他们承诺致力于实现这样的目标，并认识到唯有新企业不断增值，所有成员才有可能分享到其中的利益。

7.合理进行股权分配

平均主义并非合理，创业团队成员的股权分配不一定要均等，但一定要合理、透明、公平。通常创始人与主要贡献者会拥有比较多的股权，但只要与他们所创造的价值和对企业的贡献相匹配，就是一种合理的股权分配。

8.形成公平且有一定弹性的利益分配机制

创业之初的股权分配与创业过程中各成员的贡献往往不一致，常会发生某些具有显著贡献的团队成员拥有的股权较少，贡献与报酬不一致的不公平现象。因此，高效的创业团队需要有一套公平且有一定弹性的利益分配机制，避免出现上述不公平的现象。

9.经营成果合理分享

高效的创业团队能将经营成果与所有有贡献的团队成员合理分享。

10.成员间能力互补

高效的创业团队，成员间的能力通常都能形成良好的互补，而这种能力互补有助于强化团队成员间彼此的合作。当然，创业团队的创建不是一蹴而就的，而是在新企业发展过程中逐渐孕育形成的。在这一过程中，创业团队成员也可能因为理念不合等与他人分道扬镳或吸收新鲜血液。因此，创业者必须重视如何发展创业团队的问题，并有意识地培养自己在这方面的能力。

四、创业团队的结构与类型

（一）创业团队的结构

创业团队的结构包括创业团队的角色结构、技能结构和权力结构，其中，技能结构是创业团队的基础，角色结构和权力结构是创业团队技能发挥作用的基础和手段。

1.角色结构

创业团队的角色结构是指因创业个体在创业企业扮演不同角色而形成的人物结构。新创企业的成功与创业者管理团队的完整程度有很大关联性。贝尔宾（Belbin）提出了著名的团队角色理论，他认为团队中成员的角色构成以及团队成员之间的相互关系影响团队的构成，团队的构成又会影响到团队的绩效。所以，创业团队角色结构的完整性对创业企业的绩效具有重要影响。根据贝尔宾的理论，一个成功的创业团队往往需要塑造者、执行者、完成者、领导者、协调者等9种角色，见表6-1。其中塑造者、执行者和完成者属于行动导向型角色，领导者、协作者和资源调查者属于人际取向型角色，创新者、监控评估者和专家属于劳心劳智型角色。

表 6-1 创业团队中的 9 种角色

行为聚类	团队角色	优势	特点
行动导向型角色	塑造者	为团队带来动力，勇于挑战，直面压力	易受挑衅；有冒犯他人之倾向；在追求团队目标的过程中，往往表现出一种挑战、辩驳、反对及进攻的姿态；一个团队中若存在 2～3 个这样的角色，极容易导致内部冲突
	执行者	保守稳健，富有效率	较缺乏弹性，趋于保守；对可能发生的新情况反应迟钝
	完成者	严谨，勤勤恳恳，满怀热情	易焦虑，不愿授权任务
人际取向型角色	领导者	成熟，充满自信，好舵手	趋于操控别人，无个人工作任务；就团队整体而言，他可能并无过人之处，在智力方面也不突出
	协作者	温和有度，富有内涵及交际技能	在遇到困难时他往往会表现为犹豫不决，如危机来临时，他不愿采取对他人会造成伤害的行动
	资源调查者	热情，外向主动，性喜沟通	过分乐观；热情过后往往兴趣全无；他往往不会有原创性的主张和意见
劳心劳智型角色	创新者	有创新意识，敢想敢干，不拘成规	细枝末节往往不在他的视野之内；太过执拗于一己之见，不能有效与他人沟通；易陷于他人的争论之中
	监控评估者	沉稳冷静，有远见卓识，有战略眼光	缺乏鼓舞团队其他成员的动力和能力；易于吹毛求疵，让团队其他成员感到厌烦；在团队中往往居于高位
	专家	(由贝尔宾在 1988 年补充加入) 具有特殊技能；一心一意，自我激发	在狭隘的专门领域内为团队出力；专业性过强；心无旁骛，对团队中的他人他事缺乏兴趣

2.技能结构

创业团队的技能结构是创业团队成员所具备技能的集体特征。团队的技能结构是团队结构的重要变量之一，创业团队成员如果在技能、知识和能力上互补，便会提高团队绩效。创业团队成员职能分工必须明晰，要有技术、市场和生产方面的技能人才，如果团队某一方面技能缺失，则可能会降低团队的绩效。一般认为，技术、市场、生产管理和营销方面的技能是创业团队的必备技能。

然而，有相当一部分创业团队由亲戚、朋友、同事或同学组成，即产生于现存的各种社会关系，这样的创业团队通常没有考虑成员之间的能力是否互补，是否能支持新企业正常运作。Chandler 等通过访谈发现，对于创业团队中所缺失的能力，大部分团队是通过“干中学”或直接从外部招募所需人才的方式来予以解决的。

创业团队成员技能的发挥也受其所扮演的角色及拥有的权力影响，如果技能与角色、权力相互匹配，就能实现才尽其用，即创业团队成员技能的适应性也是影响创业团队绩效的因素。

3.权力结构

创业团队的权力结构是指创业团队权力的配置和权力之间的相互关系。创业团队的权力分配影响团队的组成和稳定性，也是创业团队结构研究要考虑的重要变量之一。在创业团队中领导者和普通成员的角色不同，因为团队工作效率更有赖于领导者的角色，所以领导者成为团队中权力的中心。创业团队的权力分配是组建创业团队时需要解决的主要问题之一，也是团队组建完成后保证团队稳定性需要面对的问题。

创业团队权力的分配主要有平等的权力分配、依据股份多少的权力分配和依据团队贡献度大小的权力分配三种方式。平等的权力分配方式是指所有的团队成员平等地分配团队的权力。这种分配方式在实际商业活动中基本是不存在的，因为团队也是具有层级结构的，领导者和普通成员处于不同层次，因此成员个体对团队的作用和影响是不一样的。依据股份多少来分配权力，即依据团队成员所占的股份来分配权力。目前，大量的创业团队是依据团队成员所占的股份来分配权力的，新创企业成立的时候需要各方的资源注入，可以将成员提供的资源折算成股份作为分配权力的依据。依据团队贡献度大小来分配权力，即以团队成员对团队的贡献度大小为权力分配的依据。目前，大量学者认为依据团队成员的贡献度大小来分配权力是最为合理的，其可以有效地激励团队成员的积极性。一个成功的创业团队，往往具有技能结构完善、角色结构完善和权力配置科学的特点。

（二）创业团队的类型

创业团队可从不同的角度、层次和结构来划分类型。依据创业者的角色可以将创业团队分为两种类型：第一种是某个具备一定素质的创业者创建企业，而其他的团队成员接受作为从属管理者的角色；第二种是几个志同道合的个体组成创业团队，他们分别负责新企业创建中不同领域的任务，并能够整合资源和相互协商。

依据创业团队成员之间的关系，可将其分为星状创业团队、网状创业团队、虚拟星状创业团队三种类型，如表 6 - 2 所列。

表 6 - 2 创业团队的类型及特点

类型	特点
星状创业团队	（1）组织结构紧密，向心力强； （2）决策程序相对简单，组织效率较高； （3）权力过分集中，易使决策失误的风险加大； （4）当团队成员和主导人物发生严重冲突时，由于团队成员处于被动地位，所以一般都会选择离开团队，对组织的影响较大
网状创业团队	（1）团队没有明显的核心，整体结构较为松散； （2）集体决策的方式使组织的决策效率相对较低； （3）容易在组织中形成多头领导的局面； （4）团队成员之间用平等协商的方式积极解决冲突，结构稳定，但一旦冲突升级，某些团队成员的撤出易导致整个团队涣散
虚拟星状创业团队	在团队中，有一个核心成员，但是该核心成员地位的确立是团队成员协商的结果，因此核心成员从某种意义上说是整个团队的代言人，而不是主导型人物，其在团队中的行为必须充分考虑其他团队成员的意见，其不如星状创业团队中的核心主导人物那样有权威

大学生创新创业能力如何培养？专家指出重在三类高阶能力上发力

当前，大学课堂引入创业创新教育已成共识和潮流，但在实践中融资难、经验少、服务不到位等问题仍不容忽视。“创业是创造与运营企业的活动，必然需要创业者具备完成企业任务的经验与能力。”教育部创新创业教育指导委员会委员、万学教育董事长张锐博士认为，由于应届毕业大学生的企业工作经历往往很少，因此创业所需经验与能力比较薄弱。而创业团队的能力又是投资考察决策的重要指标，并且常态校园环境既与各种融资渠道相距较远，所以获得投资与服务的难度相对更大。

落实落细减税降费政策、加大中央高校教育教学改革专项资金支持力度、引导创新创业平台投资基金和社会资本参与大学生创业项目……《意见》(《关于进一步支持大学生创新创业的指导意见》)提出，“推动落实大学生创新创业财税扶持政策”“解决大学生创业融资难题”。

“十多项科学落地的具体措施，构建了资源条件大幅优化的创新创业环境，提供了高校锤炼创新创业能力的新型教学实训体系，连通了创新创业深度服务矩阵、多元融资渠道和科研转化平台。”专家认为，《意见》的出台，既设定了兼具实效性和先进性的实施工作步骤，又整合配置了落实各项工作的社会要素，将起到升级大学生创新创业驱动模式的良好作用，也将为大学生创新创业注入强劲新动能。

《意见》提出，加强大学生创新创业服务平台建设，建强高校创新创业实践平台。业内人士表示，近年来，连续成功举办多次的中国国际“互联网+”大学生创新创业大赛是实现“投资”与“投智”双赢的有益案例。以赛促教、以赛促学、以赛促创，丰富的竞赛形式和内容让大赛成为大学生们干事创业的大舞台。一方面，大赛以产业与学科的高标准，推动广大学子从学习知识走向真正创造社会价值的阶段。另一方面，大赛以创新的模式，优化集成了促进学业与职业发展的完备要素，构造了一个先进的教育与实践系统，大幅提高了人才培养的效率和质量，推动了人才培养范式的变革，对大学生的思想品德和创业就业都产生了深层次促进作用。

资料来源：https://www.hnmsw.com/show_article_167717.html。

五、创业团队组建的具体过程

创业团队的组建是一项复杂的工程。创业项目类型不同，所需团队也不一样。概括来讲，组建程序如下。

（一）明确创业目标

无论是技术、市场还是组织、管理，创业目标反映着企业从无到有、从起步到成熟的全过程。创业者首先要制定一个总体目标，然后设定不同阶段的若干子目标，以使创业活动有序而且有动力地开展。

（二）制订创业计划

创业计划是指详细说明目标如何一步一步实现，它能保障创业活动顺利开展，引导创业者向着胜利的彼岸航行。

（三）吸纳创业成员

这是组建创业团队中最为关键的一步。吸纳创业成员，打造优秀团队应注意两个方面：一要优势互补；二要规模适度。创业实践表明，团队成员过少则无法实现优势互补，过多又常常导致决策缓慢、延误进度甚至削弱团队战斗力。一般认为，创业团队以3～5人为佳。

（四）进行职权划分

职权划分是实现目标、实施计划的必要条件。创业者必须按照创业团队成员的能力、性格等进行合适的职权划分，要人尽其才、才尽其用；要权责明确，避免权力交叉和重复；还要根据环境变化、事情变化和成员表现对其职权做适当调整，这样，才能保障创业活动的顺利开展。

（五）构建制度体系

一方面是约束制度，包括纪律条例、组织条例、财务条例、保密条例等，这有利于维持稳定；另一方面是激励机制，包括利益分配方案、奖惩制度、考核标准、激励措施等，这有利于调动成员的积极性，最大限度地发挥团队成员的作用。

（六）调整融合团队

创业成功并非一朝一夕之功，随着创业活动的开展，团队组建之初在职权划分、制度设计等方面的弊端会逐渐暴露，这时就需要对团队进行调整。

优秀的创业团队必须具备以下几点。

1.知识结构合理

在组建创业团队时，必须重点关注成员的知识结构，技术、管理、市场、销售等人才不可缺失，鼓励成员充分发挥个人的知识和经验的优势。

2.能力、性格互补

团队成员的能力和性格应具有互补性，并将它们安排在最合适的岗位上。要注意成员的性格与看问题的角度，如果一个团队里有不断地发现问题并提出可行性建议的成员，那么对于创业而言大有裨益。而成员的个性冲突会导致成熟、稳定的企业出现激烈的矛盾，甚至导致团队分裂。

3.价值观念相近

创业团队成员的价值观念和道德品质决定了企业文化的形成。价值观念相近、个人素质较高的人组成的团队，创业成功的可能性更大。

4.目标统一

团队要有共同的目标，只有具有统一的目标才会有共同的责任，才能让每个成员具有集体荣誉感和归属感，从而形成较强的企业竞争力和凝聚力。

5.利益分享

团队成员在工作上要保持高度默契，在利益分配方面应是共同体，这样才能使所有成员锚定方向，为企业创造更多的价值。

6.奖罚分明

对员工的工作业绩要定期进行考核，奖罚分明。同时企业要制订一份员工能力发展计划，帮助员工在工作、培训中不断提高综合素质，这种待遇有时候比丰厚的薪酬更能吸引高素质的员工。

六、团队管理策略

在创业之初，应该通过企业章程或协议的方式，确定企业的发展目标、业务领域、出资及退股的原则、利润分配的原则、问题解决的办法等。特别是新创企业一定要有长远的“利益分配机制”，不仅要充分照顾到现有团队成员的利益，还要考虑吸收新的成员后的股份再分配。

（一）实行控股制

一开始，创业团队的成员是因为有一致的想法走到一起的，但在创业的过程中，大家的意见不可能永远一致。如何处理发展过程中的不一致，其实就是合作的关键。现实又有效的办法就是实行控股制，不能统一的意见就由控股方来拍板。这实际上也实现了在管理中的统一指挥，避免了由于意见分歧而导致团队力量分化的不良影响。

（二）合作之初确定进入和退出机制

人与人之间的理解总是相对的。企业不管是繁荣了，还是衰败了，站在不同的立场都有说不完的进入和退出的理由。有些看似大家心领神会的规则，如没有明文规定，都只是存在于人们意识形态中的理解。在创业之初明文确定进入和退出机制，能保证大家在分享时不妒忌，在分担时不抱怨。

（三）及时分配，不拖欠

多数创业团队的核心成员会把经营企业当作自己的一项事业。他们不会去计较眼前利益的得失，往往将个人的眼前利益暂时搁置。在分配利益时，会留一些后备资金。但作为创业者，应及时给员工支付报酬和奖金，这不只是一个法律要求，也更是对员工辛勤付出、贡献的认可。

课后习题

扫一扫

线上测试

一、单选题

1.创业的第一个前提是（　　）。

A.有资源　　B.能直面创业中的风险和困难

C.有人脉　　D.有背景

2.创业者具备的特征的是（　　）。

A.人际关系的协调才能　　B.开拓创新的才能

C.组织管理的才能　　D.都包括

3.马斯洛认为，创业者的创业动机是由（　　）种需要构成的，由低级的需要开始进展到高级需要，呈阶梯状。

A.四　　B.十　　C.五　　D.七

4.创业团队的构成要素中，5P 指的是 Place（定位）、Power（权限）、Purpose（目标）、Plan（计划）和（　　）。

A.Persistence（坚持）　　B.Patience（耐心）

C.Passion（激情）　　D.People（人）

5.一个高效的创业团队的基本特征不包括（　　）。

A.一致的观点和兴趣　　B.合理的股权分配

C.专业能力的完美搭配　　D.坚守基本经营原则

6.在动物界，羚羊与斑马同时被狮子追逐攻击时，羊虽然跑得更快，但总是死得比斑马更多。这是因为斑马面对危险时，总会围成一个圈，用它们有力的后蹄来攻击狮子。这种现象告诉我们，创业时团队非常重要。下面有关“创业团队”的说法中，错误的是（　　）。

A.创业团队是有着共同目的、共享收益、共担风险的一群创业同仁

B.不仅包括狭义的创业团队，还包括创业过程中的部分利益相关者如资金提供方、价值链参与方等

C.优秀的团队对于创业成功起着决定性作用

D.创业团队的组建对于创业成功并不重要

二、判断题

1.狭义的创业者是指参与创业活动的所有人员。 ( )

2.创业团队不仅要重视研发，更要重视市场，市场是检验创业成果好坏的最终投票人。 ( )

3.创业活动的核心是创新，它可以促进经济体制的改革与深化，并将创造顺利带进组织。 ( )

4.爱迪生说："我并没有失败，我只是发现了 10 000 种行不通的方式。"由此可以总结出，"小步试错，快步迭代"的实验能力是创业者应具备的基本特征。 ( )

5.创业者只要拥有了健康的身体、雄厚的资本与良好的心态就必定可以创业成功，有没有较高的说服能力与危机意识并不重要。 ( )

三、思考题

1.创业一定要组成创业团队吗？团队创业的缺点是什么？

2.你认为管理好创业团队最重要的是什么？

3.思考案例

1996 年 11 月 10 日，在南京理工大学图书馆一楼举行的全国大学生课外科研成果转让签字仪式上，四川大学皮革工程专业女硕士生林炜与重庆农药化工集团公司副总经理杨世伦分别在转让合同书上签字，转让费高达 700 万元。林炜成功了。她成功的原因是什么？据媒体报道，最根本的原因是她认准目标、锲而不舍、勤奋刻苦的精神。

1995 年 3 月，林炜写本科毕业论文时，在成都一家工厂实习。她发现制革用的蒙囿型和高吸收型的两种鞣剂各有优点和缺陷。"能不能取二者之优研制一种新型鞣剂呢?"一个念头闪现出来。她请教了自己的导师张铭让教授，这位中国皮革领域的知名学者听后，极为赞赏，鼓励她试验。从当年暑假起，林炜就全身心地投入到课题之中。制皮革鞣剂产品，除了要在实验室研究，绝大部分工作要在实验基地和工厂中完成。这中间她曾经历多次失败与挫折。

1972 年林炜出生在一个工人家庭。她勤快，肯动脑筋，不怕脏和累，是公认的勤奋生。1995 年她考取硕博连读的研究生。为了她自己的课题研究，她常到成都郊县的一家皮革厂做实验，条件相当艰苦。为了不影响学业，她连续几年假期都泡在工厂，克服了常人难以想象的困难，干了甚至工人都怕干的苦活。林炜说："怕吃苦，什么也干不成。"

思考：林炜的成功说明了目标与动力对创业者的重要性，除此之外，你从案例中还能总结出哪些成功创业者的特质？

创业机会的识别与模式选择

第七章

课程思政

通过“创业机会识别”相关知识教学，使学生学会从市场变化中发现潜在的创业机会，培养其敏锐的市场洞察力和探索精神，激发学生的创新思维和创业激情；通过“创业机会评价”相关知识教学，引导学生正确看待创业过程中的风险和收益，提升学生根据评估结果做出合理决策的能力，培养学生的社会责任感和奉献精神；通过“创业商业模式开发”相关知识教学，引导学生树立正确的商业道德观念，培养其创新思维和解决问题的能力。

学习重点和难点

重点：创业机会识别；创业机会的来源、类型。

难点：有效识别并评价创业机会。

随着国家“双创”战略的深入实施，创业已成为促进中国经济社会进步和驱动创新要素发展的重要途径，越来越多的创业者怀着高昂的创业热情参与到创业活动中。创业是一项非常具有挑战性的社会活动，要求创业者具有开拓的思维方式、良好的人格魅力和出众的领导能力，并且需要创业者能够合理地利用所能调度的资源识别潜在的创业机会。显然，创业活动的这些要求对大学生创业者而言，是对其自身综合能力的巨大考验。

了解创业机会的概念、特征、类型，并对创业机会进行有效识别和评价，有助于创业者挖掘身边的商机，抓住可行机会，成功创业；也有助于创业者评估和管理机会风险，从而降低创业风险，提高创业成功的概率。此外，商业模式及其设计是商业机会取得成功的关键，只有找到合适的商业模式，并对之进行开发，才能实现创业目标。

第一节　创业机会识别

1.掌握创业机会的概念、特征和类型。
2.理解创业机会的一般来源。

创业行为始于市场机会，而不是资金、战略、网络、团队或创业计划。开始创业时，市场机会比资金、团队的才干和能力以及适合的资源更重要。商业创意来自创业机会的丰富和逻辑化，并最终演变为商业模式，好的商业模式具有对社会资源的极大整合能力。市场机会也称商业机会，是指有吸引力的、能实现某种商业盈利目的的、适时的商务活动的空间。

市场机会是个体决定是否创业必须考虑的要素，也是创业行为的起点。个体只有在发现市场机会后，才可能进一步考虑能否配置到必要的资源，并判断利用这个市场机会能否最终盈利，如果能够盈利，那么这个市场机会对于这个个体而言就成为创业机会，可以决定开始创业。

一、创业机会的内涵和构成要素

（一）创业机会的概念界定

创业机会的识别是创业的开端，也是创业的基础。创业机会是创业者可以利用的商业机会，通过把资源创造性地结合起来，满足市场及客户的需要。创业机会包含客观存在与主观感知的双重含义：一是由于市场环境的变化，形成了非均衡的市场环境，产生了新的市场需求和商业机会，客观上要求把一种改进的或从未有过的关于生产要素和生产条件的“新组合”引入生产体系，因此创业机会是客观存在的；二是只有具有胆识、想象力和异质性知识的创业者才能主观感知各种客观存在的机会，并利用市场中的机会促使市场由非均衡趋向均衡，因此创业机会是主观感知的。

机会如果是客观存在的，创业者要做的就是努力搜集更多信息并辨别这些信息，从中识别创业机会。机会如果是主观感知的，创业者要做的就是努力创新，发现新的生产函数，从而创造价值。创业机会作为商业机会，在市场上同样表现出机会的特征，如具有公开性（任何创业机会，由于客观存在于市场而公开，因此每个创业者都有可能发现它）和时间性（机会本身含有机遇和时机之意，创业机会具有一定的时间性，如果在一定时间内创业者不利用，那么创业机会所具有的机会效益就会减弱）。

总之，创业机会是指具有较强吸引力的、较为持久的、有利于创业的商业机会，创业者可以利用创业机会为客户提供有价值的产品或服务，并同时使创业者自身获益。

（二）创业机会的特征与类型

1.创业机会的特征

（1）价值性。创业机会的价值性不仅体现在为顾客带来价值，也体现在为创业者带来经济价值和人生价值。一个创业机会往往收益与风险并存，只有收益大于风险，创业机会才具有价值性。

（2）吸引性。一个好的创业机会必定会对顾客产生强大的吸引力，只有满足顾客的某种需求，创业者才会获得丰厚的收益。

（3）可行性。也有学者将此特征称作可实践性。不少人认为“问题”就是机会，所以把“痛点”当作机会，这是不对的。实际上发现未解决的问题并不意味着找到了创业机会，而提出了解决问题的方案才算获得了创业机会，这是创业机会的可实践性。

创业者应运用 SWOT 分析方法，对自己的优势和劣势以及外部环境机会和威胁进行充分评估，对创业机会的可行性进行深入的论证，重点评估所拥有的人、财、物、时间、信息和技能等能否达到创业的要求，如果能够达到，则该创业机会可行。

（4）隐蔽性。机会是一种无形的事物，人们只能凭感觉意识到它的存在，而无法用视觉看到它。机会总是隐藏在社会现象的背后，其真相往往被掩盖，通常很难找到它的踪影。正如法国文学大师巴尔扎克所说：“机会女神总是披着面纱，难以让人看到她的真面目。”也正是因为机会具有隐蔽性特征，才使它在人们的心目中如此神秘和可贵。如果机会没有了隐蔽性，人们一眼便能看到它，一伸手就能摸到它，那么机会也就不称之为机会了。

（5）时效性。机会存在的时间是有期限的，在机会存续时间内发现并利用它才能促使创业成功。共享单车项目曾风靡全球。但到 2018 年，共享单车市场已过度饱和，不少相关公司纷纷倒闭或转行，这就表示共享单车的黄金发展期已经过去，机会之窗越来越小。

（6）前瞻性。实践决定了创业机会的预想机制，创业者对市场前景要独具慧眼，只有发现别人看不到的商机，才能增加创业成功的胜算。

有价值的创业机会通常具备以下基本特征：第一，为顾客或最终用户提供或增加极大的价值；第二，能够解决一项重大问题，或者满足顾客某项重大需求或愿望；第三，有需求旺盛的市场，利润很高；第四，与当时的创始人和管理团队配合得很好，也很适合市场状况，风险、回报平衡。

2.创业机会的类型

根据机会来源不同，可以将创业机会分为问题型机会、趋势型机会和组合型机会三类。

（1）问题型机会。问题型机会是指现实中没有被解决的问题所产生的一类机会。这类机会在人们的生活和实践中无处不在。例如，针对消费者的抱怨和痛点而产生的创业机会就是问题型机会。

（2）趋势型机会。趋势型机会是指在变化中看到未来的发展方向，预测到未来的潜力和机会。趋势型机会一般发生在变迁的时代和重大改革时期，例如，中国的改革开放时期、互联网时代都产生了很多新的创业机会。

（3）组合型机会。组合型机会是指将现有的两项以上的技术、产品、服务等因素组合起来，以实现新的用途和价值从而获得的创业机会。组合型机会属于因素重构，往往能实现效果倍增。例如，将农产品种植与农家乐相结合，将摄影和插花体验相结合就是典型的组合型机会。

根据价值创造能力（定义的和未定义的）和价值搜寻（识别的和未识别的）两个维度，可将创业机会分为梦想、问题解决、技术转移和业务形成四种类型。

二、创业机会的一般来源

创业机会一般来源于以下五个方面。

（一）顾客的需求

顾客各方面的需求在没有被满足之前就是“问题”，满足顾客的需求是创业的主要目的。生活和工作中存在的各种各样的问题为创业者提供了诸多创业机会。例如，随着人们的生活条件越来越好，膳食中的营养成分含量过高，导致“三高”（高血糖、高血压、高血脂）患者越来越多，由此催生了专门针对“三高”人群的食品和营养品。

（二）市场环境的变化

不断变化的市场环境使得市场结构和需求发生变化。这种变化主要体现在产业结构和消费结构的调整、人口结构和需求的变化、居民收入的提高、城市化的加速、政府政策的变化、经济日益全球化等方面。例如，人民收入的提高和消费观念的改变，拉动了旅游市场的快速扩张，由此催生了一系列与旅游相关的创业机会。

（三）新知识、新技术的产生

人们的消费观念因受到新知识的影响而发生改变，而新技术可以满足甚至改变人们的消费需求。在当今的信息化时代，互联网技术正深刻地影响着消费者，而企业也在考虑如何充分利用移动互联网向消费者提供产品或服务。

（四）发明创造

新产品和服务的发明创造，能够更好地满足顾客需求。回顾历史可以发现，每一次重大的发明创造都会引起社会产业结构的大调整，产生无数的创业机会。例如，互联网和移动通信设备的诞生，完全改变了我们的生活方式，也催生了网络销售、网络学习、信息服务等商机。

（五）参与竞争

竞争对手的缺陷和不足也蕴藏着创业机会。仔细研究竞争对手并与他们进行对比，如果能够比他们提供更方便、更快捷、更实惠的服务，那就等于找到了创业机会。例如，“美团”“饿了么”送餐上门的服务模式已经完全改变了人们的生活方式，这种服务让消费者节约了大量的时间成本，因此赢得了巨大的市场。

三、创业机会的有效识别

（一）创业机会的识别

1.市场的供求差异

在市场经济条件下，市场的供给和需求总会存在一定的差异，这些差异正是创业者的商机来源，即从市场的需求总量与供给总量的差额中发现商机。具体有以下三种情况。

（1）不完全竞争下的市场空隙。不完全竞争理论或不完全市场理论认为，企业之间或产业内部的不完全竞争状态导致市场存在各种现实需求，大企业不可能完全满足市场需求，必然使中小企业具有市场生存空间。中小企业与大企业互补，可满足市场上的不同需求。也就是说，市场对产品差异化的需求是大中小企业并存的理由，细分市场以及系列化生产使小企业的存在更有价值。

（2）规模经济下的市场空间。规模经济理论认为，任何行业都存在企业的最佳规模或最适规模，

超过这个规模，必然使企业效率低下、管理成本增加。行业不同，企业的最佳规模也不同。大中小企业的生产经营都要遵循这一规律。有最佳规模经济存在，市场就存在需求空间。

(3) 企业集群下的市场空缺。企业集群是一种动态的企业联盟，是指在某种产业领域内由于共性和互补性而联系在一起的、在地理位置上相对集中的企业和机构的集合体。企业存在高效的竞争合作关系，企业集群下必然也会产生新的市场空缺。

2.市场“缺口”或“边角”

市场往往存在被人遗忘或忽略的地方，而这些地方可能蕴含大量未被满足的市场需求，是创业者可以充分挖掘的创业空间。搜寻、瞄准市场的“缺口”或“边角”，另辟蹊径满足市场需求。就可能出奇制胜，占领目标市场。

3.竞争对手的缺陷

研究竞争对手，找出其提供的产品（或服务）的弱点或营销的薄弱环节，也是创业者发现商机的有效方法之一。美国的罗伯梅塑胶用品公司成功的秘诀之一就在于采取了积极参与市场竞争的方式，在竞争对手达普公司开发出储存食物的塑胶容器后，罗伯梅公司对其进行了认真的分析研究，认为竞争对手达普公司的产品质量虽然好，却都是碗状，放在冰箱里会造成许多小空间无法利用，于是对其产品加以改进，开发出了性能好、价格低，又能节省存放空间的产品。

4.市场的发展趋势

创业者要善于从市场的发展和变化趋势中发现商机。例如，我国大中城市人口已经出现老龄化趋势，这意味着老年人市场正在逐步扩大。企业完全可以分析和把握这一重要商机，深入细分老年人市场，开发出能最大限度地满足他们需求的各类商品和服务。

5.问题解决过程

有位成功商人曾说过：每个问题都是一个被精巧掩饰的商业机会。有时发现问题并找到解决方法可能就捕捉到了一个可靠的商机。例如，一开始时，某个人可能只是为了解决某一实际问题，但在解决问题的过程中，他逐步意识到自己的解决方案具有更为广泛的市场吸引力，只要紧紧把握这个机会，就可能带来意想不到的收益。

（二）影响创业机会识别的因素

影响创业机会识别的主要因素可分为三个层面：机会层面、个人层面和社会环境层面。其中，个人层面包括创业精神、先验知识和创业警觉性；社会环境层面包括社会网络、社会经济环境、国家经济政策等。

1.机会层面影响因素

机会的特征影响人们对机会的评价。创业者选择该机会主要是因为他相信机会能产生足够的价值来弥补投入的成本。创业机会的自然属性在很大程度上决定了创业者对该机会未来价值的预期，因而对创业者关于机会的评价产生重大影响。

2.个人层面影响因素

(1) 创业精神，指创业者在创业过程中体验到的主观情绪和对优化配置资源创造价值的意向的强烈程度，是创业者的原动力，也是创业态度最直接的体现。只有拥有明确创业愿景的人才会主动去发现和识别创业机会。据研究，创业机会的识别与创业精神之间存在着一种动态的激励关系，环境中存在的以及被识别出的创业机会越多，创业者的创业精神越强。它们之间是一种良性循环、相互促进的关系，创业机会的发现有利于增强创业者的创业精神，创业精神的增强有助于激励创业者对创业机会的挖掘。大多数创业者希望通过创业实现自我价值，或通过创业创造财富。

（2）先验知识，也称既有知识，指创业者掌握的关于市场、行业、技术、顾客需求等方面的知识或信息。先验知识是影响创业者在同一创业环境下如何决策的重要变量，大部分创业者最终所识别出的创业机会与先前积累的专业知识以及工作经验呈显著的相关性。创业者过去在相关行业工作、创业的经历及其在各种教育培训中积累的先验知识，能有效帮助他们在相关领域中识别到他人难以发现的创业机会。

（3）创业警觉性，指的是创业者处在创业环境中时能够从生产技术、政府政策、产品市场、竞争形势变化等方面精准识别创业机会的洞悉能力。大多数研究认为，创业警觉性与创业机会识别之间有直接的关系，且两者之间为正相关关系。

3.社会环境层面影响因素

（1）社会网络。社会网络可被理解成社会资本，是创业机会识别在环境层面的影响因素，其定义因研究者的侧重点不同而不同。创业者的人际关系网络对机会感知至关重要，个人社会关系网络的深度和广度也显著影响着机会识别。建立了大量社会与专家联系网络的人，比那些拥有少量社会网络的人更容易得到机会。社会网络可视为某一群体中特定个体的正式与非正式关系的集合。社会网络是存在于创业环境中的社会框架，创业者以这个框架为背景展开创业活动，从中获取创业资源、商业信息等各种要素，进而识别创业机会。

（2）社会经济环境。社会经济环境主要是指整个社会宏观的经济形势。整体上行的经济环境意味着较好的经济发展前景，人们会更趋于运用手中的各项资源进行投资。从这一角度来说，大学生在创业融资、调动资源方面将收到创业机会资源丰盈的红利，更加容易获得支撑创业运行的资源。

（3）国家经济政策。国家经济政策主要是指国家意志对社会经济关系在方方面面的约束和指示，其往往是社会经济发展的风向标。一些扶持创业、提供创业优惠的政策，本身就是在为创业者指明创业方向、提供创业平台，如环保导向政策催生出新能源汽车、共享单车等产业；科技创新导向政策促进了智能家居、物联网等新产业的发展；扶贫导向政策推动了普惠金融、直播助农等新型创业模式发展。同理，国家经济政策中的优惠条款所带来的行政便利和生产补贴也将对大学生创业方向产生影响，引导其识别相关领域的创业机会。

第二节　创业机会评价

1.了解创业机会价值的影响因素。
2.能评价创业机会。

一、影响创业机会价值的因素

影响创业机会价值的因素包括主体和客体两个方面。

（一）主体因素

主体因素是指创业者对创业机会价值的影响。创业意向越明显，创业者对创业机会的需求就越迫切，创业机会对创业者也就越有意义。创业能力强的人能够把握创业机会、利用创业机会、开发创业机会，从而创造价值和财富，获得创业成功的成就感，创业机会的价值就大。而创业能力差的人，创

业活动缺乏效率，无法充分实现创业机会的经济价值，创业机会的价值就小。

（二）客体因素

客体因素是指创业机会本身对创业机会价值的影响。

1.市场需求量

好的创业机会对应的市场需求量就大。创业机会最终都会转化为产品或服务，只有生产的产品或提供的服务适销对路，创业者才能获取收益来弥补创业过程中投入的成本，并获取利润，这样创业活动才能得以持续。

2.边际利润

好的创业机会有较高的边际利润。创业是为了创建新企业而进行的以创造价值为目的、以创新方式将各种经济要素综合起来的一种有目的的经济活动，或者说，创业是以盈利为目的的从事有偿经营的商业活动。企业要盈利，所经营的产品或提供的服务就必须具有一定利润，也就是产品的销售收入要大于成本，差额越大，说明盈利性越强，创业机会的价值越大。

3.进入门槛

将创业机会变成现实，必须扫除技术、资金、人才、制度等方面的障碍。创业者要在资源禀赋匮乏、人才资本有限的条件下，承担不确定的风险，把握技术等的领先并实现创新，才算迈入了创业的门槛。好的创业机会如果超出了创业者的能力范畴就很难实现。

二、创业机会评价

（一）创业机会评价的基本标准和评估准则

1.评价创业机会的基本标准

（1）产品有明确界定的市场需求，推出的时机也是恰当的。

（2）投资的项目必须能够维持持久的竞争优势。

（3）投资必须具有较高的回报，从而允许投资中出现一些失误。

（4）创业者和机会必须相互合适。

（5）机会中不存在致命的缺陷。

2.创业机会评估准则

（1）市场评估准则。

①市场定位。一个好的创业机会，必然具有特定的市场，专注于满足顾客特定的需求，同时能为顾客带来增值效益。因此，评估创业机会时，可根据市场定位是否明确、顾客需求分析是否清晰、顾客接触通道是否流畅、产品是否能持续衍生等来判断创业机会可能创造的市场价值。创业成果带给顾客的价值越高，创业成功的机会也会越大。

②市场结构。市场结构分析包括进入市场障碍，供货商、顾客、经销商的谈判力量，替代性竞争产品的威胁，以及市场内部竞争的激烈程度。通过市场结构分析，可以得知新企业未来在市场中的地位，以及可能遭遇竞争对手反击的程度。

③市场规模。市场规模大小与成长速度，也是影响新企业成败的重要因素。一般而言，市场规模大者，进入市场障碍相对较低，市场竞争激烈程度也会略微下降。如果要进入的是一个十分成熟的市场，市场规模很大但已经不再扩大，那么利润空间必然很小，新企业恐怕就不值得再投入。反之，一个正在成长中的市场，通常是一个充满商机的市场，只要进入时机合适，就会有获利的空间。

④市场渗透力。对于一个具有巨大市场潜力的创业机会，市场渗透力（市场机会实现的过程）是

一项非常重要的评估因素。聪明的创业者会选择最佳的时机进入市场，即市场需求即将大幅增长之际。

⑤市场占有率。新创企业预期可取得的市场占有率可以显示其未来的市场竞争力。一般而言，要成为市场的领导者，企业最少需要拥有20%以上的市场占有率。如果预期市场占有率低于5%，那么这个新企业的市场竞争力就不高。尤其是具有“赢家通吃”特点的高科技产业，新企业必须拥有进入市场前几名的能力，才比较具有投资价值。

⑥产品的成本结构。产品的成本结构也可以反映新企业的前景是否光明。例如，分析物料与人工成本所占比重、变动成本与固定成本的比重，以及经济规模产量的大小，可以判断企业创造附加价值的能力以及未来可能的获利空间。

（2）效益评估准则。

①合理的税后净利。一般情况下，具有吸引力的创业机会至少需要创造15%的税后净利。如果创业预期的税后净利在5%以下，就需要慎重考虑了。

②合理的损益平衡时间。合理的损益平衡时间应在两年之内，如超过三年，就要慎重考虑该机会是否值得投入。不过有的创业机会确实需要经历较长时间的耕耘，以通过前期投入来保障后期的持续获利。这种情况如果将前期投入视为一种投资，就可以容忍较长的损益平衡时间。

③合理的投资回报率。考虑到创业可能面临的各种风险，合理的投资回报率应在25%以上，一般15%以下的投资回报率是不值得考虑的。

④资本需求量较低。资金需求量较低的创业机会，一般比较受投资者的欢迎。许多个案显示，资本额过高不仅不利于创业成功，有时还会带来稀释投资回报率的负面效果。通常，知识越密集的创业机会，对资金的需求量越低，投资回报率越高。因此在创业开始的时候，不要募集太多资金，最好通过盈余积累的方式来积累资金。比较低的资本额，不仅有利于提高每股盈余，还可以进一步提高未来上市的价格。

⑤合理的毛利率。毛利率高的创业机会，相对风险较低，也比较容易取得损益平衡。反之，毛利率低的创业机会，风险则较高，当遇到决策失误或市场发生较大变化的时候，企业很容易遭受损失。一般而言，理想的毛利率是40%。当毛利率低于20%的时候，这个创业机会就不值得投入。软件行业的毛利率通常很高，只要能找到足够的业务量，从事软件创业在财务上遭受严重损失的风险相对比较低。

⑥策略性价值凸显。能否创造新企业在市场上的策略性价值，也是一项重要的评价指标。一般而言，策略性价值与产业网络规模利益机制、竞争程度密切相关，而创业机会所能创造的价值也与它所采取的经营策略及经营模式密切相关。

⑦资本市场活力强。当新企业处于一个活力强的资本市场时，获利机会就相对较高。一般而言，新创企业处于活跃的资本市场比较容易创造增值效果。因此，资本市场活力是一项可以被用来评价创业机会的外部环境指标。

⑧完善的退出机制与策略。所有投资的目的都在于回收，因此退出机制与策略就成为一项评估创业机会的重要指标。企业的价值一般由具有客观评价能力的交易机制决定，而这种交易机制的完善程度会影响新企业退出机制的弹性。由于退出的难度普遍高于进入，所以一个具有吸引力的创业计划，应该要有为所有投资者考虑的退出机制以及退出的策略规划。

（二）创业机会评价方法

一般而言，可以选择定性、定量及定性与定量相结合的方法对创业机会进行评价。单纯的定性或定量方法对创业机会的分析不够深入，因此，对创业机会进行评价时需结合定性评价法和定量评价法。

1.定性评价法

充分评价创业机会需要考虑以下几个重要问题：①机会空间的大小，如存在的时间跨度和随时间成长的速度；②潜在的利润是否足够弥补资本、时间和机会成本的投资，能否带来满意的收益；③机会是否开辟了额外的扩张、多样化或综合的创业机会选择；④在可能的障碍面前，收益是否会持久；⑤产品或服务是否真正满足了消费者真实的需求。

2.定量评价法

（1）标准打分矩阵法。首先确定对创业机会的成功有重要影响的因素；然后请专家小组对每个因素进行最好（3 分）、好（2 分）、一般（1 分）三个等级的打分；最后求出每个因素在各个创业机会下的加权平均分，对不同创业机会的加权平均分进行比较。表 7－1 中列出了 10 项主要的评价因素，在实际使用时可以根据具体情况选择其中的全部或部分因素进行评价。

表 7－1　标准打分矩阵

因素	专家小组打分			
	最好（3 分）	好（2 分）	一般（1 分）	加权平均分
易操作性				
质量和易维护性				
市场接受性				
增加资本的能力				
投资回报情况				
专利权状况				
市场大小				
制造的简单性				
口碑传播能力				
成长潜力				

（2）温斯丁豪斯法。温斯丁豪斯法实际上是计算和比较各个机会的优先级，其计算公式如下：

$$\text{机会优先级}=\frac{\text{技术成功率}\times\text{商业成功率}\times(\text{价格}-\text{成本})\times\text{投资生命周期收入}}{\text{总成本}}$$

在上述公式中，技术成功率和商业成功率以百分比（0%～100%）表示；成本以单位产品成本计算；投资生命周期收入指可以预期的所有收入；总成本包括研究、设计、制造和营销等环节的成本之和。对于不同的创业机会，应将具体数值代入计算，特定创业机会的优先级越高，该机会越有可能成功。

（3）珀泰申米特法。珀泰申米特法计算的是创业机会成功潜力指标。每个评价因素的得分不同，在－2～2 之间。对所有因素得分加总得到最后的总分，总分越高，说明特定创业机会成功的潜力越大。只有那些最后得分高于 15 分的创业机会，才值得创业者进行下一步的策划，得分低于 15 分的都应被淘汰。珀泰申米特法评价表见表 7－2。

表 7－2　珀泰申米特法评价表

评价因素	得分
对税前投资回报率的贡献	
预期的年销售额	
生命周期中预期的成长阶段	
从创业到消费额高速增长的预期时间	
投资回收期	
商业周期的影响	

续表

评价因素	得分
为产品制定高价的潜力	
进入市场的难易程度	
市场试验的时间范围	
销售人员的要求	
总分	

(4) 贝蒂选择因素法。贝蒂选择因素法通过对 11 个选择因素进行设定来对创业机会进行判断，见表 7-3 所列。如果某个创业机会只符合其中的 6 个或更少，那么利用该创业机会成功的概率比较小；相反，如果这个创业机会符合其中的 7 个或更多，那么利用该创业机会取得成功将大有希望。

表 7-3 贝蒂选择因素法

选择因素	是/否
这个创业机会现阶段是否只有你一人发现	
初始的产品生产成本是否可以承受	
初始的市场开发成本是否可以承受	
产品是否具有高利润回报的潜力	
是否可以预期产品投放市场和达到盈亏平衡点的时间	
潜在的市场是否巨大	
你的产品是否是高速成长产品家族中的第一个成员	
你是否拥有一些现成的初始用户	
是否可以预期产品的开发成本和开发周期	
是否处于一个成长中的行业	
金融界是否能够理解你的产品和顾客对它的需求	

(5) 蒂蒙斯创业机会评价模型。蒂蒙斯总结出一个包含 8 类分项指标的创业机会评价模型，见表 7-4。该评价模型提供了一些量化方式，使创业者可以对行业与市场、经济因素、收获条件、竞争优势、管理团队、创业者的个人标准、理想与现实的战略性差异、致命缺陷等问题做出判断，评估这些要素综合起来是否可以形成一个有足够吸引力的商机。一些风险投资、政府基金和创业大赛项目就是运用该模型进行评价的。

表 7-4 蒂蒙斯创业机会评价模型

评价要素	评价指标
行业与市场	市场容易识别，可以带来持续收入
	顾客可以接受产品或服务，愿意为此付费
	产品的附加价值高
	产品对市场的影响力大
	将要开发的产品生命周期长久
	项目所在的行业是新兴行业，竞争不激烈
	市场规模大，销售潜力能达到 1000 万～10 亿美元
	市场成长率在 30%～50%，甚至更高
	现有厂商的生产能力几乎完全饱和
	在 5 年内能占据市场的领导地位
	拥有低成本的供货商，具有成本优势

续表

评价要素	评价指标
经济因素	达到盈亏平衡点的时间在 1.5～2 年及以下
	盈亏平衡点不会逐渐提高
	投资回报率在 25%以上
	项目对资金的要求不是很高，能获得融资
	销售额的年增长率高于 15%
	有较好的现金流量，能占到销售额的 20%～30%
	能获得持久的毛利，毛利率达到 40%以上
	能获得持久的税后利润，税后利润率超过 10%
	资产集中程度低
	运营资金不多，需求量是逐渐增加的
	研究开发工作对资金的需求量不高
收获条件	项目带来的附加价值具有较高的战略意义
	存在现有的或可预料的退出方式
	资本市场环境有利，可以实现资本的流动
竞争优势	固定成本和可变成本低
	已经获得或可以获得对专利所有权的保护
	竞争对手尚未觉醒，竞争较弱
	拥有专利或具有某种独占性
	有良好的社会网络关系，容易获得合同
	拥有杰出的关键人员和管理团队
管理团队	创业团队是一个优秀管理者的组合
	行业和技术经验达到了本行业内的最高水平
	管理团队的正直廉洁程度达到了最高水平
	管理团队知道自己缺乏哪方面的知识
创业者的个人标准	个人目标与创业活动相符合
	创业者可以做到在有限的风险下实现成功
	创业者能够承受薪水减少等损失
	创业者渴望进行创业这种生活方式，不只是为了赚钱
	创业者可以承受适当的风险
	创业者在压力下状态依然良好
理想与现实的战略性差异	理想与现实情况吻合
	管理团队已经是最好的
	在客户服务管理方面有良好的理念
	所创办的事业顺应时代潮流
	所采取的技术具有突破性，不存在许多替代品或竞争对手
	具备灵活的适应能力，能快速进行取舍
	始终在寻找新的机会
	定价与市场领导者几乎持平
	能够获得销售渠道，或已经拥有现成的网络
	能够允许失败
致命缺陷	不存在任何致命缺陷

（三）评价流程

（1）创业机会的定性评价可以按照以下步骤进行。

①分析新产品或服务将如何为购买者创造价值；分析新产品或服务使用的潜在障碍，以及如何克服这些障碍；根据对产品和市场认可度的分析，得出新产品的潜在需求、早期使用者的行为特征、产品达到创造收益的预期时间。

②分析产品在目标市场投放的技术风险、财务风险和竞争风险，并进行详细的机会窗口分析。

③分析在产品的制造过程中是否能够保证足够的生产批量和可以接受的产品质量。

④估算新产品项目的初始投资额度，分析使用何种融资方式。

⑤在更大的范围内考虑风险的程度，以及如何控制和管理风险要素。

（2）一般创业机会评价可以按照图 7－1 所示的步骤进行。

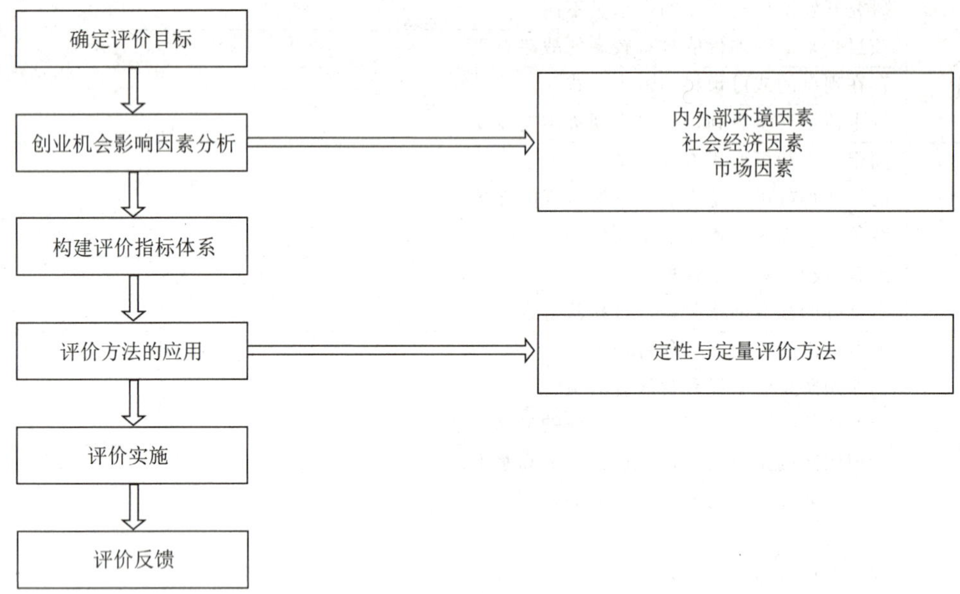

图 7－1　一般创业机会评价流程图

首先，确定创业机会评价的目标，评价目标决定和影响着评价指标体系的建立、评价方法的选择、评价结果的反馈。其次，根据创业机会影响因素来构建创业机会评价指标体系，包括对内外部环境因素、社会经济因素、市场因素的评价。最后，选择合适的定性和定量的评价方法来具体评价创业机会，根据实践形成对判断的反馈。

第三节　创业商业模式开发

1.掌握创业机会开发的方法。
2.掌握商业模式的概念、特征与构成要素。
3.设计商业模式。

一、创业机会开发

创业者对评估后的创业机会进行开发和精炼，进而得到最终的产品或服务，这个过程即机会的开发与实现过程。对源于商业机会的产品和服务进行有效的、全方位的生产和运营，是投入全部资源创办有效的生产系统和商业系统的过程。

创业者的机会开发过程遵循“探索—开发—退出”的逻辑路径。机会探索包括“机会发现—信息搜寻—资源评价—机会选择”四个过程。如果创业者发现的机会只是主观想象的而非现实可行的，或者创业者缺乏创业机会开发的资源，他们常常会选择退出，否则进入机会开发阶段。机会开发又包括组织、协调、战略更新和学习四个阶段。开发过程中可能出现两种情况：一种是创业者从中发现了新的创业机会，便同时进行已有机会的开发和新机会的探索两项工作，即通常所讲的组合创业；另外一种是创业者专注于一项创业机会，并在机会开发结束后退出创业。

（一）创业机会选择原则

1.政策分析，规划前景

想要开创自己的一番事业，就必须先要知道国家目前正在扶持、鼓励哪些行业发展，哪些行业允许创业，哪些行业创业是受限制的，哪些行业创业是被禁止的。创业者如果能正确研判国家政策，看清行业发展趋势，那么日后的企业发展将更为顺利。此外，当地政府出台的优惠政策和银行贷款利率政策也都要核查清楚，确保资金充裕。

2.深入调研，挖掘需求

不少创业者认为办企业、办公司就是为了赚钱，哪些行业火，哪些行业赚钱就做哪个，其实这种想法是不对的。创业必须树立企业是为解决客户需求才存在的观点，只有这样才能确保企业长盛不衰。创业项目的选择应以市场为导向，投资什么项目不是凭空想象出来的，而是通过深入细致的调查研究，从社会实际需求及个人自身条件出发，综合衡定出来的。特别是第一次创业，一定要对市场做详细的调研。

3.利用优势，发挥所长

市场就像一片汪洋大海，故创业前辈们把弃职经商称为“下海”。在这片商业蓝海中，每个创业者都有自己的优势，如果你对某一行业、某一领域感到熟悉，又在技术上有所专长，那么这就是你的优势所在。创业时选择自己感兴趣且熟悉的行业，并充分发挥优势，可以说已经成功了一半。

4.量入为出，量力而行

创业是一种价值风险投资，所以每位创业者都必须遵循量力而行的原则，才能安稳创业。若拿着自己的血汗钱或者贷款创业，就应该尽量规避风险较大的创业项目，将为数不多的资金投资到风险较小、规模较小的创业项目当中，积少成多滚动发展。很多创业者在项目选择时贪大求全，想要“一口吃个胖子”，其结果就很可能是失败。

5.借壳生蛋，积累经验

常言道，“创业有风险，入行需谨慎。”创业不是一件容易的事情，大部分人都是经过“跌倒、爬起来、再跌倒、再爬起来”的反复历练才取得最后的成功的。因此，为了规避众多风险，减少盲目性，大学生创业可以采取瞄准目标、试探经营、积累经验、图谋发展的办法，在确定好自己的创业目标之后，一方面可通过实习实践、摸清底细、熟悉情况、积累教训，另一方面可通过与人合伙或挂靠其他公司“借壳生蛋”等方式创业，以熟悉流程，积累经验。

（二）创业机会选择阶段

创业机会的选择一般需要经历以下几个阶段。

1.信息搜集阶段

创业者利用自身的知识经验，通过求助专家或社会关系网络，查阅各种相关书籍，浏览新闻、网页等方式进行信息搜集。

2.项目确定阶段

创业者在科学分析大量信息的基础上，通过深入思考、挖掘研究，提炼出有价值的信息，确定创业方向和比较具体的2～3个创业项目。

3.深入了解阶段

创业者通过对所选取项目进行直接或间接的观察、体验，或者通过与现有企业管理者、消费者交流，分析项目的整个运行过程以及存在的问题、可改进的空间等。

4.可行性分析阶段

创业者通过搜集与创业项目相关的政府机关、各种协会的资料，咨询创业专家，进行市场需求调研等方式，分析项目的市场前景、预期收益及成长发展等方面的可行性，并注重风险评估，事先考虑最坏的结果。

5.项目确定阶段

比较不同项目的可行性后，创业者结合个人优势、兴趣，选择最适合自己的创业机会。

（三）创业产品或服务开发流程

创业产品或服务开发流程分为构思阶段、概念阶段、营销规划阶段、商业分析阶段、产品开发及市场测试阶段。

1.构思阶段

创业产品的构思是产品开发的第一个步骤，是所有后继步骤的前提和基础。任何新产品均产生于某种构思，即使在后来的开发过程中，原来所构思的初步方案发生了一定的变化，也不会改变新产品开发以构思为基础的事实。当原来的构思已被证明难以实现或不适宜时，开发工作便陷于停顿，必须通过重新构思，提出新的设想方案来推动开发工作。一般来说，新产品开发的其他后继步骤，是完善构思和使之便于实现的过程，构思的优劣会直接影响开发工作的进程和质量，并且在很大程度上决定着新产品开发成果的质量和前途。新产品开发实践和相关统计表明，新产品开发成功与否，70%～80%取决于第一阶段即战略规划阶段，因此，创业者必须对新产品构思给予极大的重视。

一般来说，新产品的构思来源于市场调查结果、顾客、科研人员、竞争者、营销管理人员、高层决策人员及报纸杂志、互联网信息等。如通过市场调查或顾客咨询，创业者可以了解竞争对手的产品和特色；科研人员熟悉新技术的进展情况及有关替代技术，同时也了解现有产品在哪些方面有待进一步改进；企业的销售人员和经销商比较了解顾客的需求。掌握他们对现有产品评价的第一手资料，有利于产生好的产品构思。随着信息时代的发展，创业者通过互联网和报纸、杂志可以了解最新的技术动态和产品的发展趋势，继而通过与高层决策者及有关专家商讨来获得新产品的构思。

2.概念阶段

新产品构思经筛选后需进一步发展形成更具体、更明确的产品概念。产品概念是指已经成形的产品构思，为产品构思提供思路，用文字、图像、模型等方式予以清晰阐述，它可在顾客心目中形成一种潜在的产品形象。

一个产品构思能够转化为若干产品概念。每个产品概念都要进行产品定位，了解同类产品的竞争状况，从中选择最佳的产品概念。选择产品概念的依据包括未来市场的潜在容量、投资收益率、销售成长率，以及企业的生产能力和设备、资源的充分利用率等。可采取问卷方式将产品概念提交到目标

市场中有代表性的消费者群体进行测试、评估。

3.营销规划阶段

在选择了最佳的产品概念后，必须制定把这种产品引入市场的初步市场营销计划，并在未来的发展阶段不断完善。初拟的营销计划包括三个部分。

（1）描述目标市场的规模、结构，消费者的购买行为，产品的市场定位以及短期的销售量，市场占有率，利润率预期等。

（2）概述产品预期价格、分配渠道及第一年的营销预算。

（3）分别阐述较长时期（如3～5年）的销售额和投资收益率，以及不同时期的市场营销组合等。

4.商业分析阶段

商业分析即从经济效益方面分析新产品概念是否符合企业的目标。它包括两个具体步骤：预测销售额和预算成本与利润。

预测新产品销售额可以参照市场上类似产品的销售发展历史，并考虑各种竞争因素，分析新产品的市场地位、市场占有率等。这时，创业者可能还会用到一些运筹学中的决策理论。比如，在一个假设的营销环境下，对不同销量和产量下的盈利率进行估计，运用不同的准则计算出可能的报酬率及概率分布。

预算成本主要指市场营销部门和财务部门综合预测各个时期的营销费用及各项开支，如新产品研制开发费用、销售推广费用、市场调研费用，等等。根据成本预测和销售额预测，企业即可预测出各年度的销售额和净利润。审核分析某产品的财务收益，可以采用盈亏平衡分析法、投资回收率分析法、资金利润率分析法，等等。

5.产品开发及市场测试阶段

在产品开发阶段，需要确定消费者对有形产品的反应，确定顾客的偏好。通常可以采用市场测试的方法，将产品或服务拿到真实的市场中进行检验。这个阶段经常使用的方法是把产品分发给一组潜在的消费者，让他们对产品使用情况进行记录，并对其优缺点加以评论。

市场测试与市场调查不完全相同，因为询问一名消费者是否想购买和他是否实际购买往往是两回事。市场测试阶段可以提供实际销售的结果，表明消费者对产品的接受程度。例如，雀巢咖啡为打开中国市场，选择在一些城市向住户投放小袋包装咖啡就是一种市场测试。

“80后”留学生回家创业，只为安全、健康的鲜牛奶

山东省日照市莒县县城万和城沿街，有一间奶吧十分显眼。奶吧老板是一位“80后”女性，叫薛静。她曾在日本留学，原本有更大的空间继续发展，但却毅然决然地返回家乡莒县，做起了牛奶生意。

薛静出生于莒县夏庄镇，是一位充满激情和活力的“80后”。2015年，还远在日本留学的她就听同学说国家正大力宣传大众创业、万众创新，本就爱折腾的她这次按捺不住了。同年4月，她拿到大学毕业证后，回到了自己的家乡与牛奶结缘，开始了自己人生中最引以为豪的“折腾”。

做牛奶生意源于薛静从小就对牛奶产生了深厚情感。她小时候最爱喝的就是牛奶。那时的奶制品浓香、挂壁，不含防腐剂、添加剂，更别说添水、加糖这些做法了，但现在，这种原生态的奶制品在市场上十分罕见。在她看来，这是一个巨大的商机，于是一不做二不休，薛静开始关注牛奶的相关知识。

创业自然是又欢喜又疲惫，好在付出总有回报。经过一年的学习、考察、交流后，山东省奶业协会和莒县丰阳奶牛专业合作社向薛静伸出了"橄榄枝"，山东省奶业协会领导及专家多次亲临指导，在他们的精心策划和耐心帮扶下，薛静成立了莒县第一家大型原生态规模化巴氏鲜奶吧，这也是目前整个日照市规模最大、设备最先进的奶吧。

奶吧严格采用巴氏低温灭菌方式。巴氏低温灭菌在杀灭牛奶中可能存在的有害菌的同时，最大限度保证了牛奶的营养成分和活性物质，配合全程 2～6 ℃的冷藏保鲜，在保证牛奶品质的同时，更减少了对奶品的外围污染，全方位、多角度给奶品"五星级"保护。薛静表示："赚钱只是一方面，年轻人应该有社会责任感和精神追求。我只想用心做一杯让莒县市民喝得安心、喝得健康、喝得营养的鲜牛奶。"

资料来源：罗晓彤，汤咏梅，刘志东. 大学生创新创业基础［M］. 成都：四川科学技术出版社，2018：116（有改动）。

二、商业模式的基本概念、特征与构成要素

商业模式是管理学的重要研究对象之一，MBA、EMBA 等主流商业管理课程均对"商业模式"给予了不同程度的关注。在分析企业商业模式的过程中，主要关注企业在市场中与用户、供应商及其他合作伙伴的关系，尤其是彼此间的物流、信息流和资金流。商业模式涵盖企业与企业之间、企业与部门之间乃至企业与顾客之间、企业与渠道之间存在的各种各样的交易关系和联结方式。商业模式也可以理解为创业者创意、商业创意，它来自于机会的丰富化和逻辑化，并最终演变为商业模式。

（一）商业模式的基本概念

通俗地讲，商业模式就是公司通过什么途径或方式来盈利。例如，饮料公司通过卖饮料盈利；快递公司通过送快递盈利；网络公司通过点击率来盈利；通信公司通过收话费盈利；超市通过平台和仓储盈利；等等。

现代商业理论对商业模式的最新解释：一个企业构建的满足消费者需求的系统，这个系统负责组织管理企业的各种资源（资金、原材料、人力资源、作业方式、销售方式、信息、品牌和知识产权、创新力等），形成能够提供给消费者的他们无法自给而必须购买的产品和服务。商业模式具有自己能复制但别人不能复制的特点。

（二）成功的商业模式的特征

长期从事商业模式研究和咨询的公司认为，成功的商业模式具有以下 3 个特征。

1.成功的商业模式要能提供独特价值

成功的商业模式要能提供独特的价值。有时候，这个独特的价值可能是新的思想，但更多时候，它是产品和服务独特性的组合。这种组合要么可以为客户提供额外的价值，要么能使客户用更低的价格获得同样的利益，或者用同样的价格获得更多的利益。

2.成功的商业模式是难以模仿的

企业通过确立自己的与众不同来提高行业的进入门槛，从而保证利润来源不受侵犯。比如，人人

都知道直销模式，也都知道戴尔公司是直销的标杆，但其他企业很难复制戴尔公司的模式，原因在于“直销”的背后，有一整套完整的、极难复制的资源运作流程。

3.成功的商业模式是脚踏实地的

企业要做到量入为出、收支平衡，这个看似简单却并不容易实现。现实当中，很多企业对于为什么客户看重自己企业的产品和服务，有多少客户实际上不能为企业带来利润反而在侵吞企业的收入等关键问题不甚了解。类似这样不切实际的“商业模式”，在初创企业中数不胜数。因此，企业必须掌握发展节奏，发展太慢，很容易被其他企业超越；发展太快，则有可能陷入资金困局和执行力跟不上的尴尬。

（三）商业模式的构成要素

商业模式的构成要素之间是相互作用和相互影响的，其中任意一个构成要素不同，都可能产生新的商业模式。因此，对商业模式不同要素进行准确运用和组合至关重要。

商业模式的构成要素主要包括以下内容。

（1）价值主张。价值主张是指公司创造的产品和服务能向消费者提供的价值。价值主张明确了公司对消费者的实用意义。其表现按产品和服务的特性分，可以分为标准化和个性化两类；按产品范围分，可以分为宽的产品范围和窄的产品范围两类。

（2）客户细分。客户细分是指公司的目标消费者群体具有某些共性，使公司能够针对这些共性创造价值。因此，定义消费者群体的过程也称为客户细分。客户细分按辐射的区域范围可分为本地区市场、全国市场和国际市场；按客户对象可分为政府部门、企业和个体消费者；按市场份额可分为一般大众市场、多部门市场及各细分市场等。

（3）分销渠道。分销渠道是指公司用来接触消费者的各种途径。分销渠道阐述了公司开拓市场的途径，它涉及公司的市场策略和分销策略。分销渠道可以分为直接渠道和间接渠道，也可以分为单一渠道和多渠道。

（4）客户关系。客户关系即公司同其消费者群体之间所建立的联系。通常所说的客户关系管理，是指对公司与消费者群体的关系进行管理。客户关系管理具体可以分为直接关系管理和间接关系管理，也可以分为交易型关系管理和关系型关系管理。

（5）关键业务。关键业务即描述业务流程的安排和资源的配置。关键业务按照生产系统可以分为标准化生产系统和柔性生产系统；按照研发部门贡献可以分为强的研发部门和弱的研发部门；按照供应链管理的效率可以分为高效供应链管理和低效供应链管理。

（6）核心资源。核心资源即公司运行其商业模式所需的能力和资源。核心资源可以表现在技术、专利、品牌、成本和质量优势等方面。

（7）重要伙伴。重要伙伴即公司之间为有效地为客户提供价值并实现产品或服务的商业化而形成的合作关系网络。重要伙伴可以是上下游关系的伙伴，也可以是竞争关系或互补关系的伙伴，还可以是联盟关系伙伴或非联盟关系伙伴等。

（8）成本结构。成本结构即所使用的工具和方法的货币描述。成本结构可以是固定成本比例或者流动成本比例，也可以是高经营杠杆或低经营杠杆等。

（9）收入来源。收入来源也称收入模型，即公司通过各种收入流创造财富的途径。收入可以来源于：固定价格收入和灵活价格收入；高、中、低不同的利润率；高、中、低不同的销售量；单一、多个或灵活的渠道。

商业模式是产品、服务和信息流的一个体系架构，需要说明企业各种不同参与者的角色和潜在利益，以及企业收入的来源。以上关于商业模式构成要素的解释，较好地诠释了商业活动的规律和诉求。

三、商业模式设计的过程与评价

（一）商业模式设计的过程

基于对商业模式、商业模式要素和商业模式设计研究方法的文献梳理，可以确立商业模式的设计过程应该包含以下过程。

1.制定企业战略以确定产品或服务在市场中的最佳定位

制定企业战略是构建一个优秀的商业模式的起点，而企业战略的核心在于确定企业的业务范围并且明确产品或服务在市场竞争中所占据的位置。业务范围的确定让企业管理者明确了企业应该找什么、抓什么、干什么的问题，让企业能够在庞大的信息数据网中准确地选择适合自己的信息。制定企业战略并确定产品或服务定位的方式有多种。具体来说，一是从产品或服务的优势出发，对自己的业务范围进行确定；二是根据核心资源能力确定自己的业务范围；三是依据企业所处的行业价值链环节确定自己的业务范围。

2.分析客户的价值需求以锁定目标客户

锁定目标客户是商业模式创造价值的基础。确定企业的目标客户群体意味着企业需要考虑如何从实体或概念化的群体中划分出能为其创造价值的一部分。客户群体有多种划分方法，如从市场概念出发，可以分为创造性市场划分和已有市场的重新划分。创造性市场划分是指借助统计学、心理学、经济学等知识设定一个新的模型，根据新模型来划分目标群体。已有市场的重新划分是指在现有的基础上进一步发现别人没想到的点。从客户群体的需求偏好出发，即把客户需求作为最重要的划分标准，综合多种学科通过科学的测量与评价方式，甄别潜在客户或现有客户已经存在或者将会出现的隐性需求，将用户的需求倾向转化为新的创业机会，进而衍生出新的产品或服务。例如，七天连锁酒店独辟蹊径地挖掘了中小规模游客的个体需要，为游客提供了更为便捷和低价的酒店住宿服务，满足了中低层次消费者的需求，受到了游客的好评。

3.构建企业特有的业务系统服务商业模式各个环节的价值创造

构建企业特有的业务系统，需要企业针对不同的消费群体和服务群体开展相关的交易和服务，并将企业相关者纳入一个统一的价值链中。企业一方面要制定出科学合理的利益分配机制，以价值创造的多少为原则，打造强有力的内部刺激模式，构建商业模式内部运作价值链；另一方面要疏通拓宽利润渠道，以互利共赢为原则构建商业模式外部运作价值链。此外，业务系统中利益相关者之间形成的关系网络也是一套复杂的运行机制，深嵌于企业价值链之中。

4.构建独特的盈利模式

盈利模式是一种可靠的、基于现实的程序。它全方位考虑企业的具体情形，向顾客展示如何将必须实现的财务目标、企业的外部现实和内部活动（包括战略、经营活动、人力资源的选择和开发、组织的结构和流程）联系在一起。相同行业的企业，定位和业务系统不同，盈利模式也不同。即使是定位和业务系统相同的企业，盈利模式也可以千姿百态。如开放式商业模式、绑定式商业模式、会员免费式商业模式、佣金式商业模式、B2C、C2C等，都是传统盈利模式下商业模式在实践中的具体应用。由此，企业构建科学独特的盈利模式对构建长效科学的商业模式具有战略性意义。

5.构建企业的资本运作模式以提高企业产品的附加值

在以价值为核心的商业模式设计中，起点是价值发现，中间是价值创造活动（包括价值主张、价值创造、价值配置），终点是价值的优化，即依靠一系列的资本策略来实现价值。数据化和商标化时代的到来，要求企业进行更多的资本运作来完成从企业要素投入到要素产出的转化，进一步提高企业产

品的附加值，吸引更多的客户群体。

（二）商业模式的评价

一个具有吸引力、成功的商业模式，通常需要具备某些能够创造价值与竞争优势的特点，而这些特点往往影响着创业企业的成功与否，即商业模式需要评价。

1.商业模式的适用性

适用性是商业模式评价的重要方面。由于企业自身情况千差万别，市场环境变幻莫测，所以商业模式必须突出一个企业不同于其他企业的独特性。这种独特性表现在它怎样为自己的企业赢得顾客、吸引投资者和创造利润。严格地说，一个企业的商业模式应当仅适用于它自身，而不可能为其他企业原封不动地搬过去用。商业模式最终体现的是企业的制度和最终实现方式。从这个意义上说，模式没有好坏之分，只有是否适用的区别。

2.商业模式的有效性

商业模式是否具有有效性是评价商业模式是否适用的关键。在经济全球化、信息化的今天，任何行业都不可能有一个能保证企业在任何条件下均能获利的商业模式。一般认为，商业模式具有有效性是指企业在一定时期、一定条件下能够利用其为自己带来最佳效益。

3.商业模式的前瞻性

前瞻性是商业模式的灵魂所在。商业模式与企业的经营目的是相关联的，一个适用的商业模式要和企业长远的经营目标相结合。商业模式实际上就是企业为达到自己的经营目标而选择的运营机制。企业以盈利为目的，其运营机制在保证企业盈利的前提下向市场提供产品和服务。当今，企业必须在动态的环境中保证自己的商业模式能够灵活反应、及时修正、快速进步和快速适应。简言之，商业模式应具有长久的适用性、有效性，以达到持续盈利的目的。

四、典型商业模式类型

1.多边平台式商业模式

多边平台式商业模式是一种具有普遍性的商业模式。传统的农贸市场就是典型的多边平台式商业模式，表现为某个机构提供一个固定场所，为到这个场所交易的购买者和销售者提供相应的服务，以此获得利润。这个平台至少有平台机构、销售者和购买者三方参与。在很长一段时间里，这种模式并没有引起人们的过多关注。随着信息技术的发展，这种平台有了新的表现形式——基于互联网的交易平台，并得到迅猛发展。百度、淘宝、微信、京东、当当网等都是利用现代信息技术发展起来的多边平台式商业模式的经典案例。

多边平台将两个或两个以上有明显区别但又相互依赖的客户群体集合在一起，通过促进客户群体互动为参与各方创造价值。多边平台是连接各方客户的中介，其成功的关键是能同时吸引和服务方向客户并以此来创造价值。例如，淘宝网连接了商家、消费者、广告商、金融机构等多方参与者，能同时满足这些参与者交易的需要、资金安全的需要、信息分析的需要，因而获得巨大的成功。多边平台需要不断吸引更多的用户参与，使平台价值得到提升。

2.长尾式商业模式

传统商业观念认为，企业只能面向大众用户大批量提供少数几种产品，通过规模效应降低成本和价格，以大批量的销售获得利润。随着信息技术的发展，物流和供应链技术与管理水平的提升，现在为“长尾市场”提供种类多而数量少的产品，也能够取得与追求规模化销售、为大众市场提供服务的企业一样甚至更高的盈利水平。

长尾式商业模式具有以下六个特点。

（1）在任何市场中，利基产品都远远多于热门产品，并且随着技术的发展，利基产品的规模呈指数级速度增长。

（2）获得利基产品的成本正在显著下降，且利基市场有能力供应空前丰富的产品。

（3）随着需求搜索和自动推荐等技术和工具的发展，个性化的利基产品很容易被找到。

（4）市场需求曲线日益扁平化，即热门产品的流行度会下降，越来越多的利基产品会流行。

（5）虽然利基产品单品种销量有限，但各类利基产品销量聚合起来，会形成一个与热门产品市场相抗衡的大市场。

（6）基于上述五点，市场需求将不受供给瓶颈、信息匮乏和空间有限的限制。

3.免费式商业模式

免费式商业模式是指为一部分细分客户提供持续免费的商业服务，而对另一部分客户或模式的其他部分收费，以填补非付费客户的支出，为企业整体提供财务支撑。这种免费式的服务可能是一段时间的，也可能是长久的；可能是商业模式中的一部分，也可能是商业模式的全部。免费式商业模式有 3 种类型：①“免费增收”模式（带有可选收费服务的免费基本服务）；②“诱钓”模式（使用免费或廉价的产品或服务来吸引客户重复购买）；③“三方市场”模式。

（1）“免费增收”模式：基础免费，增值收费。

免费增收主要代表了基于网络的商业模式，混合了免费的基础服务和收费的增值服务。免费增收模式中有大量基础用户受益于没有任何附加条件的免费产品或服务。大部分免费用户永远不会变成付费用户，只有一小部分（通常不超过所有用户的 10%）用户会订阅收费的增值服务。这一小部分付费用户群体所支付的费用将用来补贴提供免费服务的支出。这种模式只有在服务免费用户的边际成本极低的时候才成为可能。例如，360 安全卫士可以看成这个模式的集大成者。360 安全卫士在中国有2.4 亿用户，其中只要有 1%的人需要付费服务，企业所获取的收益就能够完全地支持其整体的经营战略。

在“免费增收”模式中，关键的考量指标是为单位用户提供免费服务的成本和免费用户变成付费用户的转化率。

（2）“诱钓”模式。

“诱钓”是指通过廉价的、有吸引力的甚至是免费的初始产品或服务来促进相关产品或服务未来的重复购买。

这种模式也称为“亏损特价品”或“剃刀与刀片”模式。“亏损特价品”指的是最初补贴甚至亏本提供商品，目的是使客户购买后续可产生利润的产品或服务。例如，移动网络运营商为客户提供绑定订阅服务的免费手机已经是标准的做法了，起初运营商赔钱赠送手机，但他们很容易通过收取后续按月服务费弥补亏损。

这种模式在商界很流行，已在许多行业应用，如免费刀架所带来的刀片销售以及免费打印机带来的墨盒销售。

（3）“三方市场”模式。

经济学家把这种模式称为“双边市场”：由第三方付费来参与前两方之间的免费商品交换。三方市场的一个典型例子就是电视媒体：电视媒体负责向观众免费播放新闻、娱乐节目以及广告，而广告发布商向电视媒体支付广告费，广告产生了较好的效应可以提高广告发布商的产品或服务的销量，最终弥补广告费支出；媒体运营商用广告费收入来弥补运营成本并获得利润；观众虽然免费收看了电视节目，但只要观众中有极小的一部分人在观看广告后购买了广告发布商的产品，那么广告发布商就能获

取广告效用的回报。

4.开放式商业模式

开放式商业模式可以用于那些通过与外部伙伴进行系统性合作来创造和捕捉价值的企业，这种模式可以“由外到内”，将外部的创意引入公司内部，也可以“由内而外”，将企业内部闲置的创意和资产提供给外部伙伴。

开放式商业模式要求企业为了最大化的商业价值去打破组织的界限，整合企业利益相关者的所有知识和资源，企业内部的产品、技术、知识和智力资产可以通过授权、合资或拆分的方式向外部伙伴开放并变现，从而增强企业的价值创造力并提高收益。

案例阅读

微信商业模式的关键要素分析

1.战略定位

微信上线之初给自身的定位更多的是移动社交应用或即时通信工具，但是随着微信的发展、微信生态圈的逐步兴起，其更多地将自身定位为一个连接平台。社交只是连接的第一步，重要的第二步包括线上信息流、商品流、服务流、企业流、智能硬件、游戏娱乐等多种连接。微信的未来发展方向也定了性，即连接人与服务，连接一切，将线下的所有连接到线上，使微信从单纯的社交工具变成向公众开放的社交服务类平台。

2.价值主张

作为开放的社交服务类平台，微信的价值主张是建立企业、机构和用户之间的桥梁，满足用户与用户之间，用户与企业或机构之间互动沟通的需要。微信连接用户和用户，满足了用户的社交需求；微信连接用户和企业，为用户提供个性化服务，满足用户的交易需求；微信连接用户和机构，比如媒体和相关政府机构等，满足用户的信息获取需求。

3.目标用户

基于即时通信的核心功能，微信的目标用户是所有移动互联网手机用户。在一线城市，微信的渗透率相当高，部分城市高达93%。微信的社交、购物、移动支付、娱乐、运动等功能充分满足了年轻人的生活需求，所以微信主要用户也固定在会玩、爱玩的年轻群体，有60%的用户年龄在30岁以下。

4.产品与服务

即时通信服务：当前微信更多地被定位为即时通信应用，其作为个人通信工具的作用越来越强化，而作为社交应用的典型性却越来越弱化。纵观微信的发展历程不难看出，其真正腾飞是在2.0版本中加入了语音通信功能，从而使用户走出了只能依靠文字、图片社交的时代。随着市场发展，微信对传统移动通信业务市场的侵蚀越来越强，微信对移动业务，无论是语音业务还是短信、彩信等业务，都形成越来越强的分流作用，因此即时通信服务是微信最基础最核心的服务。

游戏：微信5.0上线了游戏中心，包括网页游戏，也包括休闲类客户端游戏，如天天酷跑等。依托腾讯这一中国营收份额最大的手机游戏开发商，微信游戏平台必然成为其产品和服务的一个重要组成部分。基于社交游戏的高黏性，游戏产品的上线能充分利用微信用户的关系网，将平台上的好友关系直接带入游戏中。

电子商务：微信的电商服务更多地是起到一个通道的作用，微信搭好平台，引入流量，在线上完成购物和订单处理，而商品的使用和体验是不具有特定区域和时间特点的，往往具有很大的随机性。线上订购的商品，往往标准化程度比较高，比较大众化，对线下的使用和价值体验要求不那么高。借助微信庞大的客户群体可以为电商嫁接庞大的用户流量，无论是由腾讯电商延伸到微信电商领域的微生活、微购物和易迅的微信精品，还是口袋通等基于微信的微电商网站，以及很多企业自建基于微信通道的 htm15 移动电商，都属于微信的电商模式。

O2O 服务：与电商模式相比，O2O 的侧重点在于线下的服务，并以线上的这种服务为业务的触发点，通过在线方式来完成一个前期的营销和铺垫，虽然支付过程也可以在线上完成，但是最终目的在于线下的实体消费和体验。微信 O2O 的逻辑在于从小额、高频次的行业如餐饮、外卖、洗衣等生活服务入手，借助微信二维码扫描、微信公众号和微信支付等手段，构建企业和用户沟通的双向通道。

微信支付：微信要实现 O2O 闭环，就必须实现微信支付这一关键步骤，微信的支付功能在其 5.0 版本中正式上线。微信支付包括扫码支付、App 内支付和公众号支付三种。对于用户而言，微信支付极大地优化了用户的支付体验，用户的购买过程更加快捷便利。同时对于线下商家而言，微信支付将线上和线下、人与服务紧密结合在一起，打通了 O2O 的最后一环。

微信理财：2014 年初微信理财通正式上线，首批接入华夏基金、汇添富基金、易方达基金、广发基金四家一线品牌基金公司。用户点击微信"我的银行卡"之后，便可发现"理财通"栏目，打开"查看全部基金"，就可以看到可选的基金产品，十分便捷。借助理财通，微信打造了一个开放的移动金融平台。开放的生态系统，理财通给用户提供了更多的选择，用户可以根据自己的投资偏好、流动性偏好等，选择购买适合自己的货币基金，也可以对资产进行分散投资。

5.合作伙伴及其生态圈

为了向个人及企业用户提供游戏、电商、O2O、微信支付等产品和服务，微信必须同其他伙伴进行相互合作。这种合作促进了微信生态圈的繁荣，同时各合作伙伴之间的业务往来也为微信提供了多样化的盈利来源。微信的主要合作伙伴包括各品牌商、电商、O2O 服务平台、第三方开发商和内容提供商等，微信与各合作伙伴之间的信息流、产品流和现金流的传递构成了微信生态圈。

除了核心的即时通信服务和社交服务，微信的重要价值还在于为个人用户和企业用户提供的增值服务，包括为个人用户提供游戏、音乐和视频等内容服务，及为企业用户提供公众账号营销服务。微信本身并不生产游戏、音乐等内容，也不会向企业提供全面的技术支持来促进微信公众账号与企业 CRM 系统的对接，而是向第三方开发者及内容提供商开放接口，由他们来做内容服务的生产者和应用功能开发的技术支持者。第三方开发者和内容提供商的加入不仅形成了开放的生态系统体系，而且为微信带来了利润分成。

资料来源：周洁如．移动社交网平台企业商业模式及其创新［M］．上海：上海交通大学出版社，2016：135－137。

一、单选题

1.下列选项中，不属于创业机会的特点的是（　　）。

A.吸引性

B.持久性

C.价值性

D.隐蔽性

2.虽然生活中许多人都习惯于使用右手，但是，有创业者发现有一部分人其实更加擅长使用左手，“左撇子”用品商店随即开业。这种寻找创业机会的方法属于（　　）。

A.趋势型机会

B.问题型机会

C.创作型机会

D.组合型机会

3.影响创业机会识别的因素包括（　　）。

（1）先验知识；（2）创业警觉性；（3）社会网络；（4）创业愿景；（5）想象力。

A.（2）（3）（4）（5）

B.（1）（2）（3）（5）

C.（1）（2）（4）（5）

D.（1）（2）（3）（4）

4.创业机会只有和个人素质相匹配时，才能够最大限度地发挥其价值。下面关于创业机会的说法中，错误的是（　　）。

A.创业者应该从自身优势和特长中寻找创业机会

B.创业者与创业机会之间存在着相互选择

C.创业活动是创业者与创业机会的结合

D.即便没有合适的创业机会，创业者也同样可以获得创业成功

5.为了较好地防范创业风险，大学生创业者不能出现的情况是（　　）。

A.敢于面对失败，在挫折、困难中奋起

B.加强团队的内、外部管理

C.注重不断创新

D.为集中主要精力完成创业任务，而完全忽略企业形象的树立

6.下列判断一个成功的商业模式的标准中，有误的是（　　）。

A.成功的商业模式要能提供独特价值

B.胜人一筹的商业模式通常难以模仿

C.成功的商业模式必须是脚踏实地的

D.成功的商业模式是可以一蹴而就的

二、判断题

1.创业机会的识别与创业精神存在负相关激励关系，当环境中存在的以及被识别出的创业机会越多，创业者的创业精神就越弱。（　）

2.与商业机会不完全相同，创业机会既能够改善现有利润水平，又具备创造出超额经济利润的潜力。（　）

3.优秀的创业项目，通常来自多样的变化趋势，如产业结构、科技政策、经济信息化、价值观与生活形态变化以及人口结构变化等。（　）

4.创业时，为了保证企业具备良好的核心竞争力，创业者必须坚持原始创新，坚决不能“屈为第二”。（　）

5.设计商业模式时，必须严格遵循已有的标准，不能有丝毫改变。（　）

6.设计商业模式时，需要加强对顾客群规模的重视，但没有必要深入了解顾客群的需求和喜好。（　）

7.商业模式本身没有好坏之分，只能放在特定行业的特定发展阶段进行分析。（　）

三、思考题

1.创业者应具备哪些素质？假如你要创业，你如何评价自己各方面的素质？

2.如何发现商机？

创业资源

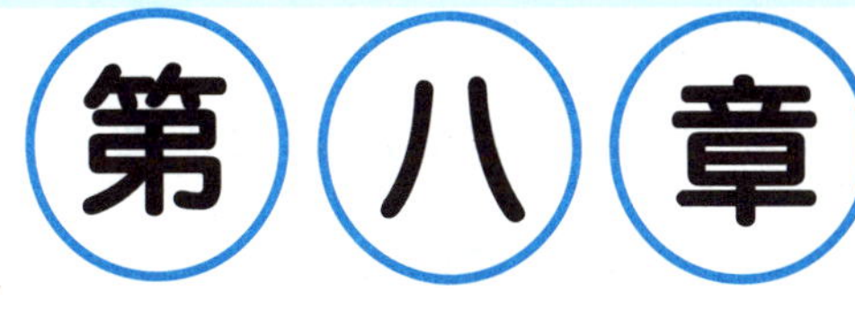

第八章

课程思政

通过“创业资源的内涵和种类”“创业融资”“创业资源管理”相关知识教学，引导学生树立正确的创业观念和融资观念，提升学生的融资能力，培养学生的融资意识；引导学生树立正确的资源观，提升学生的资源管理能力，强化团队协作和沟通能力，培养学生的资源管理意识。

学习重点和难点

重点：创业资源获取的途径和方法；有限资源的创造性利用。

难点：创业所需资金的测算。

第一节 创业资源的内涵和种类

学习目标

1.理解创业资源的特征、类型及创业资源与一般商业资源的区别。

2.了解影响创业资源获取的主要因素。

一、创业资源的内涵及主要类型

（一）创业资源的内涵

1.创业资源的内涵及作用

创业的前提条件之一就是创业者拥有或者能够支配一定的资源。依照目前战略管理中很有影响力的资源基础理论（resource based theory，RBT）的观点，企业是一组异质性资源的组合，而资源是企业在向社会提供产品或服务的过程中，所拥有的或者所能够支配的用以实现自己目标的各种要素以及要素组合。

概括地讲，创业资源是企业创立以及成长过程中所需要的各种生产要素和支撑条件。对创业者而言，只要是对其创业项目和新创企业发展有所帮助的要素，都可归入创业资源的范畴。创业资源之于创业活动的重要意义不仅局限在单纯的量的积累上，应当看到创业过程实质上是各类创业资源重新整合，支持企业获取竞争优势的过程。从这一角度出发，创业活动是一种资源的重新整合的过程。

2.创业资源在创业过程中的作用

在此，将创业过程分为企业创立之前的机会识别过程和创立之后的企业成长过程，分别考察创业资源在每个阶段中如何发挥作用。

（1）机会识别过程。机会识别与创业资源密不可分。从直观的含义上看，机会识别是分析、考察、评价可能的潜在创业机会。Kirzner 认为，机会代表着一种通过资源整合、满足市场需求以实现市场价值的可能性。因此，创业机会的存在本质上是部分创业者能够发现其他人未能发现的特定资源的价值的现象。例如，在同样的产品或者盈利模式下，一些人会付诸行动去创业，其他人却往往放任机会流失；有的人会经营得很成功，而另一些人却会遭受损失。而后者往往是缺乏必要创业资源的缘故。

（2）企业成长过程。企业创立之后，一方面，创业者仍需要积极地从外界获取创业资源；另一方面，使已经获取的创业资源在企业发展过程中逐渐被整合、利用。资源整合对创业过程的促进作用是通过创业战略的制定和实施来实现的。丰富的创业资源是创业战略制定和实施的基础和保障，同时，充分的创业资源还可以适当校正企业的战略方向，帮助新创企业选择正确的创业战略。

需要提及的是，新创企业所拥有的创业资源必须加以有效整合，才能形成企业的核心竞争优势。资源整合，就是把企业所拥有的自然资源、信息资源和知识资源在时间和空间上加以合理配置、重新组合，以实现资源效用的最大化。必须注意的是，这种资源效用的最大化，并非简单的各项资源各安其位、各司其职，而是能够通过重新整合规划，创造企业独特的核心竞争力，奠定企业在市场中的竞争优势。

（二）创业资源的主要类型

创业资源按不同依据可有以下 5 种分类。

1.按其来源分类

创业资源按来源可分为自有资源和外部资源。自有资源主要是指创业者自己拥有的可用于创业的资源，如自有资金、技术、创业机会信息、自建的营销网络、可控的物质资源或管理技能、管理组织等。外部资源是指创业者从外部获得的资源，如家庭成员、朋友、同事、商业伙伴或其他投资者的社会关系和资源，或者可以借用的人、钱、空间、设备或其他资源。自有资源（尤其是技术和人力资源）可以帮助我们获得和运用外部资源。

2.按其存在形态分类

创业资源按其存在形态可以分为有形资源和无形资源。有形资源是指具有实物形态、价值，可以用货币量化的资源，如土地、办公楼、工厂、车间、机器设备、原材料等。无形资源是指具有非物质形态，价值很难用货币来衡量的资源，如专利、技术、知识、关系、文化、声誉以及能力等。有形资源通常是创业的必要条件，但并非关键资源，可以用其他资源换取，而无形资源是获取有形资源的重要因素。

3.按其性质分类

根据资源的性质，创业资源可以分为六类，即物质资源、财务资源、人力资源、技术资源、品牌资源和组织资源。

（1）物质资源。物质资源是指创业过程中所需要的各类有形物质资产，包括生产型物质资源（如土地、厂房、生产设备、原材料等）和辅助型物质资源（如工作场所、办公设施等）两大类。

（2）财务资源。财务资源是指资金、资产、股票等，财务资源是创业活动顺利实施的经济保障。由于缺乏抵押物等各种原因，创业者很难从外部获得大量的财务资源。因此，对于创业者来说，资金主要来自个人、家人和朋友。

（3）人力资源。人力资源包括人以及以人为载体的知识、经验、技术等智力资本。具体而言，人力资源不仅包括企业家和创业团队的知识、经验和社会网络，还包括创业企业成员的专业智慧、判断力、远见和胆识等。创业者或创业团队是创业企业最重要的人力资源，是创业企业建立和发展的基石，是创业成败的决定性力量。同时，高素质的员工，如技术人员、营销人才、专业工人等是推动创业企业成长的关键力量。

（4）技术资源。技术资源包括关键技术、生产工艺、操作系统、专用生产设备等。技术资源与人力资源的主要不同在于，人力资源主要以个体为载体，会随着人员的流动而变化，技术资源往往与可以通过法律手段保护的物质资源相结合，从而形成创业企业的无形资产。

（5）品牌资源。品牌资源是一种无形资产，包括创业者及创业团队的社会声誉、信用和影响力等。品牌资源在创业企业获取外部投资、获得市场准入和顾客认同、建立战略联盟等方面扮演着重要角色。从某种意义上讲，品牌资源已经成为创业企业获得投资者、顾客、政府机构等利益相关方认可的重要影响因素。

（6）组织资源。组织资源包括组织结构、操作规程、工作规范、质量体系等。一般来说，人力资源需要组织资源的支持才能更好地发挥作用。企业文化也应在良好的组织环境中培育。组织资源来源于创业者或创业团队对企业的初始设计和不断调整，包括对环境的适应和对成功经验的学习。由于创业过程通常被理解为一个新企业的形成过程，因此，组织资源是创业企业的一种标志性资源类型。

4.按其对生产过程的作用分类

根据资源在生产过程中的作用，创业资源可分为生产资源和工具资源。直接用于生产或开发其他资源的资源为生产资源（如厂房、器械和原材料等，可直接为产品生产提供保障或服务），专门用来获取其他资源的资源是工具资源。

5.按其在创业过程中的作用分类

学者通常根据资源在创业过程中的作用将资源分为两类：运营资源和战略资源。运营资源通常包括人力资源、财务资源、技术资源、组织资源和市场订单资源等。战略资源通常是指在创业过程中对企业生存和发展起关键作用的资源，包括知识资源和权益资源。知识资源是指企业通过知识壁垒来创造优势，竞争对手无法模仿或复制其流程或技术。权益资源是指企业能够通过产权（包括合同、所有者契约或专利申请）等方式获得合法保护的资源。

二、创业资源与一般商业资源的区别

创业资源与一般商业资源既有相同点，又有不同点。

一般商业资源是指经济学意义上的资源，包括从事商业活动所需要的各种生产要素和配套条件。创业资源是商业资源的一种，但并不是所有的商业资源都是创业资源，只有创业者在创业过程中可以使用的商业资源才是创业资源。创业者要想发展企业或者进行商业活动，必须有一定的资源，这是创业成功的基本条件。

创业资源与一般商业资源的区别主要表现为以下三点。

1.创业资源的不确定性

创业资源伴随创业过程不断积累，是支持一个企业或组织从无到有、从小到大的物质条件。相较于一般商业资源而言，创业初期不确定性强，创业者所拥有或者可供支配的资源数量少、规模小，因此，创业者要善于高效获取或整合有限的创业资源，“不求所有，但求所用”，懂得有效整合创业资源、创造性地挖掘创业资源，可以为企业赢得不可替代的优势。

2.创业资源的异质性

创业资源的异质性是指其具有的价值性、稀缺性、难以模仿性和不可替代性，这些异质性使创业者获得持续的竞争优势。创业者在创业过程中形成的与众不同的创意、愿景与目标、创业精神等都属于异质性资源，创业者通过对异质性资源的优化配置，实现创业绩效的提升和积累，促进新企业形成可持续竞争优势。

3.创业资源的无形性

有学者认为，创业资源中更重要的是无形资源。在创业过程中，创业者对资源进行合理整合和充分运用的能力是十分重要的无形资源，它能使创业者在环境复杂、资源稀缺、无固定范式的创业过程中，获得比市场平均价格更低的创业资源，再通过对所获取的资源进行开发利用，实现和创造价值。企业内部规范的管理和制度亦是十分重要的无形资源。

三、影响创业资源获取的主要因素

创业资源获取是指新成立企业在甄别创业资源后，获取相关资源并用到创业过程中的行为，这一行为具有能动性及创造性。资源所有者是否支持创业者或初创企业的商业创意，是企业能否从外部获得创业资源的关键。能够得到资源所有者支持的有价值的商业创意，可以帮助企业更好地获取创业资源。

除了经营理念，影响创业资源获取的因素还包括创业企业的内部因素和外部因素，如创业导向、资源配置方式，以及创业者的先前工作经验、管理能力及社会环境等。

（一）创业导向

创业导向的概念来源于对战略决策模型的研究，可以在战略选择理论中找到。其概念强调企业通过市场调研做出决策并实施战略行为和新的市场进入行为。创业导向通常划分为 3 个维度：创新性、风险承担性和先动性。创新性是创业导向的重要维度之一，是指企业追求能够产生新产品、新服务和新工艺的新思想和新方法，包括发展和强化产品与服务以及使用新技术或新管理技能。风险承担性是指企业管理者愿意将大量资源投入到有风险的事业中，面对不确定性，他们愿意制定行动策略和投资决策以承担风险。先动性是指企业通过预测未来需求变化可能带来的机会，超前制定策略，如第一时间生产新产品或提供新服务、引进新技术或战略性地放弃衰退期产品。

在明确的创业导向指导下，企业可以创造性地整合和利用不同的资源，在资源的动态获取、整合和利用过程中，充分发挥创业资源的作用。创业者应充分关注新创企业的价值观、公司文化、战略使命等影响创业导向形成的重要因素。

（二）资源配置方式

资源配置是指对各种资源进行合理搭配和优势选择。较一般商业资源而言，创业资源通常是稀缺的、有限的，这就要求创业者以一定的方法将有限的资源合理分配到创业的各个阶段，以最大限度地发挥资源的效用，争取使用最少的资源“生产”出最适用的产品或服务，获得最大化收益。

资源配置的方式通常分为市场交易和非市场交易。在市场经济条件下，大多数资源可以通过市场交易获得。然而，由于资源的异质性、效用的多样性和知识的分散性，不同的资源拥有者往往对同一资源的有效性有不同的期望。因此，创业者要能够通过各种形式的资源配置，对原有的资源进行合理配置和创新，开发新的效用，更好地满足资源所有者的期望，让资源所有者赋予企业更大的使用资源的权利，以开展生产经营活动。

（三）先前工作经验

创业者或创业团队以往的工作经验可分为创业经验和行业经验。其中，创业经验是指创业者之前有过的创办新企业或公司的经历，具有识别和评估机会、寻找资源、组织公司等能力。行业经验是指创业者在相关行业中的以往工作经验，如掌握了相关行业规范、行为规则、供应商和客户网络以及实践工作经验等。

从创业过程来看，创业实际上是一个知识转移的过程。创业者先前创业经验和先前行业经验凝练出的知识和能力，可以应用于当前的创业过程，为自己有效甄别机会、做出正确决策提供基础，帮助创业者合理使用和配置创业资源。创业者先前创业经验和行业经验中有关市场分析、客户调查、风险评估等方面的技能，可以辅助其发掘创业机会，获得更多的创业资源。同时，先前经验可以帮助创业者解决创业团队创建和管理中遇到的问题。管理创业团队的能力越强，有效整合、合理配置创业资源的可能性就越大。

（四）管理能力

企业家的软实力通常是获得创业资源的重要因素。创业者的管理能力是企业软实力的重要组成部分，包括创业者的交际能力、奖惩能力、组织能力、学习能力等多个方面。创业者管理能力越强，企业的凝聚力就越强，从而产生“1＋1＞2”的效应，提高企业获得资源的能力，那么企业利用资源产生的效益也会越高。创业者具有较强的交际沟通能力，可以使企业内部更加团结，目标一致，行动统一，有利于团队获得外部资源。创业者制定严明的奖励与惩罚机制，有利于企业提高生产效率，规范组织架构，增强团队成员主观能动性，有利于获取更多资源。创业者具有良好的组织能力，可以更有效地将不同资源进行合理配置与整合，使团队生产和运营更高效，同时根据团队成员和组织发展的需要，引进人力资源和其他无形资源。创业者具有较强的学习能力可以持续增强自身的战略管理能力，当企业内外部环境变化时，能快速做出准确决策，从而使企业获得所需资源。

（五）社会环境

新创企业不可能独立存在于社会之外，所以社会大环境也会影响创业资源的获取。社会环境中包括各种因素，主要是政治因素、经济因素、法律因素、行业因素等。这些因素对于创业者获取创业资源，都会产生直接或间接的影响。

第二节 创业融资

1.了解创业融资的相关理论。
2.掌握创业资金的测算方法及创业融资的来源。
3.了解创业融资的集资方法。

一、创业资金测算

（一）创业资金分类

创业资金按照不同的标准可以进行不同的分类，认识不同种类的创业资金有利于创业者在估算创业资金时充分考虑可能的资金需求。

1.按照资金占用形态和流动性分类

根据资金的占用形态和流动性，创业资金可以分为流动资金和非流动资金。原材料、在产品、存货等流动资产占用的资金，以及用于支付工资和各种日常开支的资金称为流动资金；用于购买机器设备、建造建筑物、购置无形资产等的资金，称为非流动资金。

流动资金的流动性较好，极易使用和变现，一般可在一个营业周期内收回或耗用，属于短期资金的范畴，创业者在估算创业资金需求时需考虑其持续投入的特性，选择短期筹资的方式筹集相应资金；非流动资金占用的期限较长，不能在短期内回收，具有长期资金的性质，通常能在 1 年以上的经营过程中给企业带来经济利益的流入，创业者在进行创业资金估算时往往将其视为对资本的一次性需求，采用长期筹资的方式筹集相应资金。

2.按照资金投入企业的时间分类

根据资金投入企业的时间不同，创业资金分为投资资金和营运资金。投资资金是指在公司筹建期间各种开支所需的资金。投资资金包括：①在企业筹建期间投入的流动资金，包括用于原材料采购、货物存储等的短期资金；②用于建造建筑物、购置机器设备等固定资产或为取得生产专利权、商标权等无形资产投入的长期资金；③筹建期间发生的员工工资、办公费、培训费、差旅费、印刷费、注册费等所需的资金。营运资金是指从公司成立之日起至公司拥有资金余额期间，公司用于各种开支所需的资金，这些是投资者在公司开业后必须继续投入的资金。

创业企业开办之初，企业的产品或服务很难在短期内得到消费者的认同，企业占有的市场份额较少且不稳定，很难形成一定规模的销售额。并且，在商业信用极其发达的今天，很多企业会采用商业信用的方式开展销售和采购业务。赊销业务的存在，使企业实现的销售收入的一部分无法在当期兑现。规模较小且不稳定的销售额，以及赊销导致的应收款项的存在，往往使销售过程中形成的现金流入在

企业开业后相当长的一段时间内无法满足日常的生产经营需要，从而要求创业者追加对企业的投资，即营运资金需求不断增长。

营运前期的从资金投入到获得销售收入的时间往往因企业的性质不同而有所不同，通常情况下，贸易类企业运营前的准备时间可以不到一个月；制造类企业从投产到获得销售收入的时间可能需要几个月甚至几年的时间。

在很多行业，企业对营运资金的需求要多于对投资资金的需求，加强对营运资金重要性的认识，有利于创业者充分估计创业所需资金的数额，及时、足额筹集资金。

（二）投资资金的测算

创业资金需求测算是创业融资的基础，只有明确创业资金的使用方向、使用时间和使用数量等基本情况，才能够使创业融资活动具有针对性和有效性。创业者或创业团队首先必须明确创建企业需要哪些资金投入，规模多大；然后需要明确企业正常运转后又需要哪些资金投入，需求量为多少。因此，创业资金需求测算需要考虑企业建立和运营全过程所需的资金，以及因收益情况不佳可能产生的资金缺口。一般来说，投资资金涵盖固定资金和流动资金两部分。

固定资金是指建造厂房车间、购买生产设备、配置办公家具和办公设备等固定资产所需投入的费用。创业企业的类型不同，固定资产投资的大小就存在差异。例如，科技型或服务型创业企业的固定资产投入相对较小，而传统生产制造型创业企业的固定资产投资就比较大。

流动资金是指创业企业用于维持日常运营的费用，例如，原材料采购支出、员工工资支出、市场推广及广告费用，以及日常办公开销（电话费、水电费、保险、房屋租金等）等。流动资金的可变程度较高，其需求大小与创业企业的业务量和发展速度密切相关。使用投资资金估算表（见表 8－1）确定各项目所需资金是合理估计创业资金的有效方法。

表 8－1　投资资金估算表

序号	项目	数量	金额/元
1	房屋、建筑物		
2	机器设备		
3	办公家具		
4	办公设备		
5	员工工资		
6	创业者工资		
7	业务开拓费		
8	房屋租金		
9	存货的购置支出		
10	广告费		
11	水电费		
12	电话费		
13	保险费		
14	设备维护费		
15	软件费		
16	开办费用		1
…	……		
合计			

表 8 - 1 中有关项目的内容说明如下。

表格第 1～3 行投资资金的支出属于非流动资金支出，一般在计算创业资金时作为一次性资金需求予以考虑。其中，房屋、建筑物的支出包括厂房的装饰装修费用，若企业拟在租来的房屋中办公，则将相应的支出填写在第 8 行“房屋租金”中，而且应关注房租的支付形式，房屋租金可能采用押一付三的方式支付，也可能采用押一付一的方式，但基本上都是采用先付租金的形式，这样房屋租金的支出起码相当于 4 个月或 2 个月的租金数额；若房租支付采用按半年付费或按年付费的方式，则房屋租金的支出会更多。机器设备的支出包括机器设备的购置费用和安装调试费用，而且应考虑安装调试的时间对企业生产经营的影响。

表格中第 4～15 行投资资金的支出属于流动资金支出，在计算创业资金时需要考虑其持续性投入问题。创业者在估算投资资金时，不能遗漏自己的工资支出、业务发展支出、营业税费、设备维护费等项目。

表格中的第 16 行是创业企业的开办费用。开办费用是指企业自筹建之日起至开始生产经营（包括试生产和试运行）之日止（即筹备期）发生的费用，包括筹备期间职工工资、办公费、培训费、差旅费、印刷费、登记费以及未计入固定资产和无形资产的汇兑差额和利息费用。开办费用可以在企业开办当年一次性从利润中扣除或分期计入各期利润。不同行业所需要的开办费用不同，如高科技行业筹建期间员工的工资和人员的培训费可能较高，有较高进入门槛的行业筹建期可能较长，费用也相应增加。

此外，创业可能还涉及其他项目支出，创业者必须通过市场调研了解详细的资本支出项目，填写第 17 行及以下的相关表格，并在最后一行计算合计资金总额。例如，若创业项目需要一定的技术支持，创业者必须为技术付费；若采用加盟的方式进行创业，则需要支付加盟费用。

（三）营运资金的测算

营运资金主要是流动资金，即创业者在创办企业之后，在企业达到收支平衡之前必须投入公司的各项资金。营运资金的测算必须基于公司未来的销售收入、成本和利润，并合理使用财务工具。

1.测算新创企业的营业收入

营业收入是指企业在日常经营活动中销售商品、提供劳务、转让财产使用权等形成的经济利益的总流入。新公司营业收入的计量是制定财务计划和预测财务报表的基础，是测算营运资金的第一步。创业者应以市场调研和行业分析为依托，综合同行业其他企业的领导、交易员等各类专家的意见，采用时间序列分析等定量分析方法，预估企业业务规模和市场售价，对企业营业收入进行评估。同时，需根据业务量和市场开拓情况对营业支出及一般管理费用进行估算，主要包括市场推广费、广告费、办公开支、员工工资等。创业者可通过表 8 - 2 进行营业收入的预测，根据表 8 - 3 进行营业成本预测。

表 8 - 2　营业收入预测表

项目		1	2	3	4	5	6	…	n
产品一	销售数量								
	平均单价/元								
	销售收入/元								
产品二	销售数量								
	平均单价/元								
	销售收入/元								
……	……								

表 8-3 营业成本预测表

项目		1	2	3	4	5	6	…	n
产品一	销售数量								
	单位成本/元								
	销售成本/元								
产品二	销售数量								
	单位成本/元								
	销售成本/元								
……	……								

2.测算利润

初创公司需要绘制一份预计利润表。利润表是反映企业在特定会计期间经营成果的财务报表，按照“营业收入－营业支出＝利润”会计等式，按营业利润、利润总额、净利润的顺序编制。初创企业在编制预计利润表时，在计算营业收入时，必须根据预计业务量估算运营成本，根据预设营销组合情况对营销费用（渠道、广告等费用）进行测算，根据预计业务规模和企业发展战略对管理费用进行测算，根据预计采用的筹资渠道和融资方式对财务费用进行测算，根据行业税收标准对可能的税收和业务费用进行测算。根据营业收入和营业支出测算结果，初创公司可以衡量每个时期的估计利润。预计利润表的格式见表 8-4。

表 8-4 预计利润表 单位：元

项目	1	2	3	4	5	6	…	n
一、营业收入								
减：营业成本								
营业税金及附加								
销售费用								
管理费用								
财务费用								
二、营业利润（损失以“－”号填列）								
加：营业外收入								
减：营业外支出								
三、利润总额（损失以“－”号填列）								
减：所得税费用								
四、净利润（损失以“－”号填列）								

3.编制预计资产负债表

资产负债表是根据“资产＝负债＋权益”会计等式编制的描述企业全部资产、负债和权益的报告，它依照流动资产和非流动资产、流动负债和非流动负债大类列示，是一张时点的、静态的会计报表。在编制预计资产负债表时，公司必须明确从营业收入收回的现金和预计营业收入产生的应收款项（包括现金和应收款项）。存货情况根据材料或产品的购入、销售和储存情况确定，固定资产年末价值根据投资资本评估确定的固定资产数量和选择的折旧政策，以及行业情况和本单位接受的信用惯例计算确定并列入估计收入中。所需的外部资金数额可据此确定。预计资产负债表的格式见表 8-5。

表 8-5 预计资产负债表

单位：元

项目	1	2	3	4	5	6	7	…	n
一、流动资产									
货币资金									
应收款项									
存货									
其他流动资产									
流动资产合计									
二、非流动资产									
固定资产									
无形资产									
非流动资产合计									
资产合计									
三、流动负债									
短期借款									
应付款项									
应交税费									
其他应付款									
流动负债合计									
四、非流动负债									
长期借款									
其他非流动负债									
非流动负债合计									
负债合计									
五、所有者权益									
实收资本									
资本公积									
留存收益									
负债和所有者权益合计									
六、外部筹资额									

企业在经营过程中增加的留存收益是一种融资形式，属于内部融资的范畴。留存收益取决于企业当期实现的利润和利润留存的比率。一般来说，初创期的企业为筹集企业发展资金，利润分配率会很低，甚至为零，于是企业实现利润的大部分都能够留存下来，成为企业资金来源。当留存收益增加的资金不能满足企业经营发展的需要时，就需要从外部融集资金。外部融资额＝资产合计－负债和所有者权益合计。

二、创业资金来源

融资渠道是指企业筹集资本来源的对象与通道，反映了资金来源和资金数额。所有能够获取创业

资金的途径都可以视为创业融资渠道。创业融资渠道可以个人为主体，也可以机构为主体；可以商业为背景，也可以政府为背景；可以实体运营，也可以虚拟运营。了解融资渠道的分类、特征和适用性，将有利于创业者合理利用和挖掘融资渠道，实现各种融资渠道的综合配置，筹集到更多资金。不同的创业融资渠道具有各自的特征与功能，但都能够为创业企业的建立和成长提供资金支持。目前，我国创业融资渠道主要包括私人资本融资、机构融资、风险投资、政府扶持基金等。

（一）私人资本融资

私人资本包括创业者个人积蓄、亲友资金、天使投资等。

创业企业在创业初期，由于其不确定性和信息不对称等因素，通过银行贷款、发行企业债券等传统渠道难以获得资金支持。所以，创业企业在创业初期最常用的融资渠道为私人资本融资。国际金融公司（IFC）通过对北京、成都、顺德和温州四个地区的民营企业所做的一项研究发现，中小企业在创业初期，大部分资金为创业者自筹资金，其中90％以上的创业资金来自创业者或创业团队成员及其亲友，较少比例的创业资金来自银行和其他金融机构贷款。在企业发展初期，私人资本作为企业主要的融资渠道，发挥着重要作用。美国一杂志曾调查了1996年世界500强企业的创业资金来源，调查结果显示，有70％的企业通过私人资本渠道获得创业资金。

1.个人积蓄

利用个人积蓄启动创业活动，是创业者及其团队成员最先运用的创业资金解决方案，也是最便捷的融资渠道。自筹资金方式是大多数创业公司成立初期最重要的融资渠道，几乎所有的创业者都倾向于将个人积蓄投入到新的创业项目中。

第一，利用个人积蓄进行创业，是创业者及其团队成员对创业活动的最大承诺，反映出他们对实现创业目标有充分的信心，这对创业融资具有重要的示范作用，表明了他们对项目前景的看法。只有当创业者对未来的项目充满信心时，他才会毫无保留地将自己的积蓄投入到项目中。因此，创业者及其团队成员的自我融资能够为其他投资者提供积极的信号和暗示，增加吸引外部资金的可能性。

第二，创业企业的建立和发展，本质上是价值持续创造的过程，也是创业者及其团队成员增加个人财富、实现社会经济价值的过程。创业者及其团队成员将更多自有资金投入到创业活动中，能够在创业企业中占有更多的股份，充分主导企业的发展方向，为将来获取更大的社会经济回报提供潜在可能性。创业者可以通过转让部分股权的方式从合伙人那里取得创业资金，创办合伙企业。或通过公开或私募股权的方式，从更多的投资者那里获得创业资金，成立公司制企业。将个人合伙人或个人股东纳入自己的创业团队，吸收团队成员的个人积蓄是创业者最常用的筹资方式之一。

第三，个人积蓄的投入是对债权人债权的保障。由于债权人的权利高于投资人的权益，当公司破产清算时，创业者对公司的初始投资是债权人实现债权的基本保障。

需要注意的是，运用个人积蓄既可能是创业企业的首要融资渠道，也可能是在难以获取外部资金情况下的不得已选择，但它终究不是最根本的解决方案。特别是创业企业选择进入的行业或市场前期投入很大时，仅依靠创业者及其团队成员的个人积蓄远不能满足创业企业发展的资金需求。

2.亲友资金

对于新创企业来说，创业者及其团队成员向亲戚和朋友寻求资金支持，从而获得亲友资助是非常重要的创业融资渠道。家庭是社会经济的重要细胞，亲戚朋友因为与创业者有私人关系而愿意投资于创业企业，这对包括创业金融在内的许多社会经济活动产生重大影响。运用亲友资助渠道获得创业所需资金具有一定的优势：一方面，亲友对创业者或创业团队成员的操守德行、专业素养等综合情况比较了解，有助于消除创业融资中的信息不对称问题；另一方面，创业者向亲友融资，一般不需要抵押资产和实物担保，融资效率非常高，资金成本也相对较低，是创业企业建立初期常见的融资渠道。由此可见，亲友资助融资渠道对创业企业的建立和初步发展具有重要意义。但是，在亲友出资的情况下，创业者必须运用现代市场经济的运行规则、契约规则等来规范金融行为，保护各方利益，减少不必要的矛盾。

3.天使投资

天使投资是帮助拥有前沿技术或独特创意但启动资金不足的创业者或初创公司，同时承担创业活动的潜在高风险和获取创业活动的潜在高收益的投资；或者说，它是自由投资者或非正式的风险投资机构对原创项目或小型初创企业的初始投资，是一种无组织的风险投资形式。

创业企业通过天使投资渠道实现创业融资，具有三方面的优势：第一，天使投资人大多具有比较丰富的行业和管理经验或比较成功的创业经验，因而天使投资不仅能提供创业资金，也可为创业企业提供专业知识和社会资源支持。第二，天使投资因其个体化和非组织化特征，投资程序简单，资金在短期内便可到位。第三，天使投资更看重创业企业的发展潜力，以及创业者或创业团队成员的专业知识和职业素养、创业热情和诚信水平、过往创业经历或行业履历等无形资产或因素，因而它是缺乏有形资产的创业企业的最佳融资渠道。

（二）机构融资

和私人资金相比，机构持有的资金量较大，获得机构资金一般会提高公司的社会地位。因此，创业企业在创业过程中也会利用机构融资渠道获得资金支持，以利于企业的发展经营。

1.银行贷款

创业企业可以通过银行贷款获取创业资金。目前，我国各类商业银行针对创业企业和创业者开发了多种信贷产品，如个人生产经营贷款、个人创业贷款、个人助业贷款、个人小型设备贷款，以及下岗失业人员小额贷款等。

由于创业企业经营的潜在风险和不确定性，以及对其价值进行评估非常困难，因此银行在向创业企业提供贷款时都要求它们提供抵押和担保。没有创业经历，没有信用积累的创业者，更难获得银行贷款。

（1）抵押贷款。抵押贷款是指借款人以一定形式的财产作为抵押，以获得银行贷款。在抵押期间，借款人可以收回抵押物，但不得转让、变卖。常见的抵押贷款有三种形式：一是不动产抵押贷款，是指创业者可以用土地、厂房等不动产作为抵押，以获得银行核准的资金；二是动产抵押贷款，是指创业者可以经银行认可的机器设备、股票、债券、大额存单等有价证券，以及金银珠宝等动产作为抵押向银行申请借款资金；三是无形资产抵押贷款，这是一种创新的抵押形式，适用于拥有专利技术和专利产品的创业者，创业者可以将专利、著作权等无形资产作为向银行贷款的抵押或担保。

（2）担保贷款。担保贷款指借款人向银行提供符合法律条件的第三方担保人作为偿还银行贷款的保证，以获取银行贷款的借款方式。如果借款人不能按约定还本付息，银行有权要求第三方担保人按照事前约定履行或承担连带清偿贷款责任。依据第三方担保人的类型不同，担保贷款的主要形式有三种：①自然人担保贷款。自然人担保贷款是指经由自然人担保提供的贷款，可采取抵押、权利质押、抵押加保证三种方式。②专业担保公司出具担保。现在有许多由政府或非政府组织的专业担保公司，可以为包括初创企业在内的中小企业提供融资担保。这些担保机构大多属于公共服务性非营利组织，创业者可以申请由这些机构提供担保向银行借款。③政府无偿担保贷款。根据国家和地方政府部门的相关规定，许多地方政府为当地企业家提供无偿信用担保。例如，上海、青岛、南昌、合肥等地的高校应届毕业生可享受免信用担保创业的优惠规则，自主创业的大学生向银行申请开业贷款的担保额度最高可为 100 万元，并享受贷款贴息；在浙江省，政府向持有“再就业优惠证”的民众以及个体经营、

没有足够能力自筹资金的复员退役军人发放小额贷款资金。

（3）信用卡透支贷款。信用卡透支是指持卡人在使用信用卡进行消费时，在一定限额内的短期透支。商家可以“先消费，后还款”，透支是信用卡最大的特点。创业者可以采用两种方式取得信用卡透支贷款，一种方式是信用卡取现；另一种方式是透支消费。

与其他贷款形式相比，信用卡透支的成本相对较高。信用卡透支无免息期，每日利率按活期账户资金支出之日起计算的授信额度的万分之五计算。另外，信用卡取现还需要根据交易金额收取手续费。因此，创业者不要养成使用信用卡透支的习惯，应避免依靠信用卡透支来筹集资金。信用卡的透支功能主要是为了满足持卡人在紧急情况下使用小额资金的需要。

（4）中小企业间互助机构贷款。中小企业间互助机构贷款是指中小企业从银行获取资金的过程，根据约定，依法设立的担保机构以担保形式向债务人提供担保。如果借款人不能按照合同约定偿还债务，则由担保机构履行合同事先约定的还款责任，为银行实施金融支持制度提供保障。中小企业间互助机构贷款是银行与中小企业紧密合作，解决中小企业经营资金短缺问题的创新手段，通过政府、金融机构和中小企业的共同努力，创建“互保协会”，搭建成本更低、效率更高的中小企业融资平台。中小企业可以通过加入银团、获得联合贷款担保等方式，争取获得银行贷款的机会。

（5）其他贷款。创业者可灵活使用个人消费贷款创业，比如购买沿街的商铺作为经营门面，以购买的房屋作为抵押向银行申请商用住房贷款；如果创业者需要购买商用车、卡车、公共汽车、微型车等，还可申请汽车消费贷款。此外，创业者可选择的银行贷款方式还包括信托贷款、买方贷款、项目开发贷款、外币出口贷款、本票贴现贷款等。

尽管银行贷款需要创业者提供相关的抵押、担保或保证，对于白手起家的创业者来说条件有些苛刻，但如果创业者能够提供银行需要的资料，能提供合适的抵押，得到贷款并不困难。

2.非银行金融机构贷款

非银行金融机构是指通过发行股票和债券、接受授信委托、提供保险等方式筹集资金，并将所得资金用于长期投资的金融机构。根据法律规定，非银行金融机构包括经中国银行业监督管理委员会批准设立的基金公司、企业集团财务公司、金融租赁公司、汽车金融公司、外汇经纪公司、境外非银行金融机构在华代表处、中国城乡信用合作社、当铺、保险公司、小额贷款公司等机构。创业者也可以从这些非银行金融机构获得贷款，取得生产经营资金。

（1）保单质押贷款。保单质押贷款是保单持有人直接将自己持有的保单质押给保险公司，按照保单现金价值的一定比例获得资金的一种借款方式。如果借款人逾期不还款，当贷款本息累计达到保单现金赎回价值时，保险公司有权终止保单。按揭保单的最高金额不能超过累计保费的70%。

（2）实物质押典当贷款。典当是指典当行以实物作为质押物，将实物折价后借给典押人，双方约定当期，典押人到期赎回当物的过程。其具体过程如下：①债务人必须以自己的实物作为质押物获取典当贷款；②典当行收到债务人的质押物后，应当向债务人提供借款并扣除典当贷款利息；③在双方约定的日期前，债务人向典当行归还借款，典当行向债务人返还质押物；④债务人逾期不还款的，留置权归典当行所有，典当行有权通过转让或拍卖等方式处理抵押物。虽然典当行的利率高于同期银行贷款的利率，但对于想要快速筹措资金的创业者来说，这是一个相对便捷、高效的融资渠道。实物质押典当贷款审批额度通常为质押价值的50%～80%。

（3）小额信贷公司。小额信贷公司是由自然人、法人和其他社会组织投资设立的不接受公众存款、开展小额信贷活动的有限责任公司或股份制公司。与银行贷款相比，小额信贷更方便快捷，可满足中小企业和个体工商户的资金需求；与私人贷款相比，小额信贷更加规范，贷款利率可以由双方协商确定。2020 年 12 月末，全国营业小额贷款公司 7118 家，授信余额 8888 亿元，小额信贷成为解决小微企业融资难题的新途径。

3.交易信贷和融资租赁

交易信贷指发生商品和劳务交易的买卖双方在正常的经营活动和商品交易中，直接提供信贷而产生的对外负债，即由于商品的资金支付时间与货物所有权发生转移的时间不同（延期付款或预收货款）而形成的债务。企业在创业初期以及产品生产运营过程中，都能够以商业信用的方式筹集部分贷款。例如，企业在采购设备、原材料、货物的过程中，可以通过延期付款的方式，免费使用供应商在一定时间内提供的资源；在销售商品或服务时采用预收账款的方式，提前使用客户的资金等。

融资租赁是指出租人按照承租人（用户）的意愿与第三方（供应商）签订供货协议。根据协议，承租人支付出租人从供应商处购买的承租人选择租赁物费用。创业者还可以通过融资租赁的方式获得急需的资金，用于购买设备等长期资产。融资租赁是集融资、交易和技术升级为一体的新型金融活动。由于财物结合，租赁公司可以回收租赁物，出现问题时可以移交租赁物，因此融资对企业信用和担保的要求不高，非常适合小微企业。交易信贷、融资租赁属于表外融资，不包括在公司财务报表的相关项目中，不影响公司的资信水平，对于需要多元化经营和多渠道筹资的中小企业非常有用。创业企业通过交易信贷和融资租赁获得贷款有两大优势：第一，企业可以按期开工、生产经营；第二，可以解决创业初期资金不足的问题，节省创业初期的资本支出，将已经用于购买设备的资金用于支持核心业务，提高公司的创收能力。

4.从其他企业融资

尽管在大多数情况下，企业是资金的需求者而不是提供者，但是不同行业的企业或者处于不同发展阶段的企业资金流情况不同，部分企业会有暂时闲置的资金，可以对外提供，尤其是一些从事公共事业的企业，或者已经发展到成熟期的企业，它们的现金流一般会比较充足，甚至会有大量资金需要通过对外投资的方式实现较高收益。对于有闲置资金的企业，创业者既可以吸收其资金入股，也可以向这些企业借入债权资本。

（三）风险投资

风险投资（venture capital，VC）又称创业投资，是指向具有高增长潜力的创业企业进行股权投资，并通过提供创业管理服务参与所投企业的创业过程。从广义上讲，风险投资泛指一切具有高风险和高回报潜力的投资；狭义的风险投资是指对以先进技术为基础的高科技产品生产经营的投资。

投资者投入资金换取公司的部分股份，目的是在未来获取股息或出售股份以获得投资回报。风险投资的特点是愿意承担高风险以获得最大的投资回报，并将退出风险投资回收的收益继续投资于具有“高风险、技术先进、高成长性”的类似风险投资，以实现周期性发展和资金增值。投资人希望通过设立资本投资公司、聘请职业经理人、参与投资机会评估、协助投资公司运营管理等方式尽快获得投资回报，降低整体投资风险。从投资行为的角度看，风险投资是资本对具有失败风险的高新技术研发领域及其产品的投资，其目的是在投资过程中取得高额的资本回报。从操作的角度来看，它是指由专业人士带领的投资经纪人对具有特殊潜力的高科技公司进行投资，是一种协调风险投资家、技术专家和投资人之间关系，以实现利益共享、风险共担的投资方式。

1.风险投资的特点

（1）注重新兴企业的发展。风险投资的投资对象通常是处于创业阶段但发展迅速、具有高成长性的新兴中小企业，尤其是新兴高科技企业，风险投资机构通过购买股权、提供贷款或既购买股权又提供贷款的方式对其进行投资。

（2）参与企业运营过程。风险投资属于股权型投资，风险投资机构持有创业企业的股份，往往拥有企业的部分控制权。为降低投资风险，风险投资机构会利用行业和管理经验以及社会网络，积极参与创业企业的经营过程。

许多风险投资机构都是由专业化人才组成的投资中介，一般在其所投资的领域有丰富的经验。风险投资机构协助企业进行经营管理，参与企业的重大决策活动，既可以有效地弥补创业企业在管理经验和能力上的不足，增强创业企业的市场经营能力，又可以通过主动影响企业重大创业决策、提升创业企业盈利水平等方式有效降低投资风险，保障投资权益，实现风险投资机构与创业企业利益共享、风险共担。

（3）以企业的整体增值为经营目标。风险投资虽然是股权投资的一种，但其投资的目的不是取得公司的所有权，拥有股份，更不是经营企业，而是通过投资和提供增值服务，提高公司的盈利能力，随后通过首次公开募股（IPO）、并购或其他方式退出，以获取产权流动投资收益。风险投资机构不经营具体的产品，而是以整个创业公司为经营对象，希望通过创业企业的发展提高企业的整体附加值，然后适时转让所持有的股份，获取高额的利润。因此，风险投资机构介入创业公司的活动，并不是为了增加参股，风险投资机构帮助企业成长最终是为了寻找退出渠道，实现增值。

（4）属于高风险高收益投资。风险投资机构大多为具有高度不确定性的创业企业提供创业融资，存在极高的投资风险，而与高投资风险相伴的多是高额的回报。作为股权投资的一种，风险投资周期通常较长。其中，初创阶段的风险投资通常需要7～10年的时间，而大多数后续投资周期稍短。由于风险投资主要针对新兴和初创企业，投资机构需要对被投企业进行全面深入的评估，深入企业进行尽职调查，以期获得更高的回报。

（5）投资对象多为高新技术产业。风险投资的产业领域主要是高新技术产业。高新技术产业创业本身就具有高风险性，创业者很难从正常的融资市场上获得资金，在技术转化为收益之前，创业企业也很难从银行获得信贷，发行股票或债券也很困难，这导致部分高科技产品无法走向市场，而风险投资解决了这个问题。

（6）是一种组合投资。风险投资的对象是处于创业时期的高新技术领域的中小企业，由于没有之前运营的成绩作为参考，因此，风险性很大。风险投资要取得高回报，必须采取组合投资的策略，对一系列创业企业进行投资，创建投资项目群，分散投资风险，用投资成功项目获得的收益补贴其他失败项目的损失，以此获得较高收益。

2.创业者寻求风险投资的步骤

一般来说，创业者寻求风险投资需要经过10个步骤，具体如图8－1所示。

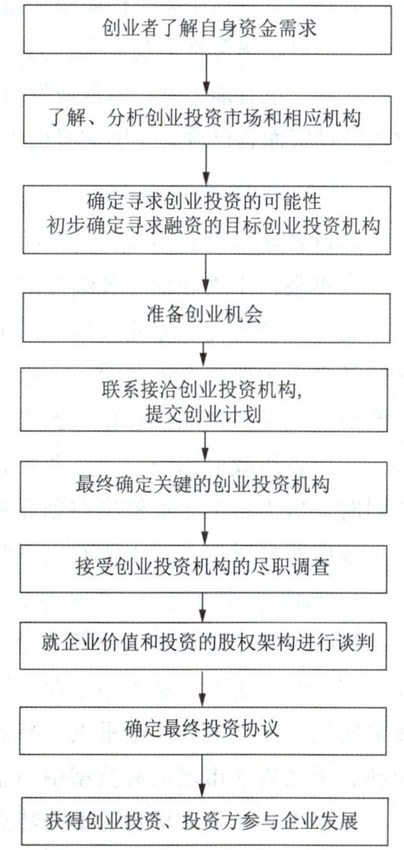

图8－1　创业者寻求风险投资的步骤

3.风险投资进入企业的四个阶段

高新技术产业化通常分为四个阶段：技术的酝酿和发明阶段、技术创新阶段、技术扩散阶段和工业化批量生产阶段。相应地，风险投资进入企业也分为四个阶段。

（1）种子期（种子阶段）。种子期是指酝酿和研究技术的阶段。这个阶段，企业所需的资金比较少。从酝酿创意到制作实验室样品，再到生产原始样品，这个过程通常由高科技创业者自己完成。很多发明都是工程师在做其他实验的时候有一个“绝妙的想法”，但是这个“绝妙的想法”的产品在原有的投资渠道下无法实现，为了进一步将其塑造成产品，创业者会寻找一个新的投资渠道。这个时期的风险投资来源主要是个人积蓄、家庭财富、朋友借款、科学基金等。如果这些资金还是无法支撑生产，发明人就会寻找专业的投资人和风险投资机构。

（2）导入期（创造阶段）。创造阶段是指技术创新和产品试销阶段。在这一阶段，初创企业进行业务规划和市场分析，开展产品试验，进一步解决技术问题，消除技术风险，组建公司管理组织，进入市场进行产品试销，听取市场对产品的反馈。这一阶段所需资金投入显著增加。由于现阶段产品原型和企业创业计划已经准备就绪，但产品尚未批量上市，管理机制还不完善。因此，风险投资公司主要研究企业创业计划的可行性以及产品特点和市场竞争力。如果风险投资公司认为投资标的的存活率较高，就会投资。这一阶段的风险主要是技术风险、市场风险和管理风险。

（3）成长期。成长期是指技术扩散和生产扩大的阶段。与前两个阶段相比，这一阶段企业的资金需求有所增加，一方面是生产扩大的需要，另一方面是市场开拓和营销投入的需要，最终企业达到入门级规模。这一阶段所需的资金称作成长资本，其主要来自原有风险投资机构的增资和新风险资本的进入。

（4）成熟期。成熟期是指企业技术成熟，产品走向大规模工业化生产的阶段，这一阶段所需的资金称作成熟资本。这个阶段仍需要大量资金，但风险投资机构已很少再加大投入。一方面，公司产品的销售已经可以积累可观的现金流；另一方面，由于当前阶段技术成熟、市场稳定，公司有足够的信用吸引银行贷款，也有能力发行债券或发行股票。值得注意的是，随着各类风险的降低，投资回报率相应降低，对风险投资而言已没有足够的吸引力。成熟期是风险投资收获的季节，也是风险投资退出的阶段。

（四）政府扶持基金

创业者还可以利用政府的扶持政策，获得政府的资金支持。

近年来，中央和地方各级政府充分认识到创业对社会经济发展的推动作用，为了促进国民经济发展，支持科学研究和企业发展，国家各级政府专门设立了政策扶持资金或计划项目资金。政府的资金支持是中小企业资金来源的一个重要组成部分，国家政策扶持资金贯穿企业生命周期的绝大部分，从开始研发到项目产品产业化再到走出国门开拓市场等，中小企业都可以获得国家不同类型的资金的支持。我国各级政府给予创业企业极大的鼓励和支持，在建立和完善各类创业资金资助和政策扶持体系的同时，努力帮助企业解决在创业融资方面遇到的各类问题和困难。

政府背景融资方式主要有以下几种。

1.科技型中小企业技术创新基金

科技型中小企业技术创新基金是1999年经国务院批准设立的一项政府专项资金，用于鼓励、培养、支持和促进科技型中小企业开展技术创新项目，由科技部科技型中小企业技术创新基金管理中心负责实施。该类创新基金重点支持处于产业化初期、技术含量高、发展潜力大、风险较大、前期资金短缺、无法进入市场的科技型中小企业项目。

根据中小企业和项目的不同特点，科技型中小企业技术创新项目分为无偿资助的创新项目、重点创新项目两类，具体要求如下。

（1）无偿资助的创新项目。

对技术创新产品在研究、开发及中试阶段给予必要的资金支持。申请的企业必须满足以下条件：①最低注册的实收货币资本不少于30万元；②职工人数不超过300人；③资产总额不高于5000万元；

④年营业收入不超过5000万元；⑤申报的项目尚未形成销售规模；⑥项目计划新增投资不超过1000万元，资金来源确定，投资结构合理。

（2）重点创新项目。

技术创新基金重点创新项目须按照项目指南的支持方向和范围，申报条件如下：①企业员工人数不得超过500人，年营业收入不超过3亿元，总资产不超过3亿元，连续经营期至少3年；②企业具有高成长性，最近3年营业利润增长率至少120%，最近一年的利润增长率至少为30%，加权平均净资产收益率至少为10%；③企业必须开展创新基金的创新项目，最新的创新项目已通过验收；④优先考虑获得发明专利的项目和获得风险资本的项目。

除了科技型中小企业技术创新基金外，还有中小企业发展专项基金、中小企业国际市场开拓基金等国家层面的创业扶持基金。

2.针对特定群体的创业基金

中央和地方各级政府设立了一大批专项创业基金，专门鼓励和扶持失业人员、高校毕业生、回国留学生、流动人口、返乡职工等不同特点和类型的群体创业。一般来说，针对特定群体的创业基金主要有两类。

一是针对劳动力市场特殊群体（如下岗职工、农民工、退役军人等）设立的特定群体创业基金。例如，从2002年开始，再就业小额担保贷款在全国范围内推行，小额担保贷款范围不断扩大，帮助有工作能力和工作意愿的、诚实守信的下岗失业人员就业、自主创业、组织就业。

二是针对具有强烈创业意愿和创业能力的群体（如大学毕业生、留学生、科研人员等）设立的特定群体创业基金。例如，2009年10月，国家发展改革委、财政部联合发布了《关于实施新兴产业创投计划、开展产业技术研究与开发资金参股设立创业投资基金试点工作的通知》，推动利用国家产业技术研发资金，联合地方政府资金，参股设立创业投资基金（即创业投资企业）试点工作。

3.地方性支持基金优惠政策

为了更好地支持创业、活跃地方经济，我国各地政府纷纷推出各类创业支持基金或其他扶持政策，包括税收优惠、小额贷款、建设创业基地、设立种子基金等。

4.天使基金

政府有关部门和社会各界人士资助成立了天使基金，旨在鼓励和帮助大学生自主创业、灵活就业。

三、创业企业融资

资金作为企业运营的血脉，对于企业的生存和发展发挥着不可或缺的作用。很多初创期企业由于创业资源有限，在创业初期就面临资金紧张的问题，所以能否筹集到足额资金是决定创业企业能否成功的关键。而创业融资是企业在创业过程中融通资金的行为。

（一）创业融资的概念

融资是指资金的融通。狭义上，融资是指企业在经营过程中筹集资金的行为，即企业获取资金的过程。具体而言，它是指创业者以一定的方式，使用一定的方法，以一定的经济利益为代价，从资本、资源所有者那里筹集资金，获得支持的一种经济上的行为。广义上，融资不仅指资金的筹集，还包括资金的使用，即包括狭义的融资和进行投资两个方面。

创业者应该根据新创企业在不同生命周期的资金需求特征，综合企业创业计划以及企业发展战略，合理确定企业资金来源以及企业融资方法。

（二）创业融资的原则

企业在创业初期筹集资金时，应注意控制获得融资的价值成本，注意把控风险，在能够接受的风险范围内，根据市场运行规则，尽可能用最低的成本筹集足额的资金。创业企业融资时应注意遵循以下原则。

1.合法性原则

创业融资是一种经济活动，对市场资本和资源的流动和流向有较大影响，涉及相关经济主体的经济权益。创业者要想持续发展企业，就必须遵守国家相关法律法规，依法履行相应的职责与义务，维护相关融资主体的权益，避免出现诸如非法吸收公共存款、非法发行股票债券等违法行为。

2.合理性原则

在不同的创业生命周期中，企业对金融资源的需求不同，资金来源也不尽相同，不同的资金来源会对企业的收入和成本产生不同的影响。创业者应合理制订创业计划，结合创业企业不同发展阶段的经营策略，科学利用财务资源，合理预测所需资金数额，认真研究筹措资金的方法，确定合理的资本结构（包括股权基金和债权基金，以及债权基金中长期和短期资金的结构等），合理选择资金来源。

3.及时性原则

市场机遇稍纵即逝，消费者偏好、政府政策、竞争市场等因素复杂多变，创业者必须能够合理地安排资金融通时间，将可行的项目付诸实施，并根据创业企业的时间计划，使融资和投资在时间上协调一致，既要避免因资金短缺无法进行正常的生产经营，又要避免融资金额过多造成资金闲置或支付不必要的成本，也要防止资金募集出现延误，错失资金投入的最佳时机。

4.效益性原则

获得经济利益是初创企业经营和发展的最终目标之一。创业企业通过各种融资方式获取的资金，都具有一定的资金成本。因此，合理选择融资渠道和融资方式，有利于降低获得资金的成本，并使创业企业的财务风险控制在可承受的范围之内。创业者的创业活动只有在获得的资本收益高于融资成本的情况下才有价值。因此，创业者应在综合分析投资与收益的基础上，选择最佳的融资组合。

5.杠杆性原则

创业者在筹集创业资本时，应分析比较各种融资方式，选择经济可行的融资方案，从而充分利用资本的杠杆效应，提升资本的附加值，最大限度地为企业运营提供帮助。优秀的创业者通常会在创业初期选择与企业家合作，有效整合资源，利用合作关系发掘更多资本附加值，这样更有利于企业的快速持续发展。

（三）创业融资的重要性

任何企业的生产经营活动都离不开资金的支撑。大部分创业企业在创业初期都存在资源短缺的情况，其中阻碍企业发展的重要因素之一就是资金短缺。在创业过程中，企业需要研发自有核心技术，需要支付资金购买原材料及固定资产，需要进行广告宣传，需要支付劳动力薪酬，需要架构企业组织，为了实现规模经济效应，企业需要不断地投入资本。另外，研发产品或技术服务的周期一般比较漫长，因此创业企业在早期需要筹集大量资金。创业融资对创业企业的生存和发展起着十分重要的作用，主要体现在以下四个方面。

1.满足企业现金流需求

资金既是企业生产和运营的起点，也是企业生存和发展的根本。资金链断裂意味着企业将无法继续生产，很可能面临倒闭。自创办之日起，企业要想保证正常的生产运营，就要有足额的现金流。创业融资可以为企业的生产和运营提供资金支持，使企业得以不断成长并扩大市场。另外，随着企业的扩大和发展，客户群体将增加，这时企业需要增大现金流以满足更多的客户需求。企业必须在扩大市场份额和获取更多客户收益前，持续投入更多的资金来维持生产运行和产品产出。

2.满足企业资产投资需求

通常，创业企业在创业初期需要购置大量的机器，置办厂房和办公场地等，需要招聘、培训员工，需要投入资金研发技术等。创业企业的类型不同，前期资产投入的水平也不同，但初创企业都需要投入资产来启动企业生产，创业融资可以满足企业资产投资的需求。另外，随着创业企业不断发展壮大，若想满足更多消费者的需求，就需要扩大生产规模，或更新技术或设备以提高生产效率，这时也需要加大资产投资。

3.满足企业开发产品需求

创业企业在前期研发技术时，需要筹集资金，以支付人力资源成本及技术试错成本。统计表明，研发一款大型个人电脑（PC）游戏，整个开发周期投资费用一般不低于 2000 万元，需要 100 人以上的研发团队，耗时 2～4 年。可见，漫长的产品开发周期在许多行业中真实存在。创业企业若没有足够的资金支撑整个创业周期，可能会因为资金链断裂而无法继续生产，最终倒闭或破产，而创业融资可以满足企业开发产品需求。另外，市场环境和消费者偏好不是一成不变的，企业要持续进行资金投入以使产品和服务满足市场不断变化的需求。

4.满足企业备用资金需求

创业企业相较于成熟企业，在资源、经验和能力等多方面都存在不足，抗风险能力较弱。同时，企业在创建初期，生产策略、运营战略、内部管理等都不够完善，在不确定的市场环境之中，很可能遭遇突如其来的组织变故和外部冲击。所以，创业企业要留有一定的“备用金”以防御风险，即在资金使用上留有余地以备不时之需。创业者可以通过合理选择融资渠道和方式来降低资金使用成本，提升资金配置水平，为企业应对突发状况提供资金保障。

四、创业融资的方法

创业融资是创业企业获得资金的基本手段，根据不同的标准可以划分为不同的类型。例如，按资金的来源，可划分为内源融资和外源融资；按融资的流程，可划分为直接融资和间接融资。本书将创业融资的方式分为股权融资和债权融资，以反映创业企业获取资金时需要付出的成本及其他代价。

（一）创业融资方法

1.股权融资

股权融资是指创业企业通过出让股权获得投资性资金的方式。在股权融资方式下，资金提供方按照投入资金的比例享有创业企业的股份和控制权，参与公司最重要的经营决策并承担公司的经营风险；资金提供方投入的资金一般不能从创业企业中直接撤回（可通过股权转让收回资金），其报酬水平依据企业经营状况的好坏和盈利水平的高低确定。广义的股权融资包括内部股权融资和外部股权融资。内部股权融资主要指企业的内部资金积累。外部股权融资包括个人积蓄、亲友投资、合伙基金、天使投资等。

对创业企业而言，股权融资方式的优点体现在以下三个方面。

（1）股权融资公司需要建立比较完善的治理体系。公司的法人治理结构基本上由股东大会、董事会、监事会和高级管理层组成，在它们之间建立了众多风险缓释分散和权力制衡机制，大大降低了企业的经营风险。

（2）创业企业不仅能够拥有资金提供方所提供的财务资源，还能够间接获得资金提供方所拥有的社会资源和管理经验等。

（3）创业企业通过出让股权方式所获得的资金，不会提高企业的资产负债率，企业的财务状况可保持健康，为后续融资提供更好的经营数据支持。

同时，股权融资方式的缺点也很明显。

（1）创业企业通过股权出让方式获得资金，可能导致股权分散，使创业者或创业团队失去对企业的控制权。

（2）创业企业在进行重大战略决策时（如上市、并购等），需要考虑和照顾资金提供方的各种意见，可能导致企业决策效率下降，甚至决策失败，使企业丧失重要发展机会。

股权融资是创业企业最常用的融资方式。股权融资额的多少会影响债务融资额的多少，股权融资的分配会影响未来利润的分配和初创企业的长远发展。在做出股权融资决策之前，企业家应了解可获得股权融资的方法，在进行融资决策时应考虑投资者的特点。

2.债权融资

债权融资是指创业企业通过借贷获得债务性资金的方式。在债权融资方式下，资金提供方将资金所有权转移给创业企业，并约定在一定时点或时间范围内（贷款期限），创业企业归还相同数额的资金（本金），且按照预先约定向资金提供方支付固定报酬（利息）。常见的债权融资方式包括银行信用、项目融资、向非银行类金融机构借款、交易信贷和租赁、向其他企业借款等。

对创业企业而言，债权融资方式的优点包括以下三个方面。

（1）资金提供方（债权方）不干涉企业的经营状况，不限制资金使用方式，因而创业企业日常经营不受资金提供方制约。

（2）创业企业可以保持对企业的所有权控制，并独享未来可能的高额回报。

（3）创业企业只支付固定的资金使用成本（利息），能够对资金成本进行准确预测和控制，从而避免财务风险。

债权融资的弊端主要有以下两个方面。

（1）创业企业独立承担无法全额偿还债务的风险。在债务融资方式中，无法偿还的损失由公司自行承担，公司必须想方设法全额偿还借入的资金以确保业务的连续性。

（2）创业企业进行债权融资，提高了企业的负债率；若资产负债率过高，创业企业在后续融资（如公开上市）和应对市场竞争时会面临挑战和风险。

（二）创业融资方法的比较

股权型和债权型两种创业融资方式都能够为创业企业带来急需的发展资金。但是，二者之间存在的诸多差异，使创业企业在融资时需要付出不同的成本和代价，为创业企业的发展带来不同的影响。

股权融资和债权融资各有利弊，创业者应了解不同融资方式的优缺点，考虑不同情况下的融资成本，做出科学的财务决策。

股权融资获得的部分资金既可以丰富公司的营运资金，也可以用于公司的投资活动。对于通过债权融资获取的资金，公司必须先支付资金利息，并在贷款到期后偿还资金本金。股权融资和债权融资的优缺点对比见表 8－6 所列。

表 8－6　股权融资和债权融资的比较

比较项目	股权融资	债权融资
本金	永久性资本，保证企业最低的资金需要	到期归还本金
资金成本	根据企业经营情况变动，相对较高	事先约定固定金额的利息，资金成本较低
风险承担	高风险	低风险
企业控制权	按比例或约定享有，分散企业控制权	企业控制权得到维护
资金使用限制	限制条款少	限制条款多

与债权融资相比，股权融资具有更高的风险和更高的资金成本。企业融资成本包括会计成本和机会成本。与会计成本相比，机会成本是做出企业决策行为的主要依据。从全国范围来看，企业获得银行贷款的机会成本较高。例如，某公司根据对未来市场发展的预期，制订了合适的产品开发计划，但由于贷款规模较大，放款周期较长，所以失去了抢占巨大商机的投资机会。由此可见，银行贷款的延时性增加了企业债权融资的机会成本，这也是债权融资的局限性。一般来说，是采用债权融资还是股权融资，主要取决于创业企业的融资能力、公司资产和当时的市场利率水平等。

（三）创业融资方法的决策

在企业融资决策时，除了要权衡不同融资方式的优缺点和融资成本的高低外，还应考虑企业生命周期所处的阶段和企业的特点。

1.企业所处阶段

企业的融资需求具有阶段性。企业在不同的生命周期阶段具有不同的风险特征和资金需求。同时，不同的筹资渠道提供的资金数量和风险水平也不同。因此，创业者必须结合企业所处不同阶段的融资需求合理选择融资渠道，提高融资效率，筹集创业资金，解决企业生存与发展的难题。

在种子期和导入期，企业处于高度的不确定中，只能依靠自我融资或亲朋好友的支持以及从外部投资者中获取“天使资本”。创业投资很少在此时介入，而初创企业从银行获得贷款支持的难度很大。建立在血缘和信任基础上的个人积蓄资金是该阶段融资的主要渠道。当然，大学生创业在这个阶段可通过创新创业大赛与大学生创新创业政策获得相关支持。

企业进入成长期后，已经有了前期经营基础，发展潜力逐渐显现，资金需求量比以前增大。成长早期，在企业获得现金流之前，创业者获得债权融资的难度较大，即使获得，也很难支付预定利息，这时创业者往往倾向于股权融资，因为这不需要固定偿还本金与利息。成长后期，企业表现出较好的成长性，并且具有一定资产规模，可以寻求银行贷款、商业信用等债权融资。

企业进入成熟期后，债权、股票等资本市场可以为企业提供丰富的资金来源。如果创业者不再经营企业，则可以选择公开上市、管理层收购或其他股权转让方式退出企业。

综上，企业生命周期与融资渠道的对应关系见表 8－7 所列。

表 8－7　企业生命周期与融资渠道的对立关系

融资渠道	种子期	导入期	成长早期	成长后期
个人积蓄				
亲友资金				
天使投资				
合伙人资金				
创业投资				
抵押贷款				
融资租赁				
商业信用				

注：表中深色的区域为对应于该阶段采用较多的融资渠道，浅色的区域为该阶段可能会采用的融资渠道。

2.新创企业特点

创业项目各有不同，涉及的行业、初始资源禀赋、面临的风险、预期收益等差异很大，面临的竞争环境、选择的经营战略也各不相同，所以企业资本结构会有所不同。高新技术产业或具有独特商业价值的企业，具有较高的经营风险和较高的回报预期，收入更容易预测，更容易获得创业资金。实践中，初创企业难以满足银行等金融机构的授信条件，创业资金多通过民间融资获得。新创企业特点与融资方式的关系见表 8-8 所列。

表 8-8 新创企业特点与融资方式的关系

新创企业类型	特点	融资方式
高风险、预期收益不确定	弱小的现金流； 高负债率； 低、中等成长； 未经证明的管理层	个人积蓄、亲友资金
低风险、预期收益易预测	一般是传统行业； 强大的现金流； 低负债率； 优秀的管理层； 良好的资产负债表	债权融资
高风险、预期收益较高	独特的商业创意； 高成长性； 利基市场； 得到证明的管理层	股权融资

第三节 创业资源管理

学习目标

1.了解创业资源整合和有效使用的方法。
2.了解创业资源开发的技巧和策略。

一、不同类型资源的开发

（一）资源开发的总原则

无论是在创业初期，还是在企业成长过程中，企业资源的科学管理都是非常重要的。因此，应针对不同类型的创业资源的开发制定规则，具体包括以下几个方面。

1.优化现有创业资源配置

对于创业企业来说，发展前的创业资源大多是离散的、碎片化的，不具有系统性效应。为了最大限度地发挥这些资源的价值，产生最佳的社会效益、经济效益和商业效益，为创业企业带来利润，创业者需要对创业资源进行分类整理，运用科学、系统的方法，对各种创业资源进行整合和综合，使之更系统、更有价值。在优化配置资源的过程中，企业要结合所处的阶段，分析哪些资源在这个阶段起主导作用，哪些资源起辅助作用，从而保证资源配置科学、合理。

2.运用“木桶效应”查漏补缺

创业者不能只考虑起主导作用的资源，盲目加大对起主导作用资源的投入而忽视其他资源。需要注意的是，资源稀缺会导致其他资源的浪费，因为木桶的水容量取决于最短的木块。因此，需要预见可能出现的资源短缺问题，充分做好资源储备和预算管理计划，使公司的不同资源在不同阶段得到优化配置。

3.坚持能用、够用的原则

创业者在开发资源时要遵循“能用”的原则，只有那些能满足自身需要、自己能够控制和充分利用的资源，才是应该获取的资源。而且，资源的使用是有代价的，资源开发应该控制在“够用”的水平上，而不是越多越好。

（二）不同类型的资源及其开发

1.人脉资源

人脉关系是体现在社会关系中的由人际关系所创造的人际网络。人脉资源的开发是创业成功的基本条件，开发人脉资源需要注意以下几个方面。

（1）长期投资性

人际社会网络并不是简单的“拉关系”“套近乎”等寻租行为，而是基于正常社会交往和人际互动形成的社会关系，比如师生关系、同事关系、朋友关系、村民关系、校友关系等。创业者平时应注意构建人际资源网络，不要在危急时刻才想起经营人际关系。虽然他现在不是你的客户，但明天他可能就成了你的客户，所以需要从现在开始就建立联系，与企业合作也是一样。

（2）可维护性和可扩展性

人脉关系可以通过合作、沟通、关心、帮助、友情、亲情等方式来维系，并发展出新的关系。创业者应该学会建立和维护各类人脉关系，广结善缘，多交朋友，创造和积累基于师生关系、同事关系和朋友关系等人脉关系的人脉资源，为创业活动的开展奠定良好的社会基础。

（3）有限性和随机性

虽然每个人一生能遇到很多人，包括老师、同学、亲戚、同事、朋友、客户等，但你认识的人未必都能在事业方面给予你帮助，从这个方面来说，每个人的人脉资源都是有限的。由于你认识的人未必能帮助你，你也未必认识能帮助你的人，所以客观上人们需要认识更多的人。

在人脉资源的开发中，一定要注重培养健康的人际网络关系，形成具有自身人格魅力的人际网络圈。为此，创业者必须不断提高自身素质。

2.人力资源

新创企业的人力资源包括创业发起人、核心团队成员、管理团队成员和其他人力资源。发起人的经验、知识和创业技能是新创企业的无形资产，许多投资者将他们对创业发起人的了解作为投资一家公司的决策依据。一般来说，一个优秀的创业者应该具备的素质包括创业热情、专业经验、社会关系、专业知识等，随着事业的发展，这些素质也成为吸引他人加入创业团队的重要因素。

核心团队成员是指在创业初期便加入，以创业发起人为中心，围绕创业发起人组建起来的团队内的成员。他们从各个角度支持创业发起人，并能在自己的职责范围内把工作做好。创业者在创业初期必须能够明确自己的主要合作伙伴，错误的选择可能会阻碍公司的进一步发展。

新创企业发展到一定阶段，仅靠创业初期部分骨干成员的能力和精力已无法支持企业走得更远，此时需要引入外部管理团队来推动企业管理的规范化。同时，初创企业应建立符合企业发展战略的人才资源规划体系。

3.信息资源

信息资源是初创企业的重要资源，应与其他资源一样，对信息资源进行开发和整合。

信息资源的开发、整合过程，就是信息资源与企业家理性相匹配的过程，在这个过程中，要做好以下三个方面的工作。

第一，获取有用的信息。随着信息技术的发展，日常生活中产生的信息量骤增，信息流动加速，创业者如何在最短的时间内获取最有效的内外部信息，抓住成功创业的机会，往往成为一个难题。

第二，信息资源的开发应得到创业者的高度重视。初创企业最高级别的信息化是做出面向未来的决策。但是对于创业者来说，信息是不对称的，只有认真了解和分析周围环境的变化，开发包括竞争对手、政府、行业、合作伙伴、客户等各方面的信息，才能做到“知己知彼，百战不殆”，有的放矢，集中精力、财力和人力，抓住转瞬即逝的成功机遇。

第三，做好信息资源规划。初创企业在开发信息资源时，不仅要整合和管理外部信息资源，还要整合和管理内部信息资源。信息资源规划是指建立和完善企业信息资源管理基础标准，根据需求分析建立综合信息系统的功能模型、数据模型和系统架构模型，实施计算机网络通信工程、数据库工程与应用软件工程相结合的企业信息化解决方案，打造高质量、高效率的现代化高水平信息网络，实现企业信息化建设的跨越式发展。

4.技术资源

那些勇于创新、充分把握变革机遇的企业家，总能通过技术创新将同质产品转化为异质产品，从而为企业创造基本的竞争优势。

在开发技术资源时，创业者要注意以市场需求和客户满意度为导向，不能过于执着于自己开发的技术而忽视市场反应。21 世纪，信息社会大大降低了技术获取的成本，单个企业越来越难以获得技术领先地位。以用户体验为中心，整合资源打造新产品和新服务，持续改进现有产品，成为企业成功的新路径。苹果公司艺术与工业结合的奇迹，让人们认识到消费者体验导向决定了企业竞争优势的整体意义。赛道变迁时，如果忽视用户需求与用户体验，闭门造车往往会浪费创业者的资源，耽误企业发展的机会。

企业在着力开发技术资源的同时，也要对其进行有效整合。企业不仅要整合内部技术资源，还要整合可用的外部技术资源。对于企业而言，技术资源的整合只是一个起点，是为了服务于持续的技术创新。企业只有加大自主研发，拥有自主知识产权，才能保持技术领先优势，维持市场主导地位。

5.资本资源

初创企业面临的最大问题之一就是缺乏资金。开发资源不仅仅要解决“钱”的问题，更要明确公司的商业模式和运营战略，选择好战略投资者。

（1）了解相关资金提供者的信息。

开发资本资源，首先要对拟引进的资本资源有一个大概的了解。在初步确定投资意向后，创业公司可以根据目前的情况，从众多潜在投资者中选出中意的对象。在与他们接洽之前，创业企业应该深入了解这些投资人的核心情况，比如资质、业绩、可提供的增值服务等，这决定着战略投资人能为公司带来哪些资源（如政府背景、行业背景、市场影响力、营销支持等），即在开发整合资本资源时，要充分考虑所获得的资源是否可以产出更多的其他资源。

（2）克服“技术爱好”或“产品偏执”情结。

对于以科技为基础的初创企业，在开发资本资源时需要克服“技术爱好”或“产品偏执”情结，形成超越技术和产品的产业视野和商业意识，学会识别战略因素，构建正确的商业模式。只有这样，驱动资本市场的“阿基米德支点”才能建立起来。

资本市场有商业规律，不会单独为“技术”买单，它培育的是产业空间和技术所能带来的增长空间。真正能够实现增长的商业模式，比先进技术本身更能吸引资本的兴趣。

也就是说，对于科技型初创企业来说，技术很重要，融资很重要，商业模式和发展战略更重要。企业在进行资本资源开发时应着眼于商业模式和发展战略，而不是一味地着眼于技术或产品。

二、有限创业资源的创造性利用

大多数创业者在创业初期能够获取和利用的资源是相当有限的，优秀的创业者在创业过程中能将资源进行创造性地整合、转化和利用，使其成为具有可持续竞争优势的战略资源，从而有效地开发创业机会，推动创业过程向前发展。现有研究结果表明，成功的创业者常通过三种方式创造性地利用资源：步步为营策略、资源拼凑策略和资源杠杆策略。

（一）步步为营策略

受限于资源条件，大多数创业者必须找到创造性的方法抓住机会建立和发展公司业务。步步为营策略是指当资源缺乏时，创业企业分多个阶段投入资源，并在每个阶段或决策点以最少的资源投入获取最佳的收益。资源缺乏是绝大多数创业企业面临的问题，经营业绩缺乏、未来发展充满不确定性等一系列因素使创业企业与成熟企业相比，在资源获取方面处于劣势。

步步为营策略是为了努力减少资源消耗，降低经营成本。例如，为了降低运营成本，采取外包策略；为了降低管理费用，进入众创空间或孵化器，获得高性价比的办公场所或共享基础办公设备；为了降低人力成本，雇用临时工甚至租借员工或使用实习生等。步步为营策略主要目的是使成本最小化，但过分强调低成本会影响公司形象和产品质量，最终限制公司的快速发展。例如，一些食品加工企业为了降低成本，使用地沟油作为生产食用油的原料，严重危害社会，最终受到法律的制裁。这种短视的成本削减行为是致命的。因此，使用步步为营策略来最小化成本是有条件的，即不能影响产品或服务质量。

（二）资源拼凑策略

资源拼凑是指创业者或创业团队通过设计新方式来运用现有资源，或通过为已有资源持续添加新元素等方法最大限度地挖掘和利用资源的价值。创业情境下的资源拼凑强调脱离传统的资源环境分析框架，从全新视角去审视现有资源的价值，并通过即刻行动及资源重构来实现对资源的有效利用。

创业活动中的资源拼凑主要包含以下两个关键要素。

一是将就使用、持续提升。创业企业利用现有的资源条件实施创业活动，随着资源条件的改善，为现有资源注入新的资源要素。例如，创业企业在现有生产和技术条件下，开发 1.0 版本产品并将其推向市场；随着技术资源、生产设备的不断升级和完善，从外观、功能、型号等方面将原有产品升级至 2.0 版本。这种产品持续迭代的过程，本质上反映了创业企业运用持续修补策略开发利用现有资源。可见，将就使用、持续提升是从新要素注入层面实现对创业资源的开发利用。

二是老树新花、全新应用。创业者不屈服于资源、环境或制度的约束，积极打破传统资源利用方式的束缚，利用可利用的资源实现创业目标，在汇集资源的过程中强调创新和创造性创业。即创业企业打破传统观念，抛开人们常态下对资源和产品的常规认识，在资源利用上有所突破，让原有的创业资源发挥新的价值。老树新花、全新应用是从新方法运用层面实现对创业资源的开发利用。

综上所述，资源拼凑不是即兴创作，而是创业者在资源有限的情况下，整合可用资源，解决新问题，开拓新机遇，并立即采取行动，创造独特的服务和价值的过程。要实现创造性资源拼凑，需要三个关键要素：拥有可用资源、为新目的重新整合资源和凑合使用。在不同的情况下，资源拼凑创业的目的、过程和结果也会有很大差异，比如创业初期为生存而进行的非选择性拼凑，创业后为持续成长而进行的选择性拼凑，过程和结果明显不同。

（三）资源杠杆策略

资源的杠杆效应是指用最少的资源获得最多的回报。创业资源通常是有限的，要想充分利用有限的资源就需要撬动资源杠杆。这通常需要采取以下方式：①用一种资源交换另一种资源；②创造性地使用别人认为无用的资源；③持有资源的能力比其他人强；④为个人目的向他人或公司借用资源；⑤用丰富的资源补充稀缺的资源，产生更高的附加值。杠杆效应对促进创业活动具有重要意义，因此创业者应在创业过程中提升创造与运用资源杠杆效应的能力，利用第三方资源实现自己的创业目标。

一、单选题

1.创业资源按其性质可以分为（　　）。

（1）物质资源；（2）财务资源；（3）人力资源；（4）技术资源；（5）品牌资源；（6）组织资源；（7）信息资源。

A.（2）（3）（4）（5）（6）（7）　　B.（1）（2）（3）（4）（6）

C.（2）（3）（4）（5）（7）　　D.（1）（2）（3）（4）（5）（6）

2.影响创业资源获取的因素有（　　）。

（1）创业导向；（2）先前工作经验；（3）资源的配置方式；（4）创业者的管理能力；（5）社会环境。

A.（2）（4）（5）　　B.（3）（4）（5）　　C.（1）（2）（3）（4）　　D.以上所有选项

3.不同资源在创业中发挥着不同的作用，以下说法中错误的是（　　）。

A.创业者及其团队的知识、经验是成功创业最为核心的资源

B.社会资本衔接了更多外部资源，有助于通过网络关系降低创业风险，加强合作者之间的信任

C.创业过程中，资金所发挥的作用始终大于人才

D.资金是企业生产经营的起点和发展的基础

4.企业进行创业融资规划时，需要考虑的因素不包含（　　）。

A.不同融资方式的优缺点　　B.融资成本的高低

C.企业当下的运营情况　　D.企业生命周期所处的阶段

5.下列哪种方法不适用于创业资源管理？（　　）

A.依靠自有资源　　B.步步为营策略

C.资源杠杆策略　　D.资源拼凑策略

6.资源是创业成功的重要因素，下列关于资源准备的说法中正确的是（　　）。

A.进行市场营销时可以没有目标市场

B.资源的准备即便没有计划也可以高效进行

C.贷款机构、国家对高科技项目的投入等，都是股权融资的有效方式

D.人脉始终是获得创业成功的核心资源

二、判断题

1.创业的成功，以智慧为核心素质，与创业者的人格无关。（　　）

2.创业者的管理能力高低与其获取资源的可能性并无关系。（　　）

3.利用资源时，杠杆效应有利于将一种资源补足另一种资源以产生更高的复合价值，或利用一种资源获得其他资源等。（　　）

4.创造性地整合资源不需要掌握沟通及人际技巧。（　　）

三、思考题

1.创业者为什么经常受到资源匮乏的约束?

2.能够构建企业核心竞争优势的资源一般需要具备什么特点?

3.创业者一般拥有哪些资源?

4.步步为营策略与资源拼凑策略之间存在什么异同?

5.新创企业整合创业资源有哪几种途径?

6.曹操有句名言："宁教我负天下人，勿教天下人负我。"但曹操却整合了很多优质资源并成就了霸业，你能对此进行分析吗?

7.人们经常说创业是白手起家、无中生有，对此你怎么看?你认为创业过程中必不可少的创业资源有哪些?

创业计划与创业计划书

第九章

课程思政

通过“创业计划”“创业计划书的撰写与展示”相关知识教学，引导学生明确创业方向和目标，鼓励学生打破思维定势，勇于创新，敢于尝试新事物，培养学生的创新思维和创业精神，激发其创新创业的潜能；鼓励学生将所学理论知识应用于创业计划书的撰写与展示中，提升创业计划书的撰写水平和实践能力，提升学生的综合素质；引导学生树立竞争意识，培养其社会责任感。

学习重点和难点

重点：创业计划的内容与结构和创业计划书的撰写技巧。

难点：创业计划书展示的技巧。

第一节 创业计划

1.了解创业计划的基本内容及其重要性。

2.认识创业者在创业过程中准备创业计划的原因。

3.了解撰写创业计划书所需信息的搜集渠道。

创业是由实践、思考、组织、观察、交流和学习等一系列行为构成的综合活动，创业要想取得成功，就必须有一份计划来引领整个活动过程，因此撰写一份创业计划十分重要。

一、创业计划的含义及作用

（一）创业计划的含义

创业计划，也称企业计划，是创业者在选定创业目标之后、成立企业之前撰写的，用来描述创办一个新企业时所具有的初始资源、所面临的内部和外部环境及相关要素的综合性文件。它通常包含执行摘要、项目背景、对产品或服务的介绍、市场分析、竞争分析、经营管理、财务分析、风险控制等内容。它也是创业者创办企业的前三年内所有中短期决策的指南。

创业计划又称创业计划书，是创业者在创业初期为企业勾画的蓝图，包括产品开发生产、市场营销、财务、人力资源等职能计划的综合。通过撰写创业计划书，可以对创业进行全面、系统的内外环境分析及必要条件的客观分析，帮助创业者厘清思路，引导企业顺利度过起步阶段。

从广义的角度来说，创业计划书就是创业者计划创立的业务的书面概要；从狭义的角度来说，创业计划书是就某一项有市场前景的新产品或服务向潜在投资者、风险投资公司、合作伙伴等游说以获得风险投资的商业可行性报告。对创业者而言，了解创业计划书是什么和不是什么至关重要。创业计划书并非一份合同、一份协议或一份预算，而是一份将创意转化为创业企业的可行性创业报告。

（二）创业计划的作用

一份详尽的创业计划不仅有助于创业者厘清思路成功创业，还可以帮助创业者吸引投资者，为项目或已经创办的企业注入资金，从而为企业的中长期发展提供财务上的保障。具体而言，创业计划有以下三方面的作用。

1.帮助创业者厘清创业的思路

在创业者正式创办企业之前，创业计划书的作用主要是帮助创业者分析项目的价值。因此，一般在选定创业目标之后，创业者就应该以认真严谨的态度分析自己所拥有的资源和目前的市场情况，把项目各个方面的影响因素都通过书写确定下来并逐条推敲，以分析创业的风险和收益，并根据项目的内外部条件来确定创业初期的经营计划和竞争策略，从而使创业者在创业之前就能做到心中有数，对将要创办的企业有清晰深刻的认识。

2.帮助创业者管理团队和企业

创业者可以通过创业计划书来使创业团队认识到企业的前景和潜力，使他们对企业和个人的未来发展充满信心。创业计划书在“公司管理”这一部分向创业团队详细地描述了各自所要开展的活动，使每个人都了解自己的工作任务和扮演的角色，从而可以帮助每个人评估自己与岗位的匹配情况。因此，创

业计划书能够帮助创业者吸纳企业所需要的人力资源，管理创业团队并凝聚人心。此外，创业计划书的实施和管理部分还提供了评价企业经营的指标和管理监控的指标，从而使企业的管理经营更有章可循。

3.帮助创业者宣传和获取资源

不管在创办企业之前还是在企业成立之后，创业者都有宣传和融资的需求，因此，创业计划书是必不可少的书面材料。一份详细完整的创业计划书不仅可以对所要开展的项目进行可行性分析，还可以向投资者、政府等利益相关者宣传企业各个方面的情况，使利益相关者认识到企业的发展前景，从而帮助创业者获取资金或土地等资源，识别关键信息以帮助企业了解众多优惠扶持政策并合理使用这些优惠政策。

二、创业计划中的信息搜集

(一) 信息搜集的含义

商业信息搜集是指为了发展业务，通过适当的信息媒介和渠道，有计划、有目的地获取市场信息的过程。创业计划书的撰写过程，实质上是对创业机会的论证过程，也是一个不断搜集信息、分析信息的过程。因此，创业者必须了解信息的搜集渠道、搜集方法和搜集步骤。

开展信息搜集行动之前，创业者应首先思考以下几个问题：需要获取哪方面的信息？信息搜集需要花费多长时间和多少成本？可以通过什么渠道获取信息？围绕这些问题，创业者需制定出周密、切实可行的信息搜集计划，用以指导信息搜集工作的正常开展。否则，在实际操作过程中，创业者容易受到与创业计划无关的信息的干扰，或者在信息搜集阶段花费过多的时间和成本，导致信息搜集工作效率低下。

(二) 信息搜集的渠道

信息搜集渠道是信息来源的方式。创业计划中涉及的市场、客户、竞争对手、融资方式、创业资源等方面的信息可以通过互联网、竞争对手、关联方、会议和展览、共享文库等渠道获得。

1.互联网

搜索引擎是最重要的信息搜集渠道之一，使用搜索引擎查找信息需要使用合适的关键词，并掌握一定的搜索技巧。目前国内主要的搜索引擎见表 9－1 所列。同时，很多行业搜索引擎已经发展起来，如果想要寻找专业的行业信息，可以使用行业搜索引擎。

表 9－1 国内主要搜索引擎

名称	网址	特色
百度搜索	www.baidu.com	综合搜索
稻谷搜索	www.dgso.cn	综合搜索
360 搜索	www.so.com	综合搜索
神马搜索	m.sm.cn	专业手机移动搜索
搜狗搜索	www.sogou.com	综合搜索（搜狐研发）
必应搜索	cn.bing.com	综合搜索（微软研发）
中国搜索	www.chinaso.com	第三代搜索，行业搜索
有道搜索	youdao.com	网页、博客、图片、词典搜索等（网易研发）
今日头条	www.toutiao.com	提供个性化的搜索结果

2.公开出版物

互联网的作用再大，目前也不能完全取代电视、广播、报纸、杂志等传统媒体。在经济社会和信

息社会，传统媒体依然有其自身的优势。因此，创业者应懂得从以下公开信息中寻找信息。

（1）公司名录、公司年鉴。它们提供的信息如企业规模、产品、产量、销量、市场份额等，有助于创业者识别竞争对手并了解他们的概况。

（2）报纸杂志。特别是搜集行业动态、竞争态势、市场行情等信息的行业报刊和行业期刊，是了解一个行业竞争态势的重要窗口。

（3）产品目录和产品手册。产品目录对产品型号、技术规格、基本性能和技术参数进行了具体介绍。产品手册直观且包含了大量数据。它们是了解产品和市场行情的重要信息来源。

（4）上市公司年报。年报涉及企业的财务、客户、人员等信息，不仅包含定量指标，还包含可用于分析的定性指标。

（5）专利文件。专利文件既是技术文件又是法律文件，有助于了解竞争对手的专利申请活动，是公司新产品开发的重要信息来源。

（6）其他信息。一些图书馆的市场调查报告、一段时间内的消费数据汇总、同类企业的资料和文件汇编，都是创业计划搜集信息的有效来源。

与互联网相比，传统媒体提供的信息更加具体，更加有针对性。创业者可以依照自己涉足的行业和企业的发展目标有目的地查找、搜集。

3.关联方

在市场竞争日益激烈的情况下，企业越来越注重与利益相关的组织建立战略合作伙伴关系，以提高自身的竞争力。因此，企业所需的信息也可以在与业务相关的人员和公司的交往过程中搜集，用户、律师、银行、会计师事务所、市场研究机构、广告公司、咨询机构、供应商、行业协会、媒体、质检部门、储运部门等都是关联方。例如，竞争对手的员工，尤其是研发和营销部门的员工，掌握着很多有价值的信息。他们本身就是很好的竞争情报来源，有时可以通过员工的人际关系廉价获取竞争对手的信息，尤其是一些临界情报和零情报。获取此类信息的主要途径有：①获取竞争企业内部杂志等相关资料；②关注竞争对手新产品的推出；③调研、走访竞争对手员工及其家属；④获取竞争对手的信息。

4.会议或论坛

企业通过参加各种会议或参加各种产品展销会、贸易会议等，可以获得与会企业的产品说明、技术资料等有价值的信息。这也是获取市场信息、技术信息和人才信息的较好机会。

常用专家论坛

此外，创业者创业期间会去论坛上找资料，国内一些论坛经过多年的经营，已经比较成熟，如经管之家、理想论坛等。

5.数据库

（1）商业数据库。商业数据库多用于金融投资，主要分为国内数据库和国外数据库两大类。

①国内数据库主要有如万德、恒生聚源、锐思数据、CSMAR 数据、巨潮数据等。

②国外数据库主要有彭博、路透社、CEIC、OECD、Haver Database、Thomson Financial One Banker 等。

（2）学术数据库。学术数据库基本为高校、研究机构所用，也分为国内与国外两大类。

①国内学术数据库主要有中国知网、万方数据、人大复印资料、维普、中国经济网、国务院发展研究中心信息网、上海研发公共服务平台。

②国外学术数据库主要有 EBSCO、Elsevier。

扫一扫
共享文库

6.共享文库

共享文库的出现极大地方便了信息的搜集。最早建立的共享库有豆丁、百度、爱文等。现在共享文库很多，但是很多规模不大，文档数量少。

7.其他渠道

除以上介绍的几种资料搜集渠道外，结合科技的发展，也可以利用微信、博客、微博等去搜索。

（1）行业协会网站。大多数行业协会都有自己的网站，在该网站上能够查找一些与本行业相关的数据等。

（2）博客。国内有网易、新浪、搜狐、和讯等博客网站。

（3）微博。主要有新浪微博及腾讯微博。

（4）微信。

（三）信息搜集的方法

1.观察法

观察法是获取市场和行业信息的常用渠道，也是创业者获得直接经验的主要方法，这种方法比对书面信息资料进行解读或汇总更为鲜活、有效。创业者也可以通过对展销会、说明会现场或者生产、包装现场进行实地观察、调研取证，以搜集所需信息。观察的对象可以是人（消费者、生产者、管理者、组织者等）的行为，也可以是商品、展台、车间等客观事物；观察的侧重点以所需信息为依据；观察过程中一般是边看边记，最后整理分析，得出结论。为了将现场尽收眼底，观察者往往会借助现代技术，比如摄像机、照相机来记录现场状况。

为了避免调查出现偏差，在采用观察法搜集资料时应当注意以下几点。

（1）努力做到不带有任何看法或偏见地进行观察。

（2）选择有代表性的观察对象和合适的观察时间和地点，尽量避免只观察表面现象。

（3）在观察过程中，随时记录，记录内容尽量翔实。

（4）除了在特定环境（如在实验室）下，尽量保持观察环境自然，同时保护被观察者的隐私。

（5）在实际观察中，常与提问法结合使用，以提高所获信息的可靠性和准确性。

2.提问法

提问法实际上是设问法。即创业者首先对所发现的创业机会或想法提出相关疑问，然后带着疑问搜集信息，并利用搜集的结果论证创业机会和创业计划的可行性。

3.比较法

常言道，有比较才有鉴别。信息搜集中的比较实际上是一种取巧，即参考同行业其他创业者的创业计划，尝试分析其创业计划的可行性，从中总结经验，结合自身需要，获取有利的信息。

4.文献检索法

文献检索是指根据信息使用者的需要，以一定的方式组织和存储信息，并找到合适的信息的过程。狭义的文献检索是指从信息集合中寻找自己需要的信息的过程，对应人们通常所说的“信息检索”。

文献检索可采用直接法、回溯法、迂回法等多种方法。直接法是指直接使用检索系统（工具）检索文献信息；回溯法是指不使用通用的检索系统，而是利用文献末尾列出的参考文献，逐条追溯原文（引文），再从中逐条追溯；迂回法是一种将直接法和回溯法分阶段交替进行，以获得更好的检索结果的方法。

著者途径、题名途径、分类途径、主题途径、引文途径、序号途径、代码途径、专门项目途径等都是常用的文献检索方法。

（四）信息搜集的步骤

做好信息搜集工作，需要创业者有充分的准备和清晰的思路。了解信息搜集的各个步骤，可以为创业者指明信息搜集的方向，提高工作效率。一般来说，信息搜集可分为以下四个步骤。

1.弄清目的，明确方向

市场信息的庞杂和市场经济的实效原则使得创业者必须首先理清自己的实际需要，否则会做许多无用功。虽然创业者在搜集信息时可以适当扩大撒网面积，但要将重心集中在已经确定的目的和方向上。比如，创业产品想要创出品牌和特色，就要了解主要竞争对手在产品营销方面，从设计到生产、从包装到销售的所有信息，分析其主要流通环节有什么要求、反映出何种特征、体现出什么理念等，这就构成了信息搜集的目的和方向。此外，整个市场环境呈现出怎样的态势也是信息搜集的一个重要方面，这有助于创业者做出更适销对路的决策。

2.制订信息搜集计划

有无计划以及计划周密与否关系到整个信息搜集工作能否正常、有效地开展。制订计划要以切合实际为原则。如果以竞争对手为信息搜集对象，就要从经营环境、产品生产、销售策略、售后服务等方面制订不同的搜集计划。如果以市场需求为考察方向，就得从消费趋势和走向两方面制订搜集计划。

搜集计划中应明确不同层面的计划可用的信息搜集渠道与方法。各种渠道，如互联网、传统媒体、图书馆或者行业协会，能利用的尽量利用；而不同方法，比如调查法、访问法、观察法等则以实际利用的效用为选择原则。如此，才能拓宽信息来源，提高搜集效率。

3.组织实施

具体的信息搜集工作应按照搜集计划组织实施，在此过程中，创业者要注意三个方面：一要讲原则，要在广泛搜索的基础上有所深入。二要提高敏感度，对同一问题要进行多方位思考、多角度搜集。三要学会筛选。信息并非多多益善，要使其由杂乱到有序、从粗糙到精辟，就得分清主次、学会甄别，以节省时间，抢占制胜先机。

4.提供信息成果

信息成果的表现形式有调查报告、资料汇编、数据图表等，这是在感性认识的基础上经过整理分析得出的理性结果。根据结果，创业者可以做出科学的决策。其中，调查报告普遍运用信息评估与分析的形式。

（五）市场调查的内容和方法

制订创业计划的过程本质上是一个信息搜集的过程，一个对环境进行分析和预测进而解决未来不确定性的过程。市场调查是一种重要的信息搜集方法，是创业者判断创业计划方案是否合理、检查创业计划是否可行的主要工具。市场调查，顾名思义，就是通过搜集、整理和分析与营销有关的数据和信息，研究市场状况、周围环境和消费者需求，了解市场状况和发展趋势。通过市场调查，企业家可以了解与市场相关的客观因素如就业环境、现行的政策法规等，以及与市场相关的主观因素如消费者需求、竞争对手等信息。因此，详细的市场调查可以帮助创业者做出准确的市场定位和科学的企业营销决策，减少创业过程中的失误，增加创业成功的机会。

（1）做出准确的市场定位。通过对行业信息进行市场调查，创业者可以分析和评估行业生命周期所处的阶段、行业机会窗口的大小、行业竞争态势、行业进入和退出壁垒等。与此同时，结合对消费者需求的了解，创业者可以更加明确相关细分市场，尽可能准确定位市场，包括产品或服务的最终选择（产品定位）、拟占领的区域市场（区域定位）、拟服务的特定人群（客户定位）以及产品的定价策略（价格定位）等。

（2）进行科学决策，制订相应的营销计划。根据通过市场调查了解到的消费者消费或购买习惯、容易接受的沟通方式、愿意支付的购买价格等信息，创业企业可以制订切实可行的营销计划，从最终确定的消费者群体的喜好出发，按照其可以接受的时间和价格，选择方便其购买的方式进行恰当的促销，并通过积极的沟通对客户关系进行管理，与消费者建立一种稳固的、密切的、长期共赢的客户—公司关系。

（六）市场调查活动实例

根据项目论证过程中设计的调查问卷，选择细分市场，对创业项目进行市场调查。

1.市场调查的内容

在市场调查中需要对创业者所处的环境、竞争对手情况、消费者需求等信息进行研究。

（1）环境调查。

环境调查包括两个方面：宏观环境调查和行业环境调查。

①宏观环境调查。

通过 PEST 研究，即研究创业项目所面临的政治法律环境、经济环境、社会环境和技术环境，可以实现宏观环境调查。

P 即 Politics，代表政策要素，是指政治权力和相关法律法规等对组织的业务运营产生实际和潜在影响的因素。政府监管、政府采购规模和政策、税法变化、专利法变化、劳动保护法变化、公司和合同法变化、财政和货币政策等将对初创公司未来的经营状况产生重要的影响。

E 即 Economics，代表经济要素，是指一个国家的经济制度、经济结构、产业布局、资源状况、经济发展水平。构成经济环境的关键战略要素是 GDP 计划增长率、利率波动、财政和货币政策、通货膨胀率、失业率、可支配收入水平、能源供应成本、市场机制和市场需求等，这些要素不仅是企业经营环境的重要组成部分，而且会直接影响企业未来的经营成本和销售收入，进而影响创业项目的可行性。

S 即 Society，代表社会要素，是指组织所有社会成员的民族特征、文化传统、价值观、宗教信仰、教育水平和习惯等因素。构成社会环境的要素包括人口规模、年龄结构、民族结构、收入分配、消费结构和水平、人口流动等。其中，人口规模直接影响一个国家或地区的市场容量，很多传统行业之所以在中国也能够实现高速增长，获得风险投资青睐，就是因为中国众多人口形成了广阔的消费市场；而年龄结构决定了消费品促销的种类和方式。

T 即 Technology，代表技术要素。技术要素不仅指引起革命性变化的发明，而且包括与企业生产相关的新技术、新工艺、新材料。在过去的半个世纪，技术领域经历了最快的变化。微软、惠普、通用电气等高科技公司的崛起改变了人们的生活方式。

②行业环境调查。

行业环境调查常用的工具是战略家 Michael E. Porter 在 20 世纪 80 年代提出的五力模型。新竞争者的入侵、替代品的威胁、买方的议价能力、卖方的议价能力以及现有竞争者之间的竞争是决定企业盈利能力的首要和根本因素，这些因素可以用来分析创业企业在行业中的特点和吸引力。

这五种力量的结合将影响价格、成本和投资回报等因素，从而决定行业内企业实现超过资本成本的平均投资回报的能力。例如，卖家的议价能力影响原材料和其他投入的成本，竞争的激烈程度影响价格和竞争成本，新竞争者的攻击威胁限制价格，需要通过投资来抵御攻击。

（2）竞争对手调查。

创业团队应该能够在对所获信息进行分析的基础上，明晰企业的定位，进而根据企业定位确定竞争对手的类型，从而展开对竞争对手的调查。创业团队首先必须能够判断出企业直接或潜在的竞争对手。一般来说，直接竞争对手是提供与初创公司类似产品的公司。这些竞争对手很重要，因为他们与公司争夺相同的客户群。间接竞争对手是提供初创公司产品替代品的公司。另外，创业团队还要针对创业企业经营范围的变化情况，将未来可能的竞争者也列入调查分析的范围。

要识别出所有的直接或间接竞争者很难，但是列举一些自己能够意识到的竞争者类别，对其经营状况进行分析，将有助于创业者对竞争的范围和强度做出基本估计。通过对主要竞争者的战略和行为进行对比分析，创业者可以了解自己在关键领域与竞争对手相比优劣势所在，明确自己的竞争优势领域。创业者可以运用“竞争者分析方格”开展竞争者调查工作。竞争者分析方格的格式见表 9-2。

表 9-2　竞争者分析方格

关键因素	主要竞争者		
	主要竞争者 1	主要竞争者 1	…
关键因素 1			
关键因素 2			

在运用竞争者分析方格进行分析的过程中，创业者可能会发现自身在某些竞争领域的优势，对于存在劣势的领域应及时进行调整，尽可能降低未来的经营风险。

（3）消费者需求调查。

消费者需求是消费者购买产品和服务以满足个人和家庭生活需要的愿望和要求。创业团队在创业前，应该研究消费者需求特征和影响消费者消费的关键因素。

创业团队可通过问卷、访谈、座谈、讨论、观察、写实等调查形式和方法，对目标消费者（包括个人和组织）进行综合调研，研究他们潜在的消费需求，分析各类消费群体的具体需求，分析消费者的消费心理、消费行为、消费动机、消费决策过程，以及获取产品类别信息的渠道。经过充分的调查和研究，可以进一步评估潜在市场的吸引力和企业在这些市场中的竞争力，并制定相应的营销策略。

2.市场调查的类型

（1）探测性调查。当创业者对将要从事的行业、领域不熟悉时，可通过探测性调查来了解这个行业或领域，为进一步调查做准备。探测性调查通常基于二手数据的小规模非正式研究，通常是正式研究之前的初步调查，帮助创业者认识所要从事的领域。

（2）描述性调查。这是一项真实描述客观情况的调查。描述性调查侧重于记录真实数据，因此调查法和观察法最为常用。

（3）因果调查。主要特点是使用逻辑推理和统计分析方法来发现不同事实之间的因果关系或函数关系，通常基于数据搜集和组织。因此，最理想的因果调查方法是通过实验搜集数据，然后用统计方法或其他数学模型进行分析，使得到的结果尽可能可靠。

（4）预测性调查。预测性调查是指基于对历史和当前数据的搜集，预测事物未来的发展方向。

3.市场调查的方法

实地观测/观察法、问卷调查法、抽样调查法、访问调查法、座谈讨论法、比较法、实验法等都是常用的市场调查方法。观察法和比较法在信息搜集方法部分已经详细阐述，这里只讨论其他常用方法。

（1）问卷调查法。

问卷调查法是市场调查最普遍采用的方法之一，在采用该方法时应遵循一定原则，如设计高质量的调查问卷，以更好地实现调查目的。

①问卷调查的种类。按照问卷的媒介，问卷调查法分为信函问卷、传真问卷、网络问卷、报刊问

卷和实地问卷五种常见样式。

信函问卷调查是将问卷寄给被访者，被访者按照设计的题目作答完毕之后再将问卷寄回。这种问卷方式以其郑重、高标准的设计引发被调查者的兴趣，因而回收率高，所获信息的精准度也高。传真问卷调查和信函问卷调查近似，只不过它采取传真机这种现代化的工具，比信函问卷快速，又比电话调查省力。网络问卷调查是指利用电子邮箱或设计好的平台来完成搜集信息的方法。这种研究方法及时、快速，但受受访者的文化水平、经济条件、生活习惯和认知能力的限制。报刊问卷调查是利用报纸、杂志等刊物的某一页作为载体，刊登问卷的内容，以期读者回应的一种问卷调查方法，受众狭窄、回应率低是其明显的缺点。实地问卷调查是指调查者在商场、餐饮、游乐场等人流量大而集中的路段或其他公共场所随机选择过往行人，就地进行问卷调查。这适合于目标市场比较明晰的创业项目，但行人对此配合的总体程度和配合后的认真程度并不高。调查者应根据调查主题、目的、对象及时间要求的不同，选择不同的问卷调查方法。

②调查问卷的设计原则。决定市场调查质量的关键是市场调查问卷的设计质量，因此，调查问卷的设计应遵循诚信、有效、适量的原则。

诚信原则，指的是问卷的设计能够使调查对象说出真相而不误导他，并且能够了解调查对象的心理行为同时得到诚实可信反映的原则。

有效原则，指的是通过调查所获得的信息对创业者的营销决策和其他问题研究有用的原则。

适量原则，是指问卷数量要适中，收益和成本相适应。

调查问卷设计的注意事项如下。

a. 问卷上通常有介绍，说明研究目的和受访者的合作意愿。

b. 应根据所要调查的内容设计问题，一般来说，问题从简单到深入，常用选择题的形式；应注意问题的全面性和反映被访者真实想法的能力，否则将会导致调查结果不准确。

c. 问卷要关注到被访者的隐私，比如工作、收入、家庭、联系方式、地址等，如果需要提及应放在问卷的最后。因为在前面填写的过程中与被访者建立了信任关系之后，被访者才有可能会把个人隐私的内容留下来，事后一定要注意保护被访者的信息安全。

（2）抽样调查法。

抽样调查法是从全部样本中抽取部分样本进行考察和分析，通过部分去推断整体的一种调查方法。

抽样方法可分为两种类型：概率抽样法和非概率抽样法。习惯上称概率抽样法为样本研究。概率抽样是根据概率论和数理统计的原理，从被测对象中随机抽取样本，通过样本数量之间的关系，根据一般特征做出估计和判断。当调查对象本身数量庞大，无法从总体入手而只能以部分取代时，比如测定连续生产的产品质量、寿命时，利用概率抽样可以减少工作量，提高调查效率。采用这种方法时，为了将所得结果的误差降到最低，可以多做几次抽样。

（3）访问调查法。

该调查方法可分为面对面访谈和电话访谈两种模式。

面对面访谈是研究人员通过与被访者面对面交谈来获取市场信息的一种调查方法。研究人员可以根据既定提纲提问，也可以与被访者自由交谈；既可以在街头进行随机访问，也可以入户进行访问。这种调查方法具有很强的现场感，方便研究人员和被访者当面交流。研究人员可以有效控制时间，知晓被访者的态度，能极大提高所获资料和信息的准确性和真实性。但是，该方法调查成本高、周期长、拒访率也高，这就要求研究人员讲究一定的访谈技巧，要灵活委婉、逐层深入。

电话访谈受研究人员青睐的原因是它方便、快捷，节省人力、物力，覆盖面广。但电话访问一般来说费用较高，且不如面对面交流直接、深入。

（4）座谈讨论法。

座谈讨论法又称焦点小组法，是从目标市场中选出一组人，通常为6～10人，就相关话题进行讨论的一种调查方法。与问卷调查相比，小组讨论是了解消费者内心想法更有效的方式。因此座谈讨论法在产品概念研究、产品测试、客户满意度调查、用户购买行为研究等方面应用率极高。

采用这种方法时，座谈的主持人最好是专业的调研人员。在座谈过程中，主持人一方面提出话题，引导人们讨论；另一方面控制座谈节奏，调节座谈气氛，激发被访者的积极性和想象力，从而获取信息。为提高讨论效果，通常情况下，组织者要提前宣传，还要许诺赠送礼品等以吸引被访者。

（5）实验法。

实验法是一种先进行实验，待实验可行后再大规模推广的市场研究方法。在所有的市场调查方法中，实验法是最具科学性和技术性的方法。它需要首先创设实验环境，假设不同的影响因素或条件，通过实验比较，理性分析某些变量与市场需求、市场环境或营销过程的关系。

4.市场调查的程序

典型的市场调查大致可以分为三个阶段：调查准备阶段、正式调查阶段和结果处理阶段，这三个阶段又可以进一步细分为五个环节，如图9－1所示。

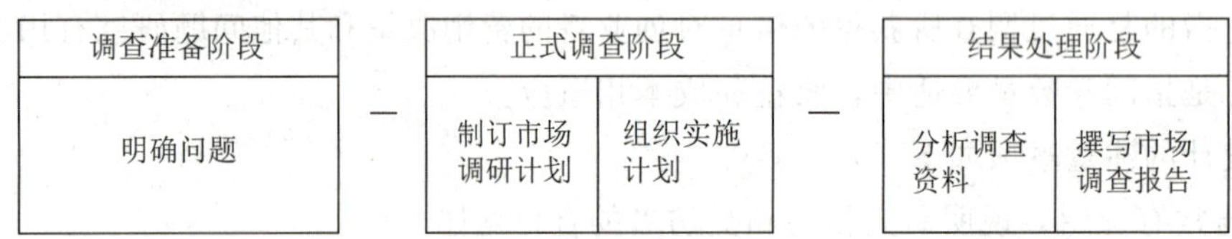

图9－1　市场调查程序

（1）调查准备阶段。

调查准备阶段应明确调查的主题，以及通过调查想了解的主要问题。创业者总会遇到这样或那样的问题，但研究不能解决所有问题，只有将每项研究所要解决的问题限制在一个确切的范围内，才有利于制订计划和高效地开展研究工作。

（2）正式调查阶段。

正式调查阶段有两项工作，一是制订市场调查计划；二是组织实施计划。

制订市场调查计划。市场调查计划应确定所需要的信息种类，明确信息来源，选择市场调查方法，确定抽样计划和调查工具。

组织实施计划。这一环节工作内容包括根据调查任务和范围成立调查机构或聘请专业调查公司，培训调查人员，准备调查工具进行调查等。

（3）结果处理阶段。

这一阶段包括分析调查资料和撰写市场调查报告两个环节。

分析调查资料。这一环节的主要内容包括：检查数据是否完整；编辑和处理数据，发现错误并消除；分类、映射和列出数据，以便于存档、检索和使用；使用统计模型和其他数学模型来分析数据，通过在看似无关的信息之间建立联系，充分发现可以从现有数据中推断出的内容。

撰写市场调查报告。调查报告应包含以下内容：引言，对本次市场调查的目的、主题、范围、方法、时间、地点等的说明；摘要，对调查的结论和建议的简明概括；正文，详细描述市场调查目标、调查过程、结论和建议；附件，包括样本分布、数据图表、问卷附件、访谈笔录、参考文献等。

创业大赛年年办，项目转化率不足10%

——大学生创业计划为何难落地

“赛沃沃特环保科技有限公司”是北京建筑大学几位学生的竞赛项目。“也许所有大学生都有这种洗澡经历。当冷水变热时，大部分水都被浪费了。这就是我们设计自动恒温节水装置的原因。按学年计算，节水量可达4334.375立方米。”一名队员告诉记者。

但当被问到以后会不会开公司时，他笑着否认了。他说：“我现在正处于大学最后一年。大学毕业后，我还是更喜欢先工作。毕竟，我们的项目本身并不完美。很多项目比较理想化，创业风险比较大。”

“你的创业项目不是闲着吗?”记者问。“其实我们是来拿奖的，这是我们第三次参加这样的比赛了。”“第一届，我们连两次决赛都没进，我希望获奖后能帮助我找到工作。现在的企业都特别注重求职者的创新能力。”学生坦白地说。

据记者了解，目前参赛的队伍中，即使最终晋级决赛，真正创业的队伍也不超过10%。

资料来源：https://www.tech.net.cn/news/show－86847.html（节选）。

分析： 一方面，创业竞赛因“创业不是拿奖”而陷入困境；另一方面，创业竞赛与创业实践还存在较大差距。

第二节 创业计划书的撰写与展示

1.了解创业计划书的概念、内容及撰写方法。

2.掌握创业计划书的基本格式。

要想写出高质量的创业计划书，创业团队必须认真研究商业理念，分析创业过程中可能遇到的问题和困难，提炼创业计划书的执行摘要，将理念转化为文字计划。

一、创业计划书的特征

当创业目标明确，创业动机明确，资金、人脉、市场等条件具备或积累了相当的实力时，需提交一份完整的创业计划书。创业计划书是整个商业过程的灵魂。创业计划书在某种程度上可以让创业者清楚地了解自己的创业内容和目标，还可以起到说服他人的作用。

(一) 突出市场导向

作为创业者，必须充分认识到企业的利润来自于市场需求，若没有做详细的市场分析，创业计划书只会是空谈，没有说服力。因此，创业计划书必须突出市场导向，涉及产品或服务的所有细节，包括：产品处于什么开发阶段，它的独特性如何；谁将使用该产品，为什么；产品的生产成本是多少，售价是多少。

（二）追求客观实际

一份好的创业计划书应以其客观性说服并打动投资者。一个创业计划要有吸引力，它必须是现实的，而不是过于乐观的。过于乐观的陈述或预测可能会削弱其可信度。例如，不要夸大销售潜力、预计收入或增长潜力。最佳、最差和最可能的解决方案必须反映在创业计划书中。事实上，风险投资机构经常使用“计划折扣系数”这一概念，他们认为“成功的新企业通常只能实现其计划财务目标的50%左右”。

（三）展示竞争优势与投资利益

创业者在撰写创业计划书时要善于使用鼓舞人心的词汇来描述企业的发展趋势和前景，描绘未来的打算，说明产品所蕴含的巨大潜力和即将带来的财富。

（四）展示经营管理能力

创业计划书应尽量展示管理团队的商业管理技巧和丰富的经验，并表明团队已为公司的市场、产品和技术开发做好了充分的准备。因此，创业计划书应首先描述整个管理团队及其职责，然后概述每个管理人员的优势、技能和经验，并详细说明不同的管理人员将为公司带来的贡献。此外，创业计划书还应明确企业经营目标和组织结构图。

（五）语言简洁专业

创业计划书作为一种商务文书，在语言表达和措辞选择上应体现出商业领域的专业特色，行文中应避免太多的主观猜测和想法。有些创业者会在创业计划书的开头描写自己的创业历程、感受或心得，这是不可取的。为了达到创业计划书能打动风险投资者的目的，应该开门见山，采用简洁的表达方式，帮助投资者在最短时间内抓住这个创业项目最吸引人之处。

（六）结构突出重点

创业计划书包含很多内容，创业者在写作之前需要尽可能多地搜集资料，但在写作过程中，不应试图对每个构成部分平均分配篇幅。创业计划书的阅读者不会有足够的时间和耐心从一份创业计划书中寻找亮点和重点，这就需要创业者在创业计划书的结构安排上突出重点，有侧重点地对内容进行表述和安排。至于什么才是重点，需要创业者结合项目类型和特点来确定。

（七）明确性

创业计划书应该清楚地表明公司的市场机会和竞争威胁，并尽量用具体的信息来支持它们，同时分析可能的解决方案。此外，还需说明所采用的假设、财务预测和会计方法，说明市场需求分析所依据的研究方法和事实。

（八）逻辑科学严谨

创业计划书的每个构成部分之间都应体现出逻辑联系，而不是一盘散沙，基本的逻辑线就是这个创业项目如何能取得成功。创业者若始终围绕这个基本逻辑撰写创业计划书，就会形成一条清晰的脉络，所有构成部分都会将阅读者引导到“该项目是能够成功的”这个结果上。遵循逻辑严谨科学原则的另一个好处就是，创业者在带着创业计划书与风险投资者面谈时，无论对方就创业计划书中的哪个部分提出问题，创业者都能够从容自如地回答；如果没有成熟的思考脉络，很可能无法回答投资者提出的问题。

二、创业计划书的结构与内容

创业计划书应尽可能简洁，一般在 50 页以内最为合适，重要问题要回答清楚，言简意赅。这样，

阅读创业计划书的人就可以清楚地识别创业计划书的核心问题，加深创业者带给投资者的第一印象。

（一）创业计划书的典型结构

创业计划书通常由五个部分组成：封面、目录、执行摘要、正文和附录。

1.封面

封面应包括公司名称、地址和网站（如果有）、日期及创业者的电子邮箱、电话号码。此信息应集中体现在封面的上半部分。如果公司已有标志或商标，则应将其居中放置在封面上。封面上最重要的部分是创业者的联系方式。对于11位数字的电话号码，最好按“3-4-4”或“4-4-3”来分隔数字，以免因为读者（投资人、风险投资家、银行家）拨错了号码而无法取得联系，丧失合作机会。

2.目录

目录在封面后面，列出创业计划书的主要章节、附录和相关页码，以帮助读者快速找到计划书中的相关内容。在提交创业计划书之前，应该仔细检查目录的页码是否与正文的页码相匹配。

3.执行摘要

执行摘要是对整个创业计划书的总结，目的是用尽可能简洁的语言描述创业计划书的要点，以便读者能够熟悉计划书并在短时间内做出决定。通常情况下，在快速浏览执行摘要，大致了解创业企业概况后，读者会被计划吸引，然后继续阅读。如果执行摘要没有点燃兴趣之火，那么计划的其余部分读者便不会想要继续阅读。

执行摘要是创业计划书的重要组成部分，值得花精力好好润色，尽量做到简洁生动，最好不要超过三页。

4.正文

正文部分论述了公司的基本情况、管理团队、产品服务、技术研发、行业和市场预测、风险管理等，这些都是投资者最关心的问题，撰写时需要基于大量的事实数据，突出重点，实事求是，增强说服力。

5.附录

附录补充了正文中包含的相关数据和信息，以供参考。例如，详细的财务计划、公司创始人和主要员工的个人履历等。

（二）创业计划书的五个内容要点

1.实地调查

首先，创业者必须明白撰写创业计划书的目的是创业，如果连市场都不懂，怎么可能成功。其次，实地调查不仅可以增进创业者对市场和消费者的了解，还可以发现很多意想不到的问题。比如一份奶茶店创业计划书，只有通过实地走访，才能准确了解不同消费者喜欢的不同口味，正确认识市场对以后的公司经营至关重要。

2.竞争分析

俗话说：知己知彼，百战不殆。竞争对手分析对于制订成功的创业计划至关重要。第一，要分析自身优势和劣势，扬长避短，提高综合竞争力；第二，只有充分了解竞争对手，了解他们的核心实力，知己知彼，才能在激烈的市场竞争中立于不败之地。

3.目标

创业计划书就像人的成长规划一样，必须有目标，只有有了目标，才能规划进度和实现方法。因此，在计划书中，业务目标必不可少。此外，还要根据企业的自身情况，制定短期目标和长期目标，只有这样，才能不断进步，不断超越自我，实现成长的目标。

4.财务计划

财务计划的目的是展示公司的潜力并确保财务安全。首先，财务计划必须说明公司未来3～5年的资金需求及资金使用计划。财务计划应包括预计资产负债表、损益表以及现金收支分析。其中，现金收支是公司的命脉，所以当企业处于初创期或成长期时，必须事先有详细的财务计划，严格控制现金收支；损益表反映企业的盈利能力；资产负债表反映公司在任何给定时间的经济状态，投资者可以通过阅读公司资产负债表信息，评估公司的状况和可能的投资回报率。

5.主要风险

本部分描述公司在经营过程中可能遇到的主要风险。如果潜在投资者注意到创业计划书中没有考虑到风险，他们就会怀疑项目的可信度，从而影响项目的融资。大多数投资者会先看创业团队部分，再看主要风险部分。识别和讨论公司风险可以反映创业者的综合素质，增强投资者的信心。主动识别和讨论风险，有助于向投资者表明你已经考虑到风险并且能够管控风险，让“风险乌云”不再萦绕在投资者的脑海中。

三、创业计划书的撰写与展示技巧

（一）创业构想

1.确立正确的创业目标

盈利是一个主要的创业目标，但并不是唯一的目标，因为创业本身有理念，理念会带来更多新的产品创意和实践冲动。大多数成功的创业者创业的主要目的并不是为了赚钱，而是基于自己的兴趣，或者为了解决现实生活中的一些问题。在最初研讨创业构想的时候，创业者一定要明确创业的目的是什么，首先厘清创业要做什么、如何做等问题。

2.寻找适合的创业模式

选择适合的创业模式是创业成功的关键。全面评估自身的优势和劣势，选择最合适的商业模式，可以化解很多不利因素。创业模式需要创业者权衡后对各种创业要素进行合理搭配。合适的创业模式不一定需要大投资、大规模，甚至不一定需要办公场所或店铺。对于一个创业者来说，一个真正好的创业模式应该是适合自己的，即有行动的能力，能够有效整合现有资源。是白手起家，还是通过收购现有企业，或是进行代理、加盟创业，是实体创业还是网络创业，都是研讨创业构想阶段创业者必须明确的问题。

3.规划合理的创业步骤

创业步骤规划是一个循环往复的过程。你需要分析创意从哪里来，创意怎么产生，怎么招揽资金，怎么组建团队，怎么做产品营销。这个规划过程周而复始，在不断地修改、完善和论证中逐渐成形。

4.制定清晰的创业原则

在研讨创业构想的时候，创业团队一定要针对自己的特定情况，制定适合团队和项目的创业原则。

5.创造有利的创业条件

创业不一定要有重大的发明或全新的创意，只要有一定的市场需求，能对现有资源进行有效整合和再利用，创造有利的创业条件，就能提高创业成功率。

6.确定明确的创业期限

充分的准备尽管有助于降低创业风险，但是过长时间的准备也可能会消磨创业者的意志，降低创业激情，因此创业者要明确创业期限，避免战线过长。

7.建立良好的投资关系

如何寻找合适的外部投资者，以及与外部投资者建立什么样的关系等，也是创业构想研讨阶段必

须思考的问题。

8.组织高效的创业团队

高效的创业团队中不一定个个都是精英，事实上只要遵循创业团队的组建原则，做好团队的管理，让团队成员做合适的工作，所有人优势互补、精诚合作，凝聚在核心创业者的周围，为共同的创业目标而奋斗，就可以算得上一支优秀的团队。

（二）分析创业可能遇到的问题和困难

1.创业者自身层面的问题

创业者自身层面的问题表现为创业者或团队的身心不适应，知识、能力和资源不充分，以及其对以往社会关系的影响等。

（1）身心不适应。

心理上的不适应也是创业过程中遇到的最大难题。从一个普通就业者或者在校大学生走上创业之路，就意味着要在创业活动上花更多的心思，要从全局的观点、站在未来发展的角度看问题，而且无论是战略还是战术层面的问题都需要创业者亲自过问。对企业前途的思考和担忧，对企业未来的安排和布局，无时无刻不在创业者的脑海中盘旋，出现问题时如何解决更是创业者必须思考的问题。这些问题带给创业者的困扰，加上烦琐的日常工作对原有生活秩序的破坏，可能会使创业者感到身心疲惫，有相当长时间的不适应期。一些意志薄弱者可能会因此而放弃创业。

如果创业初期能组建一支合适的团队，可以对创业工作进行合理分配，在一定程度上缩短创业者的身心不适期，使其尽快适应创业的生活状态。

（2）知识、能力和资源不充分。

据统计，当前创新技术信息每两年翻一番，这意味着第一年学习的知识有一半在两年后会过时。因此，要具备创业所需要的所有知识和能力是不可能的。而且随着社会分工的细化，每个人拥有的资源也变得日益有限，拥有创业需要的全部资源成为奢求。这在一定程度上对创业活动的开展造成不利影响。

（3）影响以往的社会关系。

在创业活动上大量投入时间和精力，使创业者无法像原来那样对以往的社会关系进行维系，于是可能会使原来要好的朋友变得陌生，原本和谐的人际关系显得不像以往一样融洽；对家庭关注的减少，对家人义务履行得不够，也有可能成为创业者另一个沉重的心理负担。

2.创业企业层面的问题

创业企业层面的问题表现为企业在日后经营过程中可能面临的不同风险，如项目和市场风险、技术风险、团队组建和管理风险、资源风险等。

（1）项目不合适或市场较小。

当创业者满怀信心宣布企业成立或店铺开张后，可能会发现产品销量或顾客数量远非想象中那样态势良好。这也许与产品或服务质量不过关、销售方式不对路、市场需求变化、市场环境变化等有关，也许是当初项目选择不合理所致。如果企业比较幸运，顺利地度过了初创期，并且经过一定时间的发展，提升了产品质量、顺应了市场需求、扩大了销路、适应了市场环境，但仍可能需要面对知名企业在同行业跟进或后来者居上的尴尬。市场方面的风险相当致命，如果应对不力，严重时会造成企业破产倒闭。

（2）技术不成熟或陈旧。

技术资源的价值具有不确定性，如果技术太过前卫，配套技术或硬件设施无法满足需要，可能会导致很多工作下无法实施；如果技术自身不够成熟，可能导致风险，如实验室中纯度很高的产品，也许到中试时纯度会大大降低，再到大规模投产时纯度又会大打折扣；即便是比较成熟的技术，在应用过程中也可能存在风险，如机器设备不够先进、操作人员技术不熟练等，都会使生产的产品无法达到预期标准；对于外购技术，如果创业者不是行内专家，也许无法准确地识别其先进性，从而买到过时的技术。即便不存在以上问题，随着科技的发展和技术进步，现有的技术也会落后，如果创业企业不能够及时更新技术，也会丧失原有的竞争优势。

（3）团队组建或管理不力。

不少企业在初创期，团队成员都会对产品研发和销售倾注大量心血而无暇计较得失，但企业步入正轨之后，创业者可能会发现，因疏于管理、权责不明确、利益不均衡等问题接踵而至。最令人心痛的结果便是团队分裂，企业元气大伤。积极寻找合适的团队成员，打造高效的创业团队，通过沟通、协调、激励、奖惩、考核、目标设定等多种方式管理团队，构建不同创业阶段对应的管理模式，科学合理地评价成员绩效等有助于解决上述问题。

（4）资源不足。

合理估算创业所需的资源，可以避免融资不足的情况发生，进而避免影响企业健康成长和后续发展；建立和维护创业者本人和创业企业的信誉，可以增加获得资金的可能性；构建合理的财务结构，在企业长远发展与当前利益发生冲突时，利用适当的渠道筹集资金，做好现金流管理，能避免因资金缩水而导致财务拮据甚至破产清算的情况。

（三）凝练创业计划的执行摘要

执行摘要也叫执行概览，是创业计划书中第一部分的内容，也是整个创业计划书的概览。它可以让投资者在短时间内对创业计划书有一个简单又全面的了解。很多时候，投资者会先向创业企业要一份执行摘要，只有当摘要足够有说服力时，他们才会要求创业企业提供一份详细的创业计划书。因此，摘要是创业计划书中最重要的部分，如果它不能引起投资者的兴趣，投资者可能就不会继续浏览创业计划书的其他内容了。

（四）商业分析

1.产业分析

产业分析首先描述新创企业所涉产业的发展趋势和前景，讨论产业结构和产业规模、产业参与者性质、产业关键指标和关键成功因素，然后说明新创企业的规模和发展速度、销售额预测等。之所以将产业分析列在市场分析和市场战略制定之前，是因为只有弄清企业所处的产业经营环境，才能针对该产业的目标市场制定有针对性的市场战略。

产业分析通常包含以下内容。

（1）产业发展趋势及前景。介绍新创企业所涉产业的现状和发展前景，如产业吸引力、发展潜力等。

（2）产业结构。介绍初创企业所涉产业的结构。

（3）产业规模。简要概述新创企业所涉产业的市场规模和发展趋势。

（4）产业参与者性质。简要概述行业中的竞争对手和环境趋势，以及新产品、新进入者和新进入者对产业产生积极和消极影响的因素。

一个产业由一组生产类似产品或服务的公司组成。产业分析是指初创企业对特定行业的市场结构和市场行为进行研究分析，为企业制定科学有效的战略规划提供依据。

产业分析需要从以下几个方面来把握。

（1）产业现状：产业处于起步阶段还是成熟阶段？发展情况如何？总销售额是多少？总收益是多少？产业内企业的数目和就业人数如何？

（2）产业发展趋势：产业未来的走向如何？产业发展的有利或不利趋势有哪些？产业未来几年的销售状况如何？

（3）产业的特征：包括产业结构和参与者的性质，产业的关键比例和主要影响因素等。产业集中度和参与者的性质会影响未来的竞争格局，关键比例和主要影响因素分析能帮助投资者了解创业企业在产业中的竞争地位及企业的竞争优势。一般来说，产业中的优秀企业或组织在关键成功因素上都具有不可替代的核心优势，并在两三个领域内具有明显优势。

（4）产业市场所有经营主体的概况：竞争对手、消费者、供应商、销售渠道等概况。

透彻分析产业的基本特征、历史状况、当前趋势、竞争状况和未来发展等，有助于创业者了解产业发展规律，认清产业发展方向，确定初创企业发展目标。如果创业企业涉及两个或两个以上的产业，则需要对所涉及的每个产业进行识别，同时对每个产业进行产业分析。

2.产品分析

产品分析应包括对公司产品或服务的详细描述，包括产品或服务的介绍、市场定位、可行性研究结果、市场壁垒等。

产品或服务介绍必须包括产品或服务的名称、性质、市场竞争力和产品开发过程、品牌名称、专利情况、市场前景等。如果产品已经生产出来，最好附上原型图片及介绍；如果产品还在设计之中，就要提供相应的设计方案并证明自己的生产能力。

创业者应根据同类产品或服务的竞争情况确定自己产品或服务在市场上的定位。

如果初创企业的产品、服务或商业创意有可能获得专利，需要提交专利申请以获得临时专利保护；如果不可申请专利，请解释将采取哪些措施来设置产品或服务进入市场的壁垒，以避免竞争对手模仿和复制自己的想法；如果不能在短时间内建立进入壁垒，也要在这部分说明理由，并诚实说明公司可能面临的风险和应对措施。

3.市场分析

市场分析是制订创业计划过程中最难的一个环节，也是最重要的部分。市场分析的目的是描述公司的目标市场、客户群体、竞争对手，以及公司如何竞争潜在的市场份额。通过市场分析得出的销售预测等会直接影响企业的生产规模、营销计划和融资计划。市场分析一般包括以下四个方面。

（1）目标市场和客户。分析谁是或谁将成为产品的目标客户，并根据目标市场的特征分析每个细分市场的主要买家以及他们在哪里；分析客户是否容易接近并愿意接受公司的产品，客户如何购买，购买决策的依据（如价格、质量、时间、培训、服务、人际关系或政治压力等）；分析所有潜在客户谁对产品感兴趣，谁对产品不感兴趣，并解释原因。

（2）市场规模和趋势。分析潜在利润率，说明3～5年内交付的产品占总市场的规模和份额、3年内的潜在年增长率以及主要市场增长驱动因素（行业趋势、社会经济趋势、政府政策和人口迁移情况等）。

（3）竞争和竞争优势。分析竞争对手并合理评估其产品和公司地位；从市场份额、质量、价格、性能、交付时间、服务和其他相关因素方面与竞争对手进行比较；基于公司客户的观点，比较最有实力的竞争对手的相关产品；总结竞争对手的优势和劣势，评估和讨论竞争对手的市场份额、销售额、分销方式和生产能力、财务状况、资源、成本和盈利能力；分析谁是该领域服务、质量、价格和成本的市场领导者，以及近年来某些企业进入和退出市场的原因；根据对竞争对手的了解，说明为什么他们无法经受住考验，以及你为什么可以占领市场，特别要说明自身的竞争优势。

（4）市场潜力预测。确定所有愿意或承诺购买的客户，并讨论哪些客户可能在未来几年内成为买家；根据新产品的市场优势、规模和发展趋势、客户群、竞争情况和产品销售评估，预测未来3年内每年可以获得的市场份额及销量；说明公司销售量的增长趋势以及与行业、客户和竞争对手的增长率相关的预期市场份额。

初创企业在完成市场细分后，必须选择其中的一个细分市场作为目标市场，而不是同时发展多个市场。如果公司事先没有针对目标市场的规划，创业者一般会选择与专业方向或个人兴趣最相关的市场。

4.创业团队

许多投资者在看完创业计划的执行摘要后便立即阅读创业团队部分的内容，以评估公司创始人的实力。因此，这部分的描述在创业计划中起着关键作用，必须认真对待。这部分内容涵盖管理团队和企业结构两部分。

（1）管理团队。

初创企业的管理团队通常由创业者个人或由创业者和几位关键管理人员组成。这部分内容涉及管理团队的人事安排、所有权及其分配等。

①人事安排。从公司创业者开始，简要提供管理团队每位成员的简历，包括姓名、职务、职责、工作经历、以往成果、教育背景等，见表 9-3。简历描述尽可能简洁并解释各成员对初创企业的独特贡献。如果创业团队成员曾经在一起工作过，则会受到投资者的青睐。

表 9-3 管理团队分析表

姓名	职务	职责	工作经历	以往成果	教育背景

②所有权及其分配。企业的所有权结构及其分配计划也是必要的内容之一，通过列表的方式展开会给人以简洁明了的印象。表 9-4 是一种常见的描述所有权结构及其分配的表格。

表 9-4 所有权结构及其分配

项目	投资人 1	投资人 2	投资人 3	…
岗位				
投资额				
所有权比例				

需要注意的是，在设计所有权结构时，要考虑到公司未来人才发展的需要，为拟引进的关键人才预留一定的股权比例。

（2）企业结构。

企业结构部分应披露公司目前的组织方式以及随着公司的发展将如何调整组织方式。企业结构涉及企业内部的相互作用和影响等细节问题，是创业者必须认真对待的关键问题。组织结构图是对企业内部权利义务进行分配的常用工具，中央集权制、分权制、直线式以及矩阵式是常用的组织结构图。

（五）创意开发

好的创意，只有被有效开发，才能为客户提供价值，从而造福社会。创意开发部分至少应包括企业的研发计划、生产计划和营销计划三个方面。

1.研发计划

大多数产品都遵循从产品概念、产品成型、初始生产到全面生产的逻辑路径。创业计划应该解释

将产品从一个阶段转移到下一阶段需要遵循的过程。如果企业处于早期发展阶段，应当详细解释产品的原型将如何制造；如果产品或服务已跨过了原型阶段，就需要对其可用性进行描述；如果产品已经存在，最好能够提供产品照片，还要对产品或服务能够批量生产和销售的时间予以说明。

2.生产计划

对于制造企业来说，还应制订生产计划。生产计划是对公司生产经营体系的综合规划，是对企业在计划期内必须完成的产品的各项生产任务的计划。生产计划制订完成后，往往需要根据计划采购物料，同时估算生产成本，以及生产和采购过程中可能发生的现金支出，为后期编制现金预算服务。企业还可以根据总体战略，以及对消费者需求和技术发展状况的预测，对未来产品与服务的规划做出安排，并在此部分向读者展示。

3.营销计划

营销计划侧重于描述能够帮助公司销售其产品的营销策略，包括定位策略、亮点策略等，然后说明如何通过定价策略、销售流程、促销组合、渠道战略来进行营销。

（六）竞争分析

在确认公司竞争对手的基础上，深入分析竞争对手，例如：竞争对手在市场上寻找什么？竞争对手行为背后的驱动力是什么？通过分析竞争对手的战略，了解竞争对手的优势、劣势及其反应方式，最终确定本公司的竞争战略。

（七）财务分析

创业计划书中的财务分析包括资源需求分析、融资计划、预计财务报表和投资回报等。

创办企业需要人、财、物等方面的不同资源，人的资源在管理团队部分已经进行了较为详尽的阐述，财力资源在融资计划部分说明，这里需要向投资者展示企业需要的物质资源。创业需要的物质资源可分为流动资产和固定资产。购置资产需要支付资金，从而影响到企业的融资计划。通过编制主要设备表可以对固定资产支出进行预估，再结合对流动资产资金的需求，可以计算出所需物质资源的资金数量；如果企业需要购买专利或商标等无形资产，也要在这里估计出需要的资金支出。

（八）风险分析

没有风险分析，任何创业计划书都是不完整的。因为在创业过程中风险无时不在。风险分析不仅可以打消投资者的疑虑，让他们全面了解公司，还可以体现创业者的市场眼光和管理层解决问题的能力。

（九）退出策略

任何一家创业公司成长到一定阶段，创业者和投资者之间都会出现退出问题。本部分应描述创业者和投资者的退出策略，即他们将如何从以前的资本投资中受益，如出售公司、与另一家公司合并、债务重组或重新融资等。

（十）创业计划书展示技巧

巧妙设计创业计划书内容，制作专业的 PPT 并展示，可以增强创业者的信心。

1.展示准备

展示准备和即将展示的内容一样重要。准备过程包括两个方面：展示创业计划书前的准备和展示创业计划书中的准备。

在介绍自己的创业计划之前，创业者必须首先从展示对象那里搜集相关信息，以便与他们建立各种联系。通过搜索风险投资网站，创业者可以了解参加展示会的风险投资家或商业天使的情况，并分析自己的创业计划书与听众之间是否存在联系，或者展示者本人与听众之间是否存在联系。如果创业计划书能够和听众的某些活动联系起来，或者展示者曾经和听众是同学关系，或者有相同的兴趣爱好，或者形成了融洽的交谈关系，那么展示工作会达到事半功倍的效果。准备适合展演场合的服装，根据计划的展演时间多进行模拟实操，尽可能多地了解展演场地，这些都是准备阶段应该做的工作。

展示过程中的第一步就是决定由谁来负责展示，一般的创业计划大赛都会要求所有创业团队成员参加展示，但是并不要求所有成员都进行陈述，因此选择合适的人来展示是取得成功的关键因素之一。另外，展示过程中的关键因素是展示者，而不是所展示的幻灯片，幻灯片只能提供一般信息，而展示者可以抓住观众的注意力展示更多信息。最后，应确保演讲生动、有趣且充满激情。麻省理工学院的一项权威研究表明，沟通涉及三个层面：视觉（肢体语言）占55%，听觉（语调）占35%，口语（用作文字）占10%。因此，在展示过程中，好的展示技巧包括刻意停顿、向听众提问、调高音量，或者用丰富的表情来吸引听众的注意力，保持观众的热情。

2.展示内容

演讲必须展示听众感兴趣的内容，而不是演讲者感兴趣的内容。PPT 演示文稿应尽可能简单。有专家给出了 6-6-6 规则，即每行不超过 6 个词语，每页不超过 6 行，连续 6 张纯文本 PPT 需要插入视觉停顿（如使用带图的 PPT 或播放视频）等，20～30 分钟的演讲不超过 12 页 PPT。

PPT 演示文稿通常以标题幻灯片开始。PPT 包含企业名称、标志、创业者姓名和联络方式。

第一张 PPT：概述。对产品或服务进行简短汇报，对演讲主要内容进行介绍，对初创企业可以产生的潜在效益（经济效益、社会效益）等进行简单说明。

第二张 PPT：问题。说明亟待解决的问题（问题在哪儿？为什么会出现该问题？如何解决该问题？）和通过调查证实的问题（潜在顾客的需求是什么？专家有哪些建议？），以及问题的严重性如何。

第三张 PPT：解决方案。描述企业的解决方案与其他公司的解决方案相比的独特之处；展示企业的解决方案如何满足顾客所需，以及企业的解决方案有什么进入壁垒。

第四张 PPT：机会和目标市场。要明确定位企业的目标市场，展望目标市场的广阔前景；以图表形式呈现目标市场规模、预期销售额和预期市场份额等信息，说明拟采取什么方法实现销售计划。

第五张 PPT：技术。展示技术、产品或服务的独特性，对技术的描述尽可能简单，避免使用技术术语进行陈述，如果产品已经有样品，最好展示样品，还要说明可能存在的知识产权问题以及企业将会采取的保护措施。

第六张 PPT：竞争。详细介绍直接、间接和未来的竞争者，展示创业计划书中的竞争者方格，说明和竞争对手相比的竞争优势。

第七张 PPT：市场计划和销售。描述总体的市场计划、定价策略、销售过程以及销售渠道；说明消费者的购买动机、企业激起消费者消费欲望的方法，以及产品或服务如何到达消费者手中。

第八张 PPT：管理团队。介绍现有管理团队（团队成员的背景和专长，以及在企业中发挥的作用，如何进行团队合作等），说明管理团队存在的缺陷或不足，如果有顾问委员会最好予以介绍。

第九张 PPT：财务规划。介绍未来 3～5 年企业总体的盈利状况、财务状况及现金流状况，尽量将规划的内容显示在一张 PPT 上，而且只显示总体数据，同时做好回答和数据相关问题的心理准备。

第十张 PPT：现状。用数据突出已经取得的重大进展，介绍启动资金的来源、构成和使用情况；介绍现有的所有权结构，介绍企业采用的法律形式及其原因。

第十一张 PPT：财务要求。如果有融资计划，介绍融资渠道及筹集资金的使用方式，同时介绍资金筹集后可能取得的重大进展。

第十二张 PPT：总结。总结企业最大的优势、团队最大的优势，同时介绍企业的退出策略，并征求反馈意见。

四、创业计划书的典型问题

（一）企业概况

本部分普遍存在的问题是公司名称不符合要求、特许经营范围内的项目未获授权或注册资本的选择不符合相关规定等。

创业者应关注经营范围特许的相关规定，普通投资者无法进入的蓝海，包括供水、供气、供热、公共客运等领域；另外，烟草需要有专卖许可，食品行业需要有经营许可以及卫生许可等。酒吧和歌厅等可能不适合学生创业，其对社会关系的要求高。

（二）产品和服务

本部分的主要问题包括缺乏技术资质（未通过中试）、缺乏专利证书或技术授权、缺乏对售后服务的考虑等。

对产品/服务进行描述时，如果涉及核心技术，应保证技术已经通过中试，最好通过了终试，而不仅仅停留于实验室阶段；如果使用的是他人的技术，应提供技术授权书或者转让证书。学生创办的大部分企业，很难一开始就从技术上超越现有企业，因此，完善售后服务以及和客户建立良好信任关系往往是企业打开销路的第一步。

（三）商业构想与市场分析

本部分的主要问题包括目标群体混乱、需求不确定、市场调研不深入、对竞争对手缺乏了解等。

创业者需要在项目论证时，通过设计有针对性的调查问卷进行充分的市场调查；然后根据调查资料的整理结果进行科学的市场细分，确定企业拟进入的细分市场；同时广泛搜集竞争对手的相关信息，分析企业相对于竞争对手的竞争优势，制定有针对性的营销策略。

（四）企业选址

本部分的主要问题包括企业地址的选择不方便目标人群、选址成本过高等。

撰写创业计划书时，很多人依然基于传统的营销理论，站在4P［产品或服务（product）、地址（place）、价格（price）、促销（promotion）］的角度对企业选址进行论述，将地址选在方便创业者之处，缺乏对客户需求的考虑。建议撰写者站在4C的角度重新考虑选址的问题，根据企业的顾客（customer）及其愿意接受的价格（cost），在客户方便（convenience）购买的地方经营，并且通过加强沟通（communication）进一步了解并满足顾客需求。

（五）营销方式

本部分的主要问题包括销售价格低，营销策略简单、平面化、急于求成等。

创业者一定要了解“一分价钱一分货”的道理，太低的定价也许会给消费者带来“产品质量一般”的印象，而不一定能够增加产品销售量。大学生创业者可以通过完善售后服务等措施来增强企业的竞争力；尽可能采用富有创意的营销策略，采用不同的营销措施，吸引消费者的注意力，提高产品的销售量；要一步一个脚印地将营销工作做好，而不是异想天开地急于求成。

（六）法律形式

本部分的主要问题包括对不同法律形式的特点缺乏了解，选择时盲目、想当然；对一人有限责任公司较陌生。

创业者应充分了解不同法律形式的特点及利弊，进行合理选择。

（七）股份构成

本部分的典型问题表现为两个极端：股东一股独大，或者股东过于分散。

企业应该建立合理的利益分配机制，通过设置恰当的股份结构，既有利于经营过程中决策的及时性，又能保证投资者受益的均衡性。一股独大不利于调动其他投资者的积极性，股权过于分散可能会使决策周期过长，丧失投资良机。

（八）组织架构和创业团队

本部分的典型问题有团队成员来源单一、团队成员分工不合理等。

在组建创业团队时应尽可能选择不同专业、特长、性格、资源的人进行合作。高校学生参加创业计划大赛时，高科技产品的创业团队最好有研究生参与。

（九）成本预测

本部分的典型问题也表现为两个极端：成本估测过高，或者成本估测过低。

成本估测过高，可能会影响创业的信心和决心，使原本不错的项目被放弃；成本估测过低，项目运作开始后就会出现资金不足，严重时甚至导致企业倒闭。因此，创业团队应该在制订生产计划时，对创业项目的成本进行深入细致的调查、精确周密的计算分析，使创业项目的成本预测接近于实际。

（十）现金流管理

本部分的典型问题有现金支出预估不足、部分风险基金未预留等。

（十一）盈利情况

本部分的典型问题表现为过于乐观。很多创业计划书在盈利能力描述部分给出的预测数据过于乐观，给人以外行的感觉。比如，动辄40%～50%的毛利，1年左右的投资回收期，20%左右的净利率等。建议创业团队在成本预测较为准确的情况下，正确估计盈利情况。

（十二）资产负债表

本部分的典型问题为资产负债表两边数据不平衡、损益表与现金流量表的勾稽关系不正确等。

编制资产负债表应遵循的原理是“资产＝负债＋所有者权益”，可是这一最基本的公式并不为大部分创业者所熟悉，导致编出的预算表漏洞百出，或者资产负债表两边数据不平衡（等式左右两边不相等），或者报表之间应有的对应关系不成立等情况。建议创业团队向专业教师进行咨询。

案例阅读

商业计划书是融资的“敲门金砖”

很多人这样说：商业计划书是融资的“敲门金砖”，含金量低的商业计划书，无法吸引投资人的眼球，我却不完全同意这样的说法。

商业计划书的专业性以及行业撰写要求，甚至是计划书的外包装，都对吸引投资人的眼球起着巨大的作用。因此，我一直提供商业计划的撰写服务。但是，我们不妨问一句：“仅仅靠商业计划书就能融资成功吗？”

我基本同意把商业计划书作为“敲门金砖”，毕竟这是接触有效投资人的第一步。但是，我想说的是，我们需要的不仅仅是吸引投资人的“眼球”，我们需要的是吸引投资人的“真金白银”，而这个吸引的过程，绝对不是几十页A4纸就可以决定的。

商业计划书，不是靠模板就能套用的。计划书虽然有它相对固定的一面，比如，该含有哪些章节，按照什么顺序，甚至具体到用什么字体比较合适、字的间距与字符的大小等，都有些不成规矩的规矩。但是，毕竟全世界也没有形成文化或法律要求必须那么写。所以，商业计划书并不难写。

其实，撰写计划书关键在于对资本市场以及投资人心理的把握，看你多大程度上用文字与投资人进行沟通并达成共识，多大程度上迎合他们的审阅喜好，甚至于，多大程度上加大文字上的渲染才恰到好处……这些，就需要经验与相对的专业性了。

但是，计划书已经写得很完美了，也吸引了投资人的眼球了，那么，我们还应该做些什么呢？我告诉你，肯定不是等着钱进你的口袋。

商业计划书就是企业发展的指导性文件，它的内容，其实就是企业发展的纲领和步骤，不要以为写份形式上完美的计划书就圆满了。其实，计划书的本质内容才最重要。

首先，你得告诉投资人你是做什么的。项目介绍需要描述你的项目本身之外，一定要多考虑一下项目的“周围经济”。比如，你的项目在市场中占有什么地位，核心竞争力到底核心在哪里，哪些竞争企业的产品或技术实力可以弥补你的缺憾。未来多少年内，你的项目或产品能够做大做强。没有远见的企业家，只为今日温饱，不求明日大计。因此，计划书背后，你要全面了解你的项目所处的环境及发展趋势。

其次是管理计划。说到管理，大家都知道它的定义，就是对企业一切资源的有效利用，让其发挥最大价值。资源中最大的资源，就是你的人、你的团队。那么，团队是什么？团队不是“人数”。1000人的集团，也不一定可以称为团队；3个人，却一样可以得天下。

团队要的是集体的协作能力、思考能力、自主能力。有这些，你就可以自豪地说：“我的团队……”否则，就算对别人说：“我们这些人……”你们只是“人”而已……

另外，学历代表过去，学习才代表将来。如果你的团队成员不够优秀，起点都很低，那么的确会有一部分因素影响投资人对你的认可。但是，请相信大部分有眼光的投资人，还是比较欣赏“未来”型的创业者，他们不太喜欢听你讲过去的英雄事迹，他们会更多地关心你对未来的设计和思考。

可见，计划书背后，你要严谨地规划好你的管理思路。如你的团队如何建设，组织结构如何设计，激励政策及人力资源如何配置等。

最后就是营销计划。俗话说：“酒香不怕巷子深。”大家都知道，那是计划经济时的产物，而我们现在面对的是全球市场，这个“巷子”未免太“深”了些，所以再香的酒，也需要出去吆喝几声。商业计划里面，你可以“狮子大张嘴”地向投资人索取营销费用，或者可以在央视竞个广告标王。一夜成名的企业和产品，在这个社会中并不少见。可是，你的计划里面除了“出名”之外，还有什么可持续提升产业经济链的东西吗？广告及营销，其实要做的就是“让消费者知道你的产品或服务”有哪些好处，而这些好处，你真的可以持续提供吗？如果是包装出来的，那么广告费花完的时候，也是企业末路之时。

因此，计划书背后，你要科学地给产品及企业未来定位，不要停留在自我陶醉和自我膨胀中。当然还有风险预测及控制、财务计划等。

无论计划书里面阐述了什么，你都要设身处地地想一想，你是真的在做企业发展规划，还是仅仅在畅想未来？你所阐述的思路，在后期的执行中，是否有足够的可执行性，是否有足够的能力去将想法变成现实？

资料来源：余勃．网络创业与创业管理［M］．西安：西北工业大学出版社，2021：145－146（有改动）。

一、单选题

1.在做市场调查时，主要研究内容可以包括（　　）。

（1）环境调查；（2）竞争对手调查；（3）产品分析；（4）消费者需求调查。

A.（3）（4）　　B.（1）（2）（3）　　C.（1）（2）（4）　　D.（1）（2）（3）（4）

2.创业计划可能具备的作用不包括（　　）。

A.有助于较好把握市场情况　　B.有利于实施运营管理

C.可能会增加沟通资本　　D.有益于把握商业机会

3.评价创业计划书的基本标准是（　　）。

A.产品或服务是否可行　　B.产品或服务对客户来说是否具有价值

C.商业模式是否完整清晰　　D.以上都是

4.没有必要写入创业计划书的是（　　）。

A.创业构想　　B.分析创业可能遇到的问题和困难

C.凝练创业计划的执行摘要　　D.企业未来十年的发展规划

5.撰写创业计划书的误区是（　　）。

A.分析产品的优劣势　　B.用数据作为市场分析的依据

C.用“前无古人，后无来者”等话语打动投资人　　D.突出产品的差异化

6.创业计划书应该呈现的内容是（　　）。

A.市场中存在的问题和解决问题的方案或产品

B.产品的用户群、竞争力、市场前景、亮点

C.财务分析和团队介绍

D.以上都是

二、游戏与模拟实训

介绍/推荐创业领域的项目：

1.时间：20～40分钟

2.任务：展示/推广创业计划（5分钟）

3.程序：

（1）所有学生分成若干组，每组4～6人。

（2）利用5分钟展示/推广创业项目。

4.讨论：

（1）你制作创业计划书的过程是怎样的？

（2）换个身份，听创业项目的推介/介绍后，你最关注的是什么？

（3）列举自己在现实生活中遇到的一组优秀案例和一组失败案例，说说自己的感想。

三、思考题

1.创业计划书封面上最重要的内容是什么？

2.如果企业已经有设计好的LOGO，那么将其放在创业计划书的什么地方最好？

3.信息搜集的渠道有哪些？

4.信息搜集主要采用哪些方法？

5.信息搜集和撰写创业计划书的关系是什么？

6.为什么要进行市场调查？

7.市场调查的内容有哪些？

8.消费者需求的含义是什么？

9.市场调查的方法有哪些？

创业企业的成长与管理

第十章

课程思政

通过“企业法律组织形式选择”相关知识教学，引导学生了解并熟悉不同企业法律组织形式的特点和适用范围，培养学生的法律意识和社会责任感；通过“创业企业的成长及管理”相关知识教学，引导学生了解创业企业的成长规律和特点，鼓励学生保持创新精神，培养学生具备创业企业所需的管理能力和技能；通过“创业企业的创新管理理念与方法”相关知识教学，引导学生树立“以人为本”的管理理念，增强学生的团队协作精神，培养学生的环保意识和社会责任感。

学习重点和难点

重点：新企业注册的程序及相关法律问题。

难点：创业企业的成长关口和突破方法。

第一节　企业法律组织形式选择

1.了解企业法律组织形式选择。
2.掌握企业注册流程及相关法律问题。
3.了解创业企业的社会认同。

企业法律组织形式是指企业在法律上的表现形式，按照不同的分类标准可以分为不同的类型。

在创办新企业之前，企业家应首先确定其拟设立的组织的法律形式。新创企业可以采取多种组织形式，如企业家独立设立的个人独资企业、企业家团队设立的合伙企业、以法人为主体的有限责任公司和股份公司等。对于企业家来说，不同形式的法律组织各有优缺点，需要根据国家法律法规的要求和初创企业的实际情况，科学权衡不同组织形式的利弊，确定合适的组织形式。

一、企业的不同法律组织形式

我国企业形式一般包括个人独资企业、合伙企业、有限责任公司、股份有限公司、中外合作经营企业、中外合资经营企业等。创业者应根据自身经济实力等相关情况，自主选择创业形式。不同的企业法律组织形式在开办和注册企业的方式、开办企业的难度、风险责任的大小、缴纳的税额、获得资金的难度、寻找合作伙伴的能力、决策过程的复杂程度、公司利润的大小等方面存在诸多不同。

二、不同企业法律组织形式的特点

不同的企业法律组织形式其特点各不相同，我们只有详细了解其各自的特点，才能为正确选择企业的法律组织形式做好充分的准备。

（一）个人独资企业

个人独资企业是指依据相关法律法规，在中国境内设立，由一个自然人投资，财产为个人所有，投资人以其个人资产对企业债务承担无限责任的经营实体。申请个人独资企业，必须满足以下五个条件。

（1）投资人为一个自然人。

（2）有合法的企业名称。

（3）有投资人申报的出资，国家对其注册资金实行申报制，没有最低限额。

（4）有固定的生产经营场所和必要的生产经营条件。

（5）有必要的从业人员。

（二）合伙企业

合伙企业由 2 名或 2 名以上的人合作创办，有资金限制。设立合伙企业的条件相对复杂，需要两个及以上的合伙人签署书面的合伙协议，协议内容包括合伙人的实际出资额、公司名称、营业地点和经营业务的必要条件等。合伙企业的合伙人按照章程共同行动，分享利益，承担风险，各合伙人按照章程分配利润，同时对合伙企业的利益承担无限连带责任。

（三）有限责任公司

有限责任公司必须由2名以上50名以下股东组成，注册资本因行业而异。其中，从事技术咨询的，注册资本不少于10万元人民币；零售实体行业注册资本不少于30万元人民币；批发、生产企业注册资本不少于50万元人民币。对于有限责任公司，法律没有规定最高注册资本。同时，有限责任公司还需要合伙人共同制定公司章程，建立符合要求的组织机构，具有固定的营业场所和生产经营所必需的条件，任命股东大会、管理委员会和监事会进行管理。有限责任公司商业登记手续也比较复杂，其优点是合伙人按出资比例分配利润，并以出资额为限承担有限责任。

（四）股份有限公司

股份有限公司对股东人数没有具体规定，对注册资本数额也没有具体限制，按照出资比例分配利润。同时，股东对公司的出资额有限制。一般情况下，在股权结构中全体员工都有股份，形成员工既是股东又是职工的资本金制度。《中华人民共和国公司法》规定，股份有限公司还应当具备下列条件。

（1）发起人达到法定人数。设立股份有限公司，创始人不少于2人，不超过200人，其中半数以上创始人居住在中国境内。

（2）发起人认缴和募集的股本达到法定最低资本限额。公司全体发起人的初始出资额不得低于公司股本的20%。股份公司的最低股本为人民币500万元，其他上级法律、法规对股份有限公司的最低股本另有规定的，从其规定。

（3）发行及筹备工作符合法定要求。

（4）发起人拟定章程，公司章程经股东大会通过。

（五）中外合作经营企业

中外合作经营企业是指中方合作者和外国合作者，依法在中国境内以中外合作经营企业合同为基础而共同举办的企业。中外合作经营企业属于契约式企业，双方通过合作经营企业合同约定各自的权利和义务，合作方式较灵活。

中外合作经营企业具有如下特征。

（1）中外合作经营企业的一方为外国合作者，另一方为中方合作者。外国合作者可以是企业、其他经济组织或者个人。中方合作者可以是企业或者其他经济组织。

（2）中外合作者按何种方式进行收益或者产品的分配、风险和亏损的分担，由中外合作经营企业合同约定。即中外合作经营企业合同是企业成立的基本依据，合营各方的权利和义务不是取决于投资比例与股份，而是取决于中外合作经营企业合同的约定。

（3）中外合作经营企业的组织形式具有多样化的特点，即中外合作者可以共同开办具有法人资格的中外合作经营企业，也可以共同兴办不具有法人资格的中外合作经营企业。换言之，中外合作经营企业既可以是法人企业，也可以是非法人企业。

（4）中外合作经营企业的组织机构与管理方式具有灵活多样的特征。既可以是董事会制，也可以是联合管理委员会制，还可以委托第三方管理。

（5）中外合作经营企业一般采取让外方先行回收投资的做法，外方承担的风险相对较小，但合作期满，企业的资产均归中方所有。

（六）中外合资经营企业

中外合资经营企业是指依照中国有关法律在中国境内设立的由外国企业和其他经济组织或个人与中国企业或其他经济组织共同举办的合营企业，合营双方根据《中华人民共和国公司法》《中华人民共和国企业法人登记管理条例》《中华人民共和国中外合资经营企业法》以及《中华人民共和国中外合资经营企业法实施条例》等法律、法规的规定，共同投资设立，共同经营，共负盈亏，共担风险的有限责任公司，受中国的管辖和保护，具有中国法人资格。中外合资经营企业的组织形式仅能为有限责任公司。合营各方遵照平等互利原则，共同出资、共同经营，按各方注册资本比例分享利润、分担风险和亏损。另外，根据《中华人民共和国中外合资经营企业法》规定，国家对合营企业不实行国有化和征收；在特殊情况下，根据社会公共利益的需要，对合营企业可以依照法律程序实行征收，并给予相应的补偿。合营企业获得的毛利润，按中华人民共和国税法规定缴纳合营企业所得税后，扣除合营企业章程规定的储备基金、职工奖励及福利基金、企业发展基金，净利润根据合营各方注册资本的比例进行分配。

中外合资经营企业的特征如下。

(1) 中外合资经营企业的一方为外方合营者，另一方为中国合营者。外方合营者为外国的企业或其他经济组织和个人；中国合营者可以是企业或者其他经营组织，不能是个人。

(2) 合营各方遵照平等互利原则，共同出资、共同经营，按各方注册资本比例分享利润、分担风险和亏损。外方的出资比例不得低于注册资本的25%，否则不享有中外合资经营企业的待遇。

(3) 中外合资经营企业的组织形式是有限责任公司。

(4) 在中国境内，按中国法律规定取得法人资格，为中国法人，必须遵守中国法律、法规。

三、影响企业选择法律组织形式的因素

以上各种企业法律组织形式各有优劣势，创业者应根据企业自身实际情况，进行科学合理的选择。通常来说，企业选择法律组织形式应当考虑的因素有以下六个方面。

(1) 拟创办企业的规模大小。

(2) 创业时所拥有的资金的多少。

(3) 共同创业人数的多少。

(4) 创业的观念。

(5) 所能承受的风险。

(6) 准备创业的行业的发展前景。

具体而言，在选择企业法律组织形式时要注意以下几个方面。

(1) 如果准备创建的企业规模比较小，前期投资者较少，启动资金较为短缺，可以接受自己承担所有风险，这时可以采用个人独资企业形式。如果准备创建的企业规模比较大，前期投资者比较多，需要较多启动资金，法人自己无法承担所有债务风险，这时可以采用有限责任公司形式。

(2) 如能吸引外商投资，享受外商投资相关优惠政策，可考虑选择中外合作或中外合资企业形式。

(3) 如有其他合伙人，可选择合伙企业、有限责任公司等其他形式的企业。

(4) 如果你的独立意识很强，不想和别人合作，可以选择个人独资企业形式。

(5) 如果更倾向于创建科技含量高、需要大量研发资金的企业，这时可以采用有限责任公司或股份有限公司等形式。

四、企业注册流程及相关法律文件

按照现行法律法规，创业者注册新公司需要遵循一定的流程，并需要到相应的政府部门登记审批。

（一）企业名称取名和预核准

1.名称的构成

企业名称一般由以下几个部分组成：行政区划＋字号＋行业特点＋组织形式或者字号（＋地区）＋行业特点＋组织形式。

（1）行政区划。企业名称中的行政区划是本企业所在地县级以上行政区划的名称或地名。

（2）字号。企业名称中的字号应当由2个以上汉字组成，行政区划不得用作字号，但县级以上行政区划地名具有其他含义的除外。企业名称可以使用自然人、投资人的姓名作为字号。

（3）行业特点。企业名称中的行业表述应当是反映企业经济活动性质所属国民经济行业类别或者企业经营特点的用语。企业名称中，行业用语表述的内容应当与企业经营范围一致。企业经济活动性质分别属于国民经济行业不同大类的，应当选择主要经济活动性质所属国民经济行业类别（见GB/T 4754—2017）用语表述企业名称中的行业。企业为反映其经营特点，可以在名称中的字号之后使用国家（地区）名称或者县级以上行政区划的地名。地名不视为企业名称中的行政区划。如：北京×××四川火锅有限公司、四川×××韩国烧烤有限公司。"四川火锅""韩国烧烤"字词均视为企业的经营特点，企业名称不应当明示或者暗示有超越其经营范围的业务。

（4）组织形式。依据《中华人民共和国公司法》申请登记的企业名称，其组织形式为有限公司（有限责任公司）或者股份有限公司；依据其他法律、法规申请登记的企业名称，组织形式不得申请为有限公司（有限责任公司）或股份有限公司；非公司制企业可以申请用厂、店、部、中心等作为企业名称的组织形式，例如：江苏×××食品厂、江苏××商店、江苏××技术开发中心。

2.名称预先核准登记程序

办理名称预先核准登记，一般要经过以下步骤。

（1）咨询后领取并填写《名称预先核准申请书》和《指定（委托）书》，同时准备相关材料。

（2）递交名称登记材料，领取《名称登记受理通知书》，等待名称核准结果。

（3）按《名称登记受理通知书》确定的日期领取《企业名称预先核准通知书》。

3.申请名称预先核准登记应提交的文件、证件

名称预先核准登记应提交的文件、证件包括：《名称预先核准申请书》，组建单位的资格证明或股东、发起人的法人资格证明及自然人身份证明，《指定（委托）书》。

4.企业名称的一般性规定

企业名称不得含有下列内容和文字。

（1）有损于国家、社会公共利益的。

（2）可能对公众造成欺骗或者误解的。

（3）外国国家（地区）名称、国际组织名称。

（4）政党名称、党政军机关名称、群众组织名称、社会团体名称及部队番号。

（5）其他法律、行政法规规定禁止的。

（二）企业经营范围的选取

企业经营范围主要包括以下几类。

1.商贸类

五金交电、电子产品、电信器材、电线电缆、电动工具、家用电器、机电设备、通信器材、照相器材、健身器材、音响设备、酒店设备、汽摩配件、工具量具、仪器仪表、医疗设备、建筑材料、装潢材料、陶瓷制品、卫生洁具、橡塑制品、化工原料及产品、电脑及配件、印刷机械、办公用品、文

体用品、日用百货、包装材料、工艺礼品、玩具、金属材料、钢丝绳、阀门、管道配件、轴承、制冷设备、压缩机及配件、服装鞋帽、服饰辅料、纺机配件、纺织原料、针纺织品、皮革制品、化妆品等。

2.科技类

科技服务、计算机技术咨询服务、网络科技、生物科技、环保工程、通信工程等。

3.咨询类

投资咨询、劳务咨询、商务咨询、财务咨询、企业管理咨询、会展咨询、市场调研、企业形象策划、企业营销策划、电脑图文设计制作等。

4.其他服务类

广告、物业管理、美术设计制作、礼仪服务、会务服务、快递服务、清洁服务、服装干洗、摄影服务、绿化养护、汽车美容装潢、货运代理、房地产开发、建筑安装、家庭装潢、水电安装等。

（三）公司注册流程

以下程序为注册公司的一般程序，以当地主管机关具体规定为准。

1.公司名称查询

（1）拟订公司名称1～5个。

（2）拟订公司经营范围的主营项目。

2.提供注册资料

（1）全体股东的身份证。

（2）全体股东签署的工商税务注册所需文件。

（3）房屋租赁合同。

（4）房屋产权证。

（5）住改商证明。

3.报工商局审查批准

（1）报工商局初审。

（2）提交资料报工商局审批。

（3）打印营业执照（正副本）。

4.办理特种经营许可证或批文

根据所在特种行业到相关部门办理（无前置批准规定则不需要）。

5.办理完毕向客户提交证件

（1）营业执照正副本。

（2）IC卡。

（3）公司章4枚（合同章、公章、财务章、法人章）。

（四）商事注册制度的重大改革

商事制度是社会主义市场经济体系中的重要组成部分。我国的商事登记制度脱胎于计划经济体制，带有浓厚的计划经济色彩，阻碍了市场经济的顺畅运行。中国共产党第十八届中央委员会第三次全体会议决定对商事登记制度进行改革，由注册资本实缴登记制改为注册资本认缴登记制，取消了原有对公司注册资本、出资方式、出资额、出资时间等的硬性规定，取消了经营范围的登记和审批，从以往的“重审批轻监管”转变为“轻审批重监管”。2020年9月，国务院办公厅印发《国务院办公厅关于深化商事制度改革进一步为企业松绑减负激发企业活力的通知》（国办发〔2020〕29号）。这个制度的重大改革是进一步简政放权，构建公平竞争的市场环境，调动社会资本力量，促进小微企业特别是创

新型企业成长，带动就业，推动新兴生产力发展。

这一改革举措的全面推开十分必要。这样做不仅顺应了广大市场主体的热切期盼，有利于扩大社会投资，巩固经济稳中向好的发展态势，而且符合新技术、新产业、新业态等新兴生产力发展的要求，有利于建设服务型政府，减少对市场的微观干预，保障劳动创业权利，营造良好营商环境，创造更多就业机会，使人民群众在深化改革、不断解放和发展生产力中更多受益。同时，有利于简化登记流程，降低创业门槛，激发市场活力。

1.实行注册资本认缴登记制度

除法律、行政法规以及国务院决定对公司注册资本实缴另有规定的以外，其他公司实行注册资本认缴登记制，商事登记机关不再对公司实收资本进行登记；取消公司注册资本最低限额规定；不再限制公司设立时全体股东（发起人）的首次出资额及比例；不再限制公司股东（发起人）的货币出资总额占注册资本的比例；不再规定公司股东（发起人）缴足出资的期限。

2.实行商事主体年报备案制度

改革现行的企业年检制度，实行商事主体年报备案制度。商事主体在每年 3 月 1 日—6 月 30 日向商事登记机关提交年度报告书，申报上一年度的基本信息，商事登记机关通过商事主体信息公示平台，将年度报告书向社会公示。商事主体对年度报告书的真实性负责。

3.实行工商登记注册与经营项目审批相分离的登记制度

商事主体取得工商登记注册，即具有商事主体资格和一般项目经营资格，同时具有公示登记信息的功能，以及对抗第三人的效力。但商事主体须经许可审批才能从事许可项目经营活动。从事一般项目经营活动的，直接向商事登记机关申领营业执照。从事许可项目经营活动（不含金融、电信等特殊行业）的，领取营业执照后，到相关部门办理许可审批手续，取得经营资格后，开展经营活动。从事金融、电信等特殊行业经营活动的，取得有关部门许可审批手续后，向商事登记机关申领营业执照。外商投资企业经商务部门审批后，向商事登记机关申领营业执照，从事许可项目经营活动的，到相关部门办理许可审批手续。

4.实行商事主体经营异常名录制度

经营异常名录制度是指商事登记机关将违反商事登记有关规定的商事主体从商事登记名录中剔除，归纳到异常名录的行政管理制度。商事主体被载入经营异常名录后，可以继续经营，但商事登记机关应当将其主体连同法定代表人、投资人的信息纳入不良信用监管体系。

商事登记机关将商事主体载入经营异常名录前，应当通过商事主体信息公示平台告知商事主体有关事实、理由和依据，以及商事主体享有申辩和陈述的权利。商事主体被载入经营异常名录未满 5 年，且已纠正被载入经营异常名录行为的，可向商事登记机关申请从经营异常名录中移出；商事主体被载入经营异常名录超过 5 年的，不得从经营异常名录中移出。

5.放宽住所登记条件

允许有投资关联关系的商事主体，在县（区、县级市）级以上人民政府批准设立的经济技术开发区、工业园、科技园等专业园区内的商事主体，经营股权投资、电子商务、文化创意、软件设计、动漫游戏等现代服务业的商事主体，可将同一地址作为多家商事主体的住所。企业在其住所所属行政辖区（县、区、县级市）内增设从事一般项目经营活动的经营场所，可以选择办理分支机构登记，也可以选择向登记机关申请增设经营场所备案。对无法提供有效房产证明文件的，可由当地街道办事处、村（居）委会、园区管委会出具同意在该场所从事经营活动的场所使用证明，申请人可凭该场所使用证明直接办理商事主体的住所登记。

6.放宽企业名称登记条件

允许企业将字号或字号行业置于行政区划前，突出字号特性；允许企业名称中不使用《国民经济行业分类》用语表述其所从事的行业。

7.构建统一的商事登记管理信息平台和商事主体信息公示平台

建立统一的商事登记管理信息平台，各审批部门、执法部门均可通过平台共享行政许可登记、监管、信用信息，办理行政许可及监管业务。建立统一的商事主体信息公示平台，全方位公示商事登记管理信息，包括商事主体登记（年报、经营情况、缴纳注册资本、经营范围等）和办理行政许可情况、信用信息和违反相关法律法规记录等。积极引导行业组织自我完善，促进商事主体和个人自律；加强对审计、验资等中介、专业机构的培育和扶持力度，逐步建立完善其连带责任制度；提升公民自治意识，提高政府公共服务和市场监管水平。

8.逐步推行网上登记服务

逐步实现网上申报、网上受理、网上审批、网上发照、网上查档的电子化登记管理模式。商事主体网上提交登记申请，上传申请资料，商事登记机关网上接收、受理、审批，发放电子营业执照，并及时寄出纸质营业执照。商事主体提交的网上登记申请资料，通过信息平台提供给社会公众免费查阅。

五、企业创办需注意的法律问题

在“大众创业、万众创新”的背景下，社会上涌现出一大批青年企业家。创业是一种以个体为中心的社会实践，具有明显的人格特征。创业企业往往面临各种风险，最终以法律风险的形式呈现。因此，商业活动必须以法律为准绳，企业追求利润最大化的前提是合法性。低估法律风险产生的后果往往是企业和企业家难以承受的。企业创办需注意的法律问题如下。

（一）公司成立前签订合同之效力与责任

《中华人民共和国公司法》第七条规定，公司成立日期为营业执照签发日期。在成立公司之前，创始人有可能甚至有必要代表公司与第三方进行交易和订立合同（公司成立前的合同），如认购合同、销售合同、雇佣合同、租赁合同、借贷合同等。与此相关的法律问题是：公司成立前签订的合同是否有效？如果公司最终未能成立或成立后不履行成立前签订的合同，由此产生的债务由谁承担？

首先，合同必须被视为有效。理由：创业是一个过程，在此过程中，创始人往往要代表即将创立的公司与第三方进行交易和签订协议，以完成各种准备工作。从第三方的角度来看，他们通常更愿意（但不限于）与公司而不是与创始人进行交易和签订合同。鉴于此，为支持公司发展，保障交易安全，创业者须声明上述签订的合同有效。

其次，由于签订合同或协议时公司尚未成立，一般情况下，创始人应对其产生的债务承担责任。但是，在某些情况下，公司也可能对合同义务负责。

1.创始人的义务

一般而言，如果创始人签订合同或协议后公司不成立，除非双方明确约定创始人不对公司成立前的合同债务承担责任，否则创始人将承担合同标明的责任和义务。公司成立后，如果创始人、公司和第三方同意公司取代创始人成为合同的一方，则创始人不再承担合同义务。在这种情况下，合同的当事人发生了变化。

2.公司的义务

原则上，公司不应对成立前订立的合同产生的债务承担责任。公司成立后，如果公司接受上述合

同，就应对合同产生的债务承担连带责任。自发生义务之日起，公司即成为合同的一方，当然应当履行义务。承诺可以是明确的，例如通过董事会决议批准，也可以是隐含的，例如公司无异议地接受协议的好处。

（二）公司成立前创始人之信托责任

《中华人民共和国公司法》规定，董事、监事和高级管理人员应当遵守法律、行政法规和公司章程的规定，对公司负有忠实、勤勉的义务。公司设立过程中的发起人实际履行经营管理职责，往往要代表"公司"与第三方打交道，或代表个人与"公司"打交道。为规范创始人的行为，保护公司利益，《中华人民共和国公司法》规定，设立公司时，创始人对其他创始人和公司负有诚信义务。公司成立前创始人的信托义务类似于公司成立后董事、高级职员和大股东对公司和其他股东的信托义务。

六、创业企业的社会责任与社会认同

新创企业在发展的最初阶段往往面临如何建立包括消费者、供应商和投资者在内的利益相关者对其产品、服务或商业模式乃至组织结构的理解和认识的问题。在漫长的经营、成长过程中，企业要想做大、做强、做久，最终成为百年名店，仅仅做到提供顾客所需要的产品和服务以及遵纪守法是不够的，还要进一步符合道德标准，主动承担社会责任，通过良好的行为表现获得社会各界的广泛认同。

（一）社会责任与社会道德

一个企业应该承担多少社会责任，以及应该承担什么样的社会责任，近年来一直是个热门的话题。新创企业能否取得成功不仅取决于创业者是否能够把握和实现新的创业机会，而且取决于由这种创业活动所引发的新的经济活动在多大程度上符合现有制度规范的要求，或是建立新的制度规范，从而能够被利益相关者（如供应商、消费者和员工等）、一般公众和整个社会所认可和接受。因此，创业活动不仅受到市场环境的影响，而且受到社会规范和价值体系的约束，道德就是其中之一。

在人们的生活中，肯定遇到过许多道德上的两难问题。例如，为一位没有钱的朋友复制一份价格不菲的计算机软件是道德的吗？或者，假设你是一位健身器材销售代表，只是为了得到奖金，你勉强本不需要或者无力支付的顾客购买产品是道德的吗？道德是判定决策和行为是对还是错的惯例和原则。考虑一下对正确和错误的各种不同的解释，就能明白道德是多么复杂的一个问题。但是，创业者在对其新创企业做出决策和采取行动时，道德因素确实在起作用。创业者需要了解这些决策和行动的道德后果。研究显示，与经理人相比，企业家通常具有更严格的道德标准，而且也能更好地按自己的理念创业。

（二）道德与道德管理

从广义上讲，道德就是以一种可接受的方式进行活动时，所需遵守的原则或参考标准。具体来说，道德就是判断好与坏、对与错的一套行为准则。另外，道德还包含道义、责任。

创业者会面临特殊的道德困境，如利益冲突、个性特点、利益相关者的社会责任、开放程度等。利益冲突主要与道德和经济平衡的问题有关。它包括企图将个人从经营决策中分离出来的紧张状态。个性特点主要与人际关系和个人问题有关。在许多情况下，个人问题或个性人格往往会引发困境。利益相关者的社会责任涵盖了管理合理化的压力，强调了行为准则的重要性。开放程度表明创业者对于价值与期望的要求更加公开。在这些困境中，创业者面临着每天都要做出经营决策的挑战。许多决策是复杂的，并且需要道德上的考虑。

新创企业在发展过程中，充满着无数的冲突，创业者需要对企业战略负道德责任。在强调道德问题的时候，创业者应该分析不同的组织特点。有关研究针对道德标准、动机目标、法律和战略定位，来定义不同类型的管理方法：不道德的管理、非道德管理和道德管理。为了使新创企业健康发展，创业者应该制定专门的道德原则，以便在企业成长过程中采取正确的步骤。下面是四条管理者的道德法则。

法则一：雇用最合适的人员。具有道德意识的员工是最好的保障。

法则二：建立标准，而不是规定。

法则三：不要孤立自己。管理者如果置身象牙塔，就可能失去市场竞争力。

法则四：要做出榜样，在任何时候都不犯道德错误。

尽管道德给创业者带来了巨大的挑战，但创业者的价值观对于建立一个道德化的组织非常关键。创业者在做出关键决策的时候应展示自身的诚实、正直和道德。创业者的行为对其他员工来说是一个榜样。

（三）企业社会责任及其承担

社会责任问题日益受到各国政府和民众的广泛关注。《中华人民共和国公司法》第五条明确要求，公司从事经营活动必须“承担社会责任”，公司理应对其劳动者、债权人、供货商、消费者、公司所在地的居民、自然环境和资源、国家安全和社会的全面发展承担一定责任。《中华人民共和国公司法》不仅将强化企业社会责任理念列入总则条款，而且在分则中设计了一套充分强化企业社会责任的具体制度。可见，企业社会责任在我国具有了法律地位。

企业社会责任的概念已经广为接受，它是指企业在创造利润、对股东利益负责的同时，还要承担起对企业利益相关者的责任，保护其权益，以获得在经济、社会、环境等多个领域的可持续发展能力。利益相关者是指企业的员工、消费者、供应商、社区和政府等。企业得以可持续经营，仅仅考虑经济因素对股东负责是远远不够的，还必须同时考虑到环境和社会因素，承担起相应的环境责任和社会责任。企业为什么要承担社会责任？源于经济学、法理学和社会学三个方面。

在欧美发达国家，企业社会责任已经从当初以处理劳工冲突和环保问题为主要追求，上升到实施企业社会责任战略以提升企业国际竞争力的阶段。在实践中，随着企业社会责任运动的发展，越来越多的公司通过设立企业社会责任委员会或类似机构来专门处理企业社会责任事项，越来越多的企业公开发表社会责任报告。对西方国家的创业者及企业来说，承担企业社会责任就是要积极参与企业社会责任运动，贯彻执行由此衍生的各种企业社会责任国际标准。

在我国，强化企业社会责任是一个紧迫的现实问题，是“入世”后中国企业提高国际竞争力面临的一项新的挑战。我国企业在创建伊始就应清楚地认识到推行企业社会责任是人类文明进步的标志，劳工权益保护不仅是西方国家的要求，也是现代企业的历史使命，符合《中华人民共和国劳动法》等许多现行法规的要求。

创业者应该在积极参与和关注企业社会责任运动、企业社会责任国际标准的同时，从以下几个方面着手提高承担企业社会责任的意识和能力。

第一，制定实施体现企业社会责任的竞争战略。突破传承的企业竞争战略，在勇于承担企业社会责任的同时，打造企业新的竞争优势是我国新一代创业者的必然选择。

第二，把企业社会责任建设融入企业文化建设中。企业文化建设是企业发展战略的一部分，企业文化建设既可以提高企业竞争能力，也可以使人在工作中体会生命的价值。把企业社会责任作为新时期企业文化整合和再造的重要内容，已成为国际企业文化发展的大趋势。

第三，把企业社会责任的理念付诸实实在在的行动中。在企业的日常经营管理过程中，不仅要对股东负责，对员工负责，还要对客户、供应商负责，对自然环境负责，对社会经济的可持续发展负责。

第二节 创业企业的成长及管理

1.了解创业企业的生命周期及特点。
2.了解创业企业的成长关口及突破。

一个企业的发展通常分为四个阶段：初创期、成长期、成熟期和衰退期。从一个阶段到下一个阶段需要经历一系列变革。如果变革成功，公司将成功进入一个新的阶段；如果变革失败，公司的发展就会面临障碍甚至挫折。通常，处于初创期和成长期的企业被定位为新企业。在这两个阶段，企业能否健康发展，直接关系到企业未来的可持续发展能力。很多企业经常在这两个阶段遭遇“滑铁卢”而失败。因此，在初创期和成长期对新企业进行管理，是企业发展过程中必须面对的巨大挑战。

一、创业企业的生命周期及特点

企业的生命周期类似自然人的生命周期：企业从孕育（创意）到出生（创业），从幼小（初创期）到茁壮成长（成长期），都显示出生命周期的特征，这也是企业生命周期基本概念的由来。

（一）种子期

在创业者仅有创业构思，还没有组建企业，或者刚刚注册公司，还没有形成管理团队时，企业处于种子期。通常，创业者要么拥有具有商业化潜力的专利，要么掌握一定的“技术诀窍”，要么看中了一个尚未开发的市场。这个时期的融资往往以自筹资金为主，资金来源于创业者自己（founder）、家人（family）、朋友（friend），也就是所谓的“3F”。

在企业发展的种子阶段，也可获得商业天使、技术孵化器、政府咨询基金和风险投资的资金支持。如果创业者拥有高潜力的专利和突破性发明，种子企业也可以获得政府的补贴，如美国的“小型企业创新研究计划（SBIR）”，中国的863计划、火炬计划、973计划等。此外，各类科技孵化器、科技创新中心、创业中心也为种子期的企业提供一定资助。孵化器和创新中心的资助不一定以资金的形式，也可以提供廉价办公场所及与创业相关的其他服务项目的形式。

（二）创始期

创始期是企业生命周期的第二个阶段。由于在种子期，企业实体并不存在，所以有时人们也把企业的创始期看作企业生命周期的第一阶段。

创始期企业实体已经存在，创业团队也已经组建，已经有了可展示的产品，或有了一些零星的销售收入。但在创始期，企业的产品或服务还需要进一步完善，商业模式还需要进一步改进，创业团队还需要进一步整合，市场战略还需要进一步明晰。这一阶段，企业家会花费很多时间、精力、热情，将他们辛辛苦苦积累的资金投入创业过程，全力以赴，促进企业发展。

（三）成长期

企业的成长阶段也是企业发展壮大的阶段。一般地，这个阶段是风险投资公司进入的最佳阶段。在这个阶段，企业修正、补充了创业计划，调整了发展方向，扩大了市场；同时，他们增加了产量，选择了拳头产品，确立了科学的管理模式。很多企业在这个阶段已经具有一定的客户群，有了销售收入，而且收入明显呈上升趋势。

企业成长期是企业发展最重要的时期。当企业进入成长期时，它开始投资风险资本和其他类型的私募股权。这时，虽然企业生产已经进入正轨，已经有了销售收入，但企业需要扩张，具有巨大的发展潜力。这一阶段投资风险虽然仍然存在，但比种子期和创始期小得多。这个时期往往被风险投资家视为最佳投资期，又称为风险投资家的投资窗口。

（四）成熟期

企业的成熟期以稳定的生产、稳定的收入、稳定的现金流为标志。在这个阶段，大多数企业已经建立了良好的销售网络，产品已经具有一定的品牌效应。一个企业发展到成熟期，就可以摘取丰收的果实了，出色的企业可以着手上市准备。

这个时期，由于企业的规模已经相对增长，资金需求也相对增大，“3F”及天使投资已经不能满足企业发展需求，企业的其他资金来源明显增加。除了私募股权，商业银行贷款也是一种好的选择，对于企业来说，银行贷款比风险投资成本低，应该争取尽可能高的杠杆。

（五）稳定期

企业成长的稳定期是其成熟期的继续，也可将这一阶段并入企业成长的成熟期。一个企业发展到稳定期，如果不积极推进企业内部创新，强调企业的重组与更新，那么企业的稳定期便是企业下降期的开始。

除了一般的私募股权外，商业银行贷款、企业债券融资等方式也可以成为企业稳定期的资金来源。

（六）下降期

企业进入下降期的表现为销售收入的下降，随后利润下降，企业开始出现负现金流，即现金收入小于现金支出。这时，企业的存活时间取决于这种负现金流能够维持多久。有时，企业通过改革、重组，能够起死回生。下降期的长短依据企业状况的不同而不同，有的企业在很短的时间里就濒临衰亡，另一些企业则在衰亡线上挣扎很久。下降期是企业生命周期的结束。

二、创业企业的成长关口及突破方法

很多企业在发展过程中都会进入“无人区”——比上不足，比下有余。当企业进入无人区时如何应对，将决定整个企业的成败。

“无人之境”中的四个常见错误及其解决方法：市场错位、治理过度增长、商业模式过度增长和融资过度增长。

“无人区”企业失败的另一个重要原因是缺乏资金，因为公司当前规模还不够大，无法吸引足够的资金来发展壮大。虽然崭露头角的企业家可以找到资金，但是资本市场不会为中小企业提供那么多的资金。

下面我们以梅多斯的创业案例来说明突破这一关口的策略。

（一）建立良好的经营模式

1993 年，49 岁的拉里·梅多斯（Larry Meadows）投入 35 000 美元创立了家居用品零售商 American Exteriors，在一个非常小的办公室里，他和唯一的员工并排挤在一起。企业到达“无人区”后，用时三年，终于有了质的飞跃。公司创立之初的平均销售额为 100 万美元，经过十多年的发展，2008 年的销售额有望上升到 3000 万美元。他成功的秘诀在于投资先进技术，然后创造一种新的商业模式，使公司能够持续发展。

梅多斯说他使用的技术包括为他在科罗拉多州的第一家商店和呼叫中心开发的营销模型创建数据库。这样，当梅多斯决定在另一个州开店时，他可以在新地点复制营销模型。

（二）发展管理系统

梅多斯还接受了泰特姆提出的在公司碰壁之前改变管理计划的四项建议之一，但他表示并没有过多考虑公司何时以及为何会扩张。事实上，从一家位于科罗拉多州的公司搬到犹他州的决定是一个合乎逻辑的巧合。

尽管如此，他还是意识到公司已经进入了“无人区”。在2002年公司销售额达到800万美元的历史新高后，销售增长停滞放缓。“我称之为上台。”梅多斯以篮球队为例，说这就像篮球运动员没有速度实力成为控球后卫，或没有体力成为前锋。“我们要么做大，要么做小。在当时健康的商业环境下，退回去缩小规模没有意义，所以我决定扩张。”梅多斯说。

他指出了未能走出“无人区”而失败的企业存在的三大问题：“首先，他们甚至不知道它的存在。其次，没有文件或任何人向他们解释。最后，有些人的生意做不起来。”

从创业到上市要经历什么？

1.创办公司

张三和李四分别出资12万元和8万元，共计20万元，合伙开了一家公司叫“三四餐饮服务有限公司”，股份占比按出资多少决定。公司的主营业务是经营面包店，张三、李四从20万元的注册资本里面先拿出来5万元，支付了一年的店面租金，并对店面做了一些装修；又用5万元买了相应的设备、工具、器材等用品，还剩下10万元用来做面包店经营。凭借优质的口感和公道的价格，这家面包店吸引了大量的顾客，每天生意兴隆，很快就占领了街区的面包市场。

2.天使投资

只开一家店肯定满足不了张三、李四的胃口，虽然现在面包店有盈利，但是，盈利并不太多，等到攒够资金再扩张店铺，就错过市场良机了。于是，张三、李四想到了天使投资。他们找到了当地有名的“钻石王老五”王五，希望王五提供20万元资金，帮助他们把公司做大做强。王五评估了“三四餐饮服务有限公司”的财务账单，发现面包店平均每个月有5万元的营收，除去租金、水电、工资、原料等成本，每个月的净利润大约在1万元，每年的净利润大概在12万元。通过简单的市盈率计算，王五觉得“三四餐饮服务有限公司”的融资前估值大概在40万元，这个估值也得到了张三、李四的认可。于是王五注资20万元，作为天使投资人占股33%，张三的股份被稀释到40%，李四的股份被稀释到27%。天使轮之后，公司估值60万元。

3.A轮融资

没多久，擅于经营的张三、李四就用这笔资金在旁边一个街区开了一家分店，并占领了整个东城区的面包市场。由于经营有方，公司每个月的营收持续增高。半年之后，公司每个月的营收达到了12万元，月净利润达到4万元。

过了一段时间，张三发现西城区也有一家生意很好的面包店，如果要往西城区扩张，必须要遏制住那家店的发展势头。所以，为了占领整个城区的面包市场，必须再次进行融资。王五给张三、李四介绍了赵六所控股的“六六大顺投资管理有限公司”进行A轮投资。

赵六同样对“三四餐饮服务有限公司”的本轮融资前估值做了评估，最后敲定融资前估值为150万元，赵六再注资50万元，这样A轮融资后公司估值为200万元。公司的股权结构再次发生了变化，赵六占股25%，王五占股约25%，张三占股约30%，李四占股约20%。

张三、李四迅速用这50万元在西城区开了两家分店，并采用低价策略打败了竞争对手，独占整个城区的面包市场。半年之后，凭借4家分店，“三四餐饮服务有限公司”的每月营收达到了20万元。

4.B轮融资

又过了一段时间，张三发现，如果向产业链的上游延伸，收购一家面粉生产商，更有利可图。于是，聪明的张三萌生了并购的念头。但同样的问题产生了，钱从哪里来？张三将自己的想法告诉了A轮投资者赵六，赵六认可张三的想法，于是为他引荐了“零零七创投有限公司”老板凌凌漆。凌凌漆研究之后，觉得有一定的投资价值，于是双方坐下来商讨本轮的公司估值。

张三觉得此轮融资前公司估值应该涨到了400万元，但是凌凌漆觉得只值300万元。双方你来我往，讨价还价之后，将投资前估值定在350万元。凌凌漆答应投150万元进来，这样B轮融资之后，公司的总估值达到了500万元，公司的股份占比为凌凌漆占30%，赵六占17.5%，王五占17.5%，张三占21%，李四占14%。张三用这150万元并购了一家面粉生产商，直接进行面粉供应，降低了面包的生产成本，提高了企业的利润率。张三确实是做经营的好手，不到一年又抢占了周边几个县城的市场。

5.C轮融资

一年之后，“三四餐饮服务有限公司”在当地已经很有名气了。随着业务的扩大，张三意识到必须把业务扩展到全省，通过各地连锁经营，集团统一运作的方式，加以一定的杠杆，加速公司的成长。本来，张三想找银行进行贷款，采用贷款来进行商务运作。但是，“三四餐饮服务有限公司”还只是一个小企业，想要获得银行贷款还要解决一系列问题。没有办法，张三又找了凌凌漆，希望他们进行新一轮融资。

双方再次因公司的估值问题产生了分歧，张三、李四觉得应该估值1000万元，但是凌凌漆觉得只值800万元。一番商讨之后，凌凌漆同意将投资前估值定为1000万元，但是需要签对赌协议。如果两年内，“三四餐饮服务有限公司”不能实现年净利润100万元，张三和李四需要各自无偿出让6%和4%共计10%的股份给凌凌漆。张三对自己的经营能力非常有信心，也答应了凌凌漆的对赌协议。

C轮融资，凌凌漆追加了250万元的投资，这样C轮融资之后，公司估值达到了1250万元，其中凌凌漆占股20%+30%*0.8=44%，赵六占股14%，王五占股14%，张三占股16.8%，李四占股11.2%。

利用C轮融资的这250万元，张三迅速地攻城略地，很快就抢占了全省的面包市场。但是由于面包行业薄利多销的性质，公司的年利润始终没有上100万元，由于签了对赌协议，这让张三很是焦急。

张三、李四辛辛苦苦这么多年，结果两人合起来股份被稀释到不到30%，而且离公司上市还遥遥无期。

在这个故事中，张三、李四的命运到底会怎么样呢？他们什么时候才能实现财务自由？

资料来源：https://www.toutiao.com/article/6411631173261033730/（有改动）。

第三节 创业企业的创新管理理念与方法

学习目标

1.掌握创业企业的创新管理理念及方法。
2.了解创业企业面临的风险与应对措施。

一、创业企业的创新管理理念

随着企业制度改革的不断深化和市场的不断规范，市场竞争变得尤为激烈，给创业者带来了新的挑战和新的机遇。为提高企业综合竞争力，创新管理理念的推广与应用尤为重要。

(一) 厘清企业性质，增强市场意识，推进观念创新

(1) 实施战略管理。
(2) 加快企业内部市场化进程。
(3) 加强企业信息化建设。

(二) 充分发挥集团优势，拓展经营空间，推动经营方式创新

(1) 强化经营管理，全力完成运营任务。
(2) 扬长避短，努力培育企业的核心竞争力。
(3) 做好联合经营，争取更大的经营空间。

(三) 改革管理体制，优化资源配置，推进制度创新

(1) 调整组织结构，优化管理体制。
(2) 调整机构架构，优化管理团队。
(3) 调整劳动力结构，优化员工队伍。

(四) 聚焦产业管理，强化过程管控，推进管理创新

(1) 优化组合，完善产业管理体系。
(2) 加强成本管理，努力挖潜增效。
(3) 加强资金管理，严格财经制度。

(五) 坚持以人为本，加强培训教育，推进科技创新

(1) 抓好培训教育。
(2) 构建科技创新体系。
(3) 积极应用新技术。

二、创业企业的创新管理方法

初创期的新企业由于规模较小，“船小好掉头”，能够快速适应变化的环境趋势，为客户提供更便捷、更个性化的服务。但是，快速成长中的新创企业易患上“创业资源缺乏症”，如缺乏融资资源，缺乏人力资源，缺乏良好的商业网络资源，等等。雇员少，资源匮乏，市场拓展能力有限，生产成本较高，是新创企业成长中的劣势所在。因此，新创企业在成长中将面临管理方面的独特挑战。

（一）权力管理

从某种程度上说，对于初创公司而言，企业家就是公司，公司就是企业家。一项研究表明，大多数新创企业的企业规划和运营活动，都是由创业者独自完成的，这源于创业者的独立性，也正是这种独立性，才在最初的时刻帮助创业者创立了企业。但是，如果创业者在企业的成长过程中拒绝授权，继续唱独角戏，就会限制企业的快速发展，因为创业者并不是无所不能的，个人的能力及精力都很有限。如果创业者终日疲于应付日常经营活动，又怎能静下心来为企业的发展做规划呢？因此，创业者应该认识到企业发展到一定阶段，随着制度的不断完善，要学会有效地授权。如果创业者能够摆脱诸事都要亲力亲为的做法，就能将个人能力及精力用于完成更多更重要的事情上，企业将会受益良多。

（二）时间管理

如何更有效地运用时间，是成长中的新创企业必须面对的管理挑战。所谓时间管理，并不是要求你把所有事情都做完，而是要求你如何更有效地利用时间做更有价值的事情。创业者的时间管理能力欠佳常常表现为以下九个方面。

（1）做事目标不明确。

（2）作风拖拉。

（3）做事没有主次，抓不住重点。

（4）过于注重细节。

（5）做事有头无尾。

（6）做事没有条理，常把简单的事情复杂化。

（7）事事亲力亲为，不知如何有效授权。

（8）对不重要的事情没有学会拒绝。

（9）消极思考。

针对以上情况，创业者要想提高时间管理水平，就必须学会时间管理的方法。

（1）评估日常活动。创业者应该分析各项日常活动，并按照其重要性进行成本或收益的大小排序，然后将排序写在记事本上。

（2）先做成本低收益高的事情，把成本高收益低的事情放在最后，有时间就做，没时间就放弃。创业者应每天根据自己的能力和时间将事务性工作进行分类排序，将优先办的事情放在最佳时间里去完成，这样可以避免时间浪费和重要的事被耽搁。

（3）创建工作流程。一旦新创企业的工作流程建立，创业者就可以将日常工作交给员工去完成。这可以为创业者节省大量时间，并为有效授权提供配套的制度保障。

（4）授权。创业者为各类工作创建工作流程之后，就可以实现授权。

总之，时间是最稀缺的资源。如果创业者不能管理好自己的时间，那么管理好其他事情也只是一句空话。

（三）企业伦理建设

企业的经济决策不仅要通过严格的市场论证，还要考虑相应的社会责任。倘若企业为了追求利益最大化而不惜逃避社会责任或违反各种制度和规范，其最终结果是“搬起石头砸自己的脚”。

创业者不能偏执于把创业活动仅仅理解为一个创造财富的过程，要从企业内部而不是从外部产生适应社会需要的伦理规则，把伦理道德和社会责任纳入创业活动的考量，实现伦理与经济决策的有机结合，只有这样才能从容应对来自伦理方面的巨大挑战，不断地提高企业经济活动决策中的伦理质量，

促进企业的健康成长。

（四）构建学习型企业

学习型企业是指企业充分发挥每个员工的创造能力，形成一种全员学习的氛围，员工通过学习，使自身价值得以实现，使企业的核心竞争力不断增强，最终实现企业的远景目标。企业能否获得竞争优势取决于企业家是否具备比竞争对手更快的学习能力，这是构建学习型企业的依据。

三、创业企业面临的风险与应对措施

（一）政策法律风险

为了降低政策法律风险，可以采取以下措施：企业要遵守和尊重监管，努力为企业发展营造良好的社会环境；企业要积极参与社会公益事业，加强企业与社会的沟通，营造良好的企业与社会的关系；企业要通过各种商务优惠、商务套餐和优质的售后服务，在为客户提供价值的同时提升企业价值；企业要跟踪研究国内有关政策动向，及时适应政策变化。

（二）企业定位风险

为了降低企业定位风险，企业应初步进行理论探讨和市场调研，比较企业内外部环境，分析企业变革的可行性，确定企业的准确战略定位。企业战略定位确定后，首先要及时通过媒体塑造新的企业形象，其次要打造具有核心竞争力的核心业务。

（三）转型风险

为了降低转型风险，企业首先要充分认识到向可持续健康发展状态转型的重要性，以更加务实的作风和精细化的管理实施变革战略；要抓好传统产业，构建新的产业价值链，加快产业结构调整和现代化建设。

（四）观念转变风险

为了降低观念转变的风险，可采取以下措施：一是组织教育，宣传转变观念的目的和内涵；二是组织讨论，正确引导，解决转型中员工的思想困惑；三是交流思想，引导员工为企业转型建言献策，激发员工的积极性、主动性和创造性；四是结合官方消息、实践和总结，通过转变的实效来改变员工的观念。

（五）人力资源配置风险

为了降低人力资源配置风险，可以采取以下措施：一是实施以业务发展和技能转型为驱动的工作能力提升项目；二是改革用人机制，加大对成长型业务领域人才的培养、配置和储备力度。

（六）企业财务风险

企业财务风险是指各种不确定的内外部因素对企业的融资、投资、经营等资本活动产生影响，使得财务状况、经营成果和现金流量具有不确定性，导致公司出现较大经济损失的风险。从某种角度看，企业财务风险大致可以分为以下四个方面。

1.筹资风险

在风险融资方面，企业首先应按照“先内部，后外部，先债权融资，后股权融资”的原则，解决资金需求问题。其次，在借款过程中，企业要做好负债规划，尽量确定长期负债、短期负债的时间和金额，以及利润分配的日期，避免同时“挤兑”情况发生。

2.投资风险

为防范投资风险，企业应主要从现代企业战略管理的角度思考，加强研发工作，积极发展自身核

心竞争力，努力保持行业领先地位；在发展时，将未动用的资金转移给投资公司或基金公司进行盈利活动，尽量将企业面临的风险以既定价格转移给其他公司。

3.资金回收

为防范资金回收风险，企业首先要记录和评估每个客户的信用状况，并在发生突发事件时动态调整其信用度；建立债务偿还机制，以便在发生损失时可以及时止损；发生坏账损失时，及时处理；摊余成本可以用风险基金冲减，也可以用借款冲减，分期摊销计入预计负债或资产。

4.外汇风险

汇率变动带来的风险可以通过套期保值的方式进行对冲。原则是给定货币的现金流量在时间和金额上与汇税货币的现金流量匹配并对应。若现有交易或业务经营导致未来外币现金多次流入或流出，则可进行多期货币远期套期保值。

（七）企业人力资源外包风险

1.第三方服务商的选择风险

为了降低第三方服务商选择风险，企业可采取以下措施：

（1）充分考虑外包价格因素，首先考虑节省成本，再决定是否采用外包。

（2）建立合理的外包选择流程，综合考虑对方信誉、成本、实力、行业知名度和文化相容性等方面，消除信息不对称造成的不利影响。

（3）对外包商给予具体激励，同时加强外包后监管。

（4）合法有效的外包必须用合同来限制服务商的行为。

（5）制订退出机制和应急预案。

2.文化差异风险

为了降低文化差异风险，企业在选择外包时要特别注意审视自身文化，在业务合作中与外包合作商密切沟通，及时解决问题，因地制宜，支持灵活的人力资源管理。

3.运营安全风险

在外包过程中，商业秘密的泄露会给企业带来难以想象的后果。为了降低与公司运营安全相关的风险，公司应准确定义具体的人力资源外包项目。独特性强的业务与企业的长远发展息息相关，这类业务不宜外包，而独特性弱的业务主要是交易性、重复性活动，适合外包。

选对人，赚对钱，香水加油站重又飘香

败：低价好香水却难卖

宋女士投资 10 万元，在 A 市一个中型住宅区开了一家香水店，批量销售香水。消费者在购买进口香水时，可以随时上门，花更少的钱（与原装满瓶香水相比）添加香水。宋女士想当然地认为，这么便宜的香水一定会吸引普通消费者，市场会更大，利润也会更大。她选择了一个 10 年前建成的老小区作为店址。然而她万万没想到，老小区住的大多是普通工薪阶层，对香水的消费需求不大，香水服务站连续几个月亏损。

听从专家建议，宋女士投资10万多元，在大城市的高档住宅区开了一家香水服务站。店内由她精心布置，墙上时尚的货架、店中央的沙发和茶几上陈列着各种香水品牌，还有各种时尚杂志。同时引入皮肤测试仪，测试每位消费者适用什么香型。现在小区的女士们都喜欢带着自己的香水去加油站交流穿衣、化妆、美容和香水使用的心得，当然也会选购适合自己的香水。宋女士终于可以挣钱了，月收入2万多元。半年后，她又加了批发业务，现在每年都能赚几百万元。

分析： 宋女士初次创业失败的首要原因是没有找到合适的客户。虽然香水店的高品质香水价格比专卖店便宜，但在我国，高品质香水主要是一些生活水平较高的人群使用。宋女士选择了一个普通老小区，顾客少，利润也得不到保证。第二次开店选择了大城市的高档住宅区，那里的客户有能力消费高档香水。店面环境除了优雅、整洁外，还要注意为消费者提供交流沟通的场所。

资料来源：祁立新. 新编大学生职业发展与就业指导［M］. 成都：电子科技大学出版社，2015：266（有改动）。

一、单选题

1.企业法律组织的主要形式不包括（　　）。

A.独资企业　　B.合伙企业　　C.公司企业　　D.民营企业

2.在选择企业法律组织形式时需要考虑的因素不包括（　　）。

A.承担的法律后果

B.注册资本数额

C.投资人的数量

D.管理团队的能力

3.个人独资的优势有（　　）。

(1) 企业设立手续非常简便，且费用低；(2) 所有者拥有企业控制权；(3) 可以迅速对市场变化做出反应；(4) 只需缴纳个人所得税，无须双重纳税；(5) 在技术和经营方面易于保密。

A. (1) (2)　　B. (2) (3)

C. (1) (2) (3)　　D. (1) (2) (3) (4)

4.企业在不同阶段会面临不同的问题，其中，创建时期，企业可能面临的问题有（　　）。

(1) 确定企业的法律形式；(2) 设立税收记录；(3) 进行租赁和融资谈判；(4) 起草合同；(5) 申请专利、商标和版权保护。

A. (1) (2) (3)　　B. (2) (3) (4) (5)

C. (1) (3) (5)　　D. (1) (2) (3) (4) (5)

5.企业责任不包括（　　）。

A.经济责任　　B.国家责任　　C.社会责任　　D.法律责任

6.下面关于知识经济的说法中，错误的是（　　）。

A.高科技产业的发展是知识经济时代产业竞争力高低的决定性因素

B.创业有助于将创新成果转化为现实生产力

C.知识经济带来了新一轮的以知识的生产和运用为核心的创业热潮

D.20 世纪初期，知识经济就已经发展为一种经济产业形态

二、判断题

1.创业企业的生命周期包括种子期、初创期、成长期、成熟期、稳定期和下降期。其中，成熟期是企业投资的最佳时期。 （ ）

2.在创业初期，应该以利润为导向，把利润作为明确的目标。 （ ）

3.创业者应主要以追逐商业利益为目的，没必要重视企业社会价值的实现。 （ ）

4.宝洁公司前董事长曾经说过："如果你把我们的资金、厂房、品牌留下，把我们的人带走，我们公司会垮掉；如果你拿走我们的资金、厂房及品牌，而把我们的人留下，10 年内我们将重建一切。"由此可知，在管理新企业时，资金比人力资本更加重要，应该处于优先的位置。 （ ）

5.企业在初创阶段，通常以自有资金作为自由现金流的主要来源，资源整体较为缺乏。 （ ）

三、思考题

1.新创企业管理包括哪些方面的内容？

2.初创期企业的管理原则是什么？

3.成长期企业的管理原则是什么？

4.新创企业营销管理包括哪些重要方面？

5.新创企业的人力资源管理包括哪些内容？

6.新创企业的财务管理要注意哪些方面？

7.简述新创企业风险管理的过程。

8.新创企业面临哪些成长中的挑战？

9.新创企业如何应对时间管理的压力？

参考文献

[1] 廖益，赵三银．大学生创新创业入门教程［M］．北京：北京理工大学出版社，2019.
[2] 林咏君．大学生就业指导实用教程［M］．广州：华南理工大学出版社，2020.
[3] 张莉．创业的七个维度探究［M］．北京：九州出版社，2020.
[4] 程水源．创业理论与实践［M］．北京：中国科学技术出版社，2007.
[5] 胡礼祥．大学生创业导论［M］．杭州：浙江人民出版社，2010.
[6] 丁桂凤．多维视野下的创业学习与创业绩效机制研究［M］．北京：中国经济出版社，2012.
[7] 李莉．创业基础实训教程［M］．北京：北京理工大学出版社，2015.
[8] 李亿，冯宁，冯琰康，等．影响大学生创业机会识别因素的分析［J］．商讯，2021（26）：195—196.
[9] 张耀辉．创业基础［M］．重庆：重庆大学出版社，2018.
[10] 陈国胜．创新创意创业［M］．北京：国家行政学院出版社，2018.
[11] 李时菊，袁忠．创新与创业教育［M］．北京：中国医药科技出版社，2019.
[12] 赵佳佳，刘天军，阮俊虎．信任对农民创业机会识别的影响［J］．西北农林科技大学学报（社会科学版），2020，20（4）：141—152.
[13] 王涛，刘泰然．创业原理与过程［M］．北京：北京理工大学出版社，2019.
[14] 李仉辉，康海燕．创业投资管理［M］．上海：立信会计出版社，2016.
[15] 赵文红．创业机会、动机与社会网格：中国创业精神的发展途径分析［J］．生产力研究，2008（13）：75—77.
[16] 张晓蕊，马晓娣，岳志春．大学生创业基础［M］．北京：北京理工大学出版社，2019.
[17] 钱娜，周湘杰，王珂．高职生创新创业指导［M］．北京：中国铁道出版社，2020.
[18] 陈建，严行．大学生创新创业基础与实务［M］．北京：国家行政学院出版社，2019.
[19] 万生新，姬建锋．大学生创新创业教育［M］．西安：陕西人民出版社，2019.
[20] 杨彦栋，高广胜，王亚丽．创新创业基础教程［M］．长春：吉林人民出版社，2019.
[21] 单林波．大学生创新创业思维与方法研究［M］．北京：中国商务出版社，2020.
[22] 薛永基．创业基础：理念、方法与应用［M］．北京：北京理工大学出版社，2016.
[23] 裴琦．互联网＋创业基础［M］．西安：西安电子科技大学出版社，2019.
[24] 罗群，王彦长．大学生创业基础［M］．合肥：安徽大学出版社，2015.
[25] 薛艺，乔宝刚．创行：大学生创新创业实务［M］．青岛：中国海洋大学出版社，2016.
[26] 李家华．创业基础［M］．2 版．北京：清华大学出版社，2015.
[27] 张玉臣，叶明海，陈松．创业基础［M］．北京：清华大学出版社，2015.
[28] 杜喜亮．创业理论及能力训练［M］．济南：山东人民出版社，2015.
[29] 王艳茹．创业基础如何教：原理、方法与技巧［M］．北京：清华大学出版社，2017.
[30] 刘艳彬，李兴森．大学生创新创业教程［M］．北京：人民邮电出版社，2016.

参考文献